チベッタン・ヒーリング

古代ボン教・五大元素の教え

地《ち》湧《ゆう》社

テンジン・ワンギェル・リンポチェ著
梅野泉訳

まえがき

十五年間にわたり、私は地・水・火・風・空の五大元素の研究に専念してきた。ボン教の幾層もの鉱脈に分け入るには、五大元素の理解が重要な鍵となるからだ。この間、私は五大元素の研究を進めると同時に、修行を通して元素の女神と親密な関係を保ってきた。五大元素やその修行について疑問があるときはこうした神々に私は祈った。そして、夢を通してその教えを受け、加持を受けた。こうした研究と修行から得た体験が本書執筆の動機となった。

本書の教えはすべて古代の経典に基づいているが、私自身の体験と理解をもとに伝えようとした。教えと矛盾することがあってはならないと慎重に筆を運び、二〇〇〇年にネパール、インドに滞在した折、師のテンジン・ナムダク・リンポチェをはじめ、現地の博学なゲシェ（宗教哲学博士）らに疑問点を確認した。彼らの助言に感謝している。彼らは本書の出版計画を大きなよろこびと熱意で迎えてくれた。こうした励ましは、私の大きな支えとなった。多くのご教示をいただいたが、もし本書に何らかの誤りがあるとすれば、その責任は私にある。

ここ数年、私は世界中の弟子たちに五大元素の修行に関する教えを授けてきた。その成果が各人の生活や精神的成長にあらわれているのを見るのは嬉しいかぎりだ。この修行を続けてきた弟子たちに感謝したい。

ボン教の教えを西洋に広めるため長年にわたり支援してくれた人たち、とりわけゲラル・ハインズとバーバラ・ハインズ、ムラリ・ガロディアとプラチ・ガロディアに感謝したい。彼らの長期的支援なくしては、アメリカにおける研究所の設立、発展は困難であったろう。また、スノーライオン出版の寛容さと配慮、とりわけクリスティーン・コックスの編集によって本書が完成したことに感謝したい。グラフィックに多大な時間と才能を注いでくれたメーリー・エレン・マックコートに、また線画を描いてくれたラデック・ダーブロウスキーに感謝する。彼は郵送中の事故でイラストが失われたため、二倍の労力を費やしてくれた。そのつど、有益な助言を与え、原稿の段階で本書の完成度を高めてくれた人々、ローラ・シュケルジア、アレハンドロ・チャウル、セシル・クローバー、ジョン・ジャクソン、そして校正段階で助言をし、用語の訂正をしてくれたスティーブン・グッドマンに感謝したい。援助を提供してくれたスーザン・イェンチックに感謝したい。

最後に親しい友人であり弟子でもあるマーク・ダールビィに感謝する。マークの助言によって本書は西洋の読者にとって親しみやすいものとなった。彼の労を惜しまぬ努力なくしては本書は完成しなかったであろう。

二〇〇二年

テンジン・ワンギェル・リンポチェ

ダライ・ラマ14世　インドのボン教メンリ僧院にて

ダライ・ラマ14世と著者　インド、ダラムサラにて

本書を
ダライ・ラマ法王猊下
ルントク・テンパイ・ニマ・リンポチェ猊下
ヨンジン・テンジン・ナムダク・リンポチェ
ほか、教えを受けたすべての師に捧げる

チベッタン・ヒーリング◉目次

シェンラ・ウーカル

バルドの祈り――尊き宝の輪

ア・オーム・フーム

この生、このバルドのさなかにあるいまこのとき
人は、自らの心に目覚めず
惑いの行為によって気をまぎらわし
無常と死に想いを巡らすこともなく
今生のゴールだけを追い求める
生まれること、死ぬこと、老いること、病むことの苦しみに縛られたまま

この幻想としての肉体が突然最後の病に襲われるとき
事象への執着、いっさいの心のとらわれから自由になれますよう
師よ、あなたの慈悲によって、私に加持をお授けください

このバルドの幻影を断ち切ることができますように加持をお授けください
母なる「空性《くうしょう》」とその息子「明知《みょうち》」*とが
再び私の内で結ばれるよう、加持をお授けください

その後、死の直前のバルドにあっては
愛するものや親戚に囲まれていたとしても
人は、別の次元へとただ一人で旅立つ
この幻としての肉体の四つの元素**が溶け始めれば
一瞬たりとも命を延ばすことはできない
師よ、あなたの慈悲によって私に加持をお授けください
このバルドの幻影を断ち切ることができますように加持をお授けください
母なる「空性」とその息子「明知」とが再び結ばれますよう、加持をお授けください

地のエネルギーが水に溶け入るとき
人は、肉体が押し止めようもなく崩れてゆく感覚に襲われる
そのとき煙のようにたなびく幻影と陽炎が立ちのぼる

自らに内在する黄色の光が突然あらわれるとき
その光はサルワ・ランジュンの神聖な顕現
すなわち自性の光明だと認識できますよう
師よ、あなたの慈悲によって加持をお授けください
このバルドの幻影を断ち切ることができますように加持をお授けください
母なる「空性」とその息子「明知」とが再び結ばれますよう、加持をお授けください

水のエネルギーが火に溶け入るとき
肉体は青ざめ、喉は渇き舌はかさつく
そのとき洪水のイメージがあふれかえる
水の元素が青い光となってあらわれるとき
その光をギャワ・ドンドップの神聖な顕現
すなわち大楽の完成として認識できますよう
師よ、あなたの慈悲によって加持をお授けください
このバルドの幻影を断ち切ることができますように加持をお授けください
母なる「空性」とその息子「明知」とが再び結ばれますよう、加持をお授けください

火のエネルギーが風に溶け入るとき
肉体は冷たくなり脈管はもはや存続しえない
そのとき人は蛍のような幻影を見る
自らに内在する赤い光が立ちのぼるとき
その光を聖なるチェタック・ゴメ
すなわち実体もなく境界もないあらわれとして認識することができますよう
師よ、あなたの慈悲によって加持をお授けください
このバルドの幻影を断ち切ることができますように加持をお授けください
母なる「空性」とその息子「明知」とが再び結ばれますよう、加持をお授けください

風のエネルギーが意識に溶け入るとき
呼吸は止まり、両眼は巻きあがる
そのとき人は灯明が消えゆくような幻影を見る
自らに内在する緑色の光が立ちのぼるとき
その光を聖なるゲラ・ガルチュン

すなわち舞い続けるエネルギーの豊饒なあらわれとして認識できますよう
師よ、あなたの慈悲によって加持をお授けください
このバルドの幻影を断ち切ることができますように加持をお授けください
母なる「空性」とその息子「明知」とが再び結ばれますよう、加持をお授けください

意識があらゆるものの源へと溶けてゆくとき
内なる感覚器は働きをやめ、すべての感覚は滅する
そのとき雲ひとつない青空のようなヴィジョンが広がる
光明のバルドが立ちあらわれるとき
これをクナン・チャプパ
すなわちいっさいのヴィジョンに光が満ち満ちた状態と認識できますよう
師よ、あなたの慈悲によって加持をお授けください
このバルドの幻影を断ち切ることができますように加持をお授けください
母なる「空性」とその息子の「明知」とが再び結ばれますよう、加持をお授けください

六識とそれぞれの六つの対象が心臓に溶け入り

暗闇に閉ざされて血の雨が血の湖に満ち
すさまじい音が響き圧倒的な光が立ちあらわれるとき
いっさいのあらわれは幻だと認識できますよう
生得の明知が自ずと立ちあらわれるさなかに悟りを得ることができますよう
師よ、あなたの慈悲によって加持をお授けください
このバルドの幻影を断ち切ることができますように加持をお授けください
母なる「空性」とその息子の「明知」とが再び結ばれますよう、加持をお授けください

意識がみなし児のようによりどころもなく残され
別の次元に棲む恐怖の死神が現出し
惑わんばかりの音、光、輝きが満ちあふれるとき
これらを自らの内から生じた自性のエネルギーだと悟り
このバルドの状態のさなかで解脱することができますよう
師よ、あなたの慈悲によって加持をお授けください
このバルドの幻影を断ち切ることができますように加持をお授けください
母なる「空性」とその息子の「明知」とが再び結ばれますよう、加持をお授けください

すべての現象は幻だと認識できますよう
下位の界へ生まれ変わることがないよう
三世の本質は同じだと悟ることができますよう
仏陀の三身を得ることができますよう
五智を達成することができますよう
数限りない衆生を助けることができますよう、加持をお授けください
師よ、あなたの慈悲によって、加持をお授けください
このバルドの幻影を断ち切ることができますように加持をお授けください
母なる「空性」とその息子の「明知」とが再び結ばれますよう、加持をお授けください

（グル・ショク・チェンポがお作りになった宝の花輪の祈願文より）

〈訳注〉

＊母なる「空性」とその息子「明知」

空性は自然の光明と不分離にして、すべての顕現の源であるゆえ、ここでは母と呼ばれる。修行により、

光明を知る者は、死に際して覚醒の意識のなかですぐさま自然の光明をとらえ、まるで母に出合った息子が即座に母を認識し駆けよっていくように、母なる空性と一体となる。これを「母の光明と息子の光明が出合う」という。この一文はこのことを指している。

＊＊肉体の四つの元素
肉は地の元素に、血液などの水分は水の元素に、人体の熱は火の元素に、体内の風は風の元素に、と順番に溶けていくことを指す。

序　チベットとボン教

私は自然界の力と強いつながりを持って成長した。そうでなければ生活していけなかったからだ。水道や電気ストーブはなかった。近くの泉から生活に必要な水をバケツで運び、薪を焚きつけて住居を暖め、屋外で煮炊きした。玉ねぎやトマトなどの野菜を小さな畑で育てていたので、手は土まみれだった。雨季の夏は洪水の恐怖をもたらしたが、同時に、一年分の水を恵んでくれる時期でもあった。自然は、公園のなかの憩いや窓の外の眺めとしてあるものではなく、自然界の五大元素と関わるのは楽しみのためではなかった。しかし、そのなかには確かによろこびもあった。私たちの生活は火や木、水、そして天候と切っても切り離せない関係にあり、自然界のむきだしの元素は私たちの生存を支配していたのだ。

おそらく、多くの土着的な文化がそうであるように、チベット文化のなかに「この世界は可視、不可視の生命と力に満ちた生き生きとした神聖なものである」という認識が育まれてきたのは自然界に依存してきた恩恵といえるだろう。チベットの新年、ロサでは、私たちはお正月の祝い酒を飲まない。そのかわり、近くの泉に行き、感謝の儀式を執りおこなう。この地域の水の元素を活性化してくれるナーガと呼ばれる水の霊に供物を捧げ祈るのだ。私たちを取り巻く自然界の土着の霊には、供物をいぶした煙を捧げる。

こうした信仰と生活様式は大昔から受け継がれてきたもので、今も私たちチベット人の生活のなかに深く根づいている。西洋人の目には原始的と映るようだが、しかし、そこにあるのは一部の文化人類学者や歴史学者が言うような、自然界に対しての恐れではない。私たちの自然への関与の仕方は、チベットの聖者や一般の人々が自分の内と外の五大元素の神聖さを直接的に体験したことから生み出されたものなのだ。これらの元素を、私たちの文化では「地・水・火・風・空」と呼ぶ。

私が本書を著わした目的は次の三つに要約できる。

一、自然に対する敬いの気持ちを育て、豊かな自然環境が保たれることに貢献するため。これは人間の質が堕落することなく十全に保たれるために必要なことである。

一、現代人がチベットの伝統的な世界観に触れる機会をつくること。

一、霊性の道の実践について理解を深めるためには、五大元素がその鍵となりうることを明らかにすること。

霊性の道を実践しようとする者にとっては、五大元素について学び、五大元素と私たちがどれほど深い関係にあるかを認識することがまず重要で、そうすれば、なぜその修行をするのか、いつどんなときに何を取り入れればよいのか、わかってくる。状況によっては修行の効果があがらないばかりか害となる場合についても理解できるようになる。

本書の教えはチベットのボン教の伝統を源としている。その中心となるのは、霊性の道を究めるための三つのレベル（身体・エネルギー・心）での実践だ。これらは、チベットのボン教と仏教の伝統的な修行法で、知的な理解だけに留めるものではなく、実践してこそ意味がある。私たちは教えの内容を学ぶと、そのことについてよく知っているつもりになり、人に説明できるほどに自分は理解していると考えがちだ。しかし、修行について読むだけで、実践しなければ、薬の効能を語るだけで実際に服用して病気を治さずにいるのと同じだ。

本書で紹介した修行法は、人生の質を高め、健康を増進させ、病気や悪影響から自分を守るためにも役に立つ。憂うつなときは元気回復に、攻撃的になっているときはリラックスするのにも役立つ。身心に精気をみなぎらせ、人生の味わいを深めてくれる。これはこれで価値のあることだが、修行は霊性を養うために活用することこそが重要といえる。修行を通して私たちはとらわれていた見方から解放され、自然界との関わり方、また自分自身の経験との関わり方を変えていくことができる。心の眼が開かれ、視野が広がる。そして何より、瞑想の支えとなる。五大元素のバランスが乱れていると、瞑想修行をおこなうのは難しい。攻撃的な気持ちやうっ屈した気分、気の散った状態や心の弱さに引っぱられてしまいがちだ。ここに紹介した修行法は、身体の病や心とエネルギーの乱れを乗り切ることに役立つ。身体・エネルギー・心のすべてのレベルで五大元素のバランスが調和した状態にあれば、仏性そのものである心の本性に留まりつづけることは、実はそれほど難しいことではない。そして、これこそが霊的な道の究極の方法であり目的なのだ。

読者は、修行の方法とその理論が一体となっていることに気づかれるだろう。これは、チベットの伝統的な考え方を反映したものだ。私たちが世界をどう見るかによって、私たちのこの生と修行の質は決定づけられる、とチベットの伝統では教えている。

私は、普段の生活のなかでも無理なく活用できる修行をできるだけ多く取り上げてみた。静かな場所にこもって修行することもできるが、そうしなければならないということではない。デートの約束をキャンセルする必要もない。存在すべてが五大元素なのだ。いつでも、どこでも、何をしていても五大元素の修行はできる。

本書では、読者が特定の用語を知っているとの前提のもとに話を進めている。たとえば、「ゾクチェン」。これは「大いなる完成」という意味だ。また「生得の覚醒した意識」、「不二の意識」、「不二の境地」という言い方は、いずれも「リクパ」（明知）を意味する。そして「心の本性」と「本来の境地」は、空性と光明が不分離であることと同じ意味だ。この状態が仏性であり、それはとりもなおさず私たちにもとより備わっている質なのだ。

本書には、古い経典からの引用も取り入れた。その際、意味を重視した訳とした。出典に興味のある読者のために巻末に参考文献を列挙しておいた。また、本文中に使用したチベット語やサンスクリット語については巻末の用語集を参照されたい。本書にある術語の多くは私の今までの著作“Wonders of the Natural Mind”と“The Tibetan Yogas of Dream and Sleep”（共にSnow Lion Publications）で詳細に説明している。

本書は膨大な教えの内容を含んでいる。もう頭が一杯、と感じたら、読むのをやめ、休みなさい。自分の体験と照らし合わせ、内容を消化するために間をおくのがよい。それでこそ教えは身につく。

ボン教について

チベット以外ではボン教はほとんど知られていない。そこでまず、ボン教の歴史について簡単に触れておきたい。どのような国・民族の伝統であっても、その歴史には複数の説がつきものだ。伝えられているところによれば、ボン教の起源は一万七千年前にまで遡るといわれているが、現代の学者たちはもっと後になってのことだ、との説をとる。いずれにせよ、ボン教は、チベットのさまざまな精神的伝統の源となったチベット土着の宗教として認識されている。

ユンドゥン・ボン（外ボン）はチベットで最初に完成を見た精神的解放への道だ。これは、トンパ・シェンラプ仏から始まった流れだ。彼は、ギェルボン・トカルを父とし、ヨチェ・ギェルシェマを母とし、ムシュン家に生まれた。彼らはタジク・オルモルンリンに暮らしていた。この地はかつてチベットの北西にあったと考えられ、また神秘の地シャンバラに当たるとも考えられている。

伝統的に、ボン教には三つの「門」があるといわれている。「門」とは源のことだ。一番目はタジク・オルモルンリン、二番目は中央アジアでおそらくかつてのペルシャのあたりだろうとされている。ボン教の歴史学者たちによれば、ボン教はイスラム教徒たちが支配するまでは、中央アジア一帯に広まっており、この地で発見された仏教とおぼしき古文書などは実際はボン教のものだとされている。三番目は、シャンシュン王国と呼ばれていた地帯で、現在の西チベットも広範囲に含まれる。ボン教はまず最初、一番目の門から始まり、次に二番目の門に広がり、最終的にはシャンシュンとチベットに広まっていった。

伝説によれば、トンパ・シェンラプは悪霊が盗んだ馬を捜して現在の南チベットと思われる土地にやってきた、とある。そこで彼はコンポ地方の聖山、コンポリを訪ねたといわれている。ボン教徒の巡礼者は今もこの山のまわりをボン教の流儀にのっとって、左まわりに祈りを捧げながらまわる。トンパ・シェンラプはそこで、霊たちをなだめるために動物の生けにえをおこなっている土着の人々と出合った。彼は、動物の生けにえをやめさせ、かわりに大麦の粉で動物に見立てた供物を作ることを教えたのだ。こうした供養のやり方は、今もチベット各派の伝統のなかに生きている。

すべての仏にいえることだが、トンパ・シェンラプも弟子の能力に応じた教え方をした。シャンシュンの人々が高い悟りの教えを学ぶにはまだ機が熟していないと感じ、教えの段階としては低いシャーマニズムだけを教え、信仰と精進によって、教えのより高い段階であるスートラ、タントラさらにはゾクチェンの教えを学ぶまでに彼ら自身が成長することを願ったのだ。やがて時満ちて、トンパ・シェンラプのすべての教えは、シャンシュン全土に伝えられることとなった。

その後、チベットの二代目の王、ムティ・ツェンポの時代に、ボン教のタントラとゾクチェンの教えの大部分はシャンシュン語からチベット語へと翻訳された。チベットでは何世紀にもわたって、教えは口伝によって伝えられていたので、チベット文字によって記録されたのはこのときがはじめてである。長い間、西洋の学者たちの目にはシャンシュンとその言語は謎めいた神秘的なものとして映っていたが、シャンシュン語のさまざまな断片が発見されるにつれ、その評価も変わりつつある。

チベット歴代の王は七代目を数えるまでは、身体の痕跡を残さずに死ぬという修行の大いなる達成のしるしを示した、と考えられている。「虹の身体」を達成したと信じる学者もいる。「虹の身体」はゾクチェンだけにある悟りのしるしだ。このことから、当時のチベットには、すでにゾクチェンの教えが存在していたと推測することができる。仏教学者たちは、ゾクチェンはインドから伝えられたと主張し、それればかりかボン教も、ゾクチェンの流れのひとつとしてインドよりチベットに渡ったという認識を持っている。しかし、本来ゾクチェンの主流となっている教えは、シャンシュンにその起源を見ることができるのだ。

ボン教の主な教えは、九乗と呼ばれる「九つの道」に含まれている。教えにはこの九つの段階があり、それぞれ独自の見解、修行法、成果を伴う。たとえば、低い段階の教えでは、医学、天文学、占いなどを扱い、この上の段階にスートラとタントラがあり、そして最上に位置づけられるのが「大いなる完成」と呼ばれるゾクチェンの教えだ。伝統に即していえば、「九つの道」には南方、中央、北方の宝と呼ばれる三つの流れがある。本書でのシャーマニズムの説明は主に南伝の宝によるものだ。中央の宝はチベット仏教ニンマ派（古派）の教えに非常に近い。北方の宝は消滅してしまった。三つの流れには、いずれもスートラ、タントラ、そしてゾクチェンの特性が含まれている。さらに、トンパ・シェンラプの十五巻に及ぶ伝記が含まれている。

中国側の統計によれば、チベット本土でのボン教の人口は仏教についで二番目に多く、その分布は各地方にまたがっている。この古くからの教えは、聖俗を問わず広く修行されており、現代においてさえも、「虹の身体」を成就したボン教の師が複数存在した。「虹の身体」は、ゾクチェンの伝統において完全な悟りを成就した最高のしるしで、死に際して、成就者は身体を構成する五つの粗い元素を溶かしきってしまう。つまり、五大元素の本質である純粋な光の元素のなかへ粗い五大元素を溶け込ませるのだ。このプロセスにおいて、実体としての身体は虹の色の光となって消えていく。それゆえ、この現象は「虹の身体」と呼ばれている。死体は消えてしまうが、髪の毛と爪だけが見つかる場合もある。いずれにしろ、「虹の身体」の現象は、修行者が最高レベルの悟りを成就し、もはや事象と心、あるいは生と死といった二元的世界に縛られていないことを示すものだ。

中国のチベット侵略後、北インドのドランジにあるメンリ僧院とネパールのカトマンドゥにあるティテン・ノルブッツェ僧院では、ボン教の僧侶のための厳しい修行のプログラムが開始された。ルントク・テンパイ・ニマ・リンポチェ、ロポン・テンジン・ナムダク・リンポチェおよび年長の僧侶たちの多大な努力によってこのプログラムは達成された。この教育プログラムは、ゲシェの学位を取得するためのもので、私もチベット国外での一回生となり一九八六年に卒業した。

ボン教の伝統にかぎらず、チベット仏教の伝統の数々は、チベット本土内での近年の中国による政治的支配によって失われてしまった。ほかのさまざまな伝統も喪失の脅威にさらされている。しかし、こうしたなかで、チベットのボン教も仏教もインドやネパールに根をおろし、今や世界中に広がっていこうとしている。


読者のなかにはご承知の方もおられると思うが、ボン教はさまざまな偏見にさらされてきた。チベット仏教徒の間でさえ、誤解されている。キリスト教の布教によって、ヨーロッパやアメリカに根づいていた既存の宗教が抑圧されたのと同様、ボン教も多くの土着の宗教が味わってきたのと同じ苦しみをこうむる宿命にあった。新しい宗教が、異質の文化のなかで勢いを増そうとするとき、それまでの固有の宗教を廃絶すべきものとして、否定的な言説をまき散らし打ち負かそうとする風潮は珍しいことではない。

私は、多くのチベット人や高僧さえもが、ボン教の伝統や経典に馴染みがないというだけで、誤った認識のまま、即座に、ボン教に対して否定的な判断を下す例を数多く見てきた。なぜこうした態度をとることができるのか、私は理解に苦しむ。しかも、こうした偏見はボン教に対してだけのものではない。チベット仏教の各学派の間にも同じようなことが起きている。私は、ボン教を学ぶ皆さんが、こうした悲しむべき偏見に遭遇する前にこのことをあらかじめ知っておいていただきたいと思い、あえてこの問題に触れた。チベット固有の精神的伝統がほかの世界にも広まっていくにつれ、狭い心による偏見が過去のものとなることを願っている。

幸いなことに、一般の家庭人や高僧など、俗人、僧侶を問わずチベット仏教徒の大多数は、十九世紀にチベット全土に大きな潮流となって広まった超宗派運動の精神の継承者だ。今日、チベット人民を代表する声として理解と寛容を促すその最たる例は、ダライ・ラマ十四世といえる。十四世は、ボン教をチベットの精神的伝統の五つの主要な流れのひとつとして正式に認定された。機会あるごとに、十四世は、ルントク・テンパイ・ニマ・リンポチェとロポン・テンジン・ナムダク・リンポチェに対して、古代ボン教の遺産をすべてのチベット人の宝として守り、存続のため尽くすよう、支援し励ましつづけておられる。

西洋の人々は、ボン教について学ぶにつれ、この伝統に深い理解と親しみを示しはじめている。経典の教えのなかに、受け継がれてきた伝統のなかに、学問と実践のバランス、信仰と知的探究の統合を見出すようになってきたのだ。ボン教の源は歴史上の記録に残るよりずっと古くにまで遡ることができるのだが、学びを深めるにつれ、シャーマニズムの体系、哲学と論理学、僧院の戒律、密教の伝授法、ヨーガ、そして最高の教えとされるゾクチェンが古代においてすでに完成していたことを知るに至る。本書は、ボン教を学び修行しようとする初心者を対象としたものだが、学者、研究者にもボン教の多彩な内容と深さを理解してもらえるだろう。

霊的な道の修行は、正しい理解に基づいて活用されれば、必ず結果をもたらす。その成果が、信仰を育む。信仰が、自らの確信に基づくものとして深まれば、修行の成果もさらに増幅される。信仰と修行が両輪となって、智慧と幸福に至るのだ。

本書が読者ひとりひとりの精神的成長と、真に健康で幸福な人生に役立つことを心から願っている。

第一章　五大元素

あるゆる事象は五大元素――地・水・火・風・空――によって成り立っているとチベットでは考えられている。五大元素と事象との相互関係についての探求は、医学・天文学・暦法は言うに及ばず、心を探究する学問の基盤をもなし、チベット文化のあらゆる面に浸透している。シャーマニズム、タントラ、ゾクチェンの伝統の根底にもこの考え方が脈打っている。

五大元素を地・水・火・風・空と呼ぶのには、象徴としての意味がある。それは私たちが馴染んできた自然界の要素と類似した特定の性質を示唆している。チベットの伝統では自然の元素を外的、内的な力を説明するための隠喩として使う。ほかの文化にもこうした例はよく見られる。土は堅固さ、水は結合力、火は熱、風は運動、そして空はこれら四つの元素が活動するための空間の広がりだ。このようにその特性をあてはめて喩えるのだ。さらに、五大元素は、感情、気質、方位、色、味、身体のタイプ、病気、思考のスタイル、性格とも関連している。

五大元素から五感と五蘊《ごうん》、五毒と五智、五体が生じる。五大元素は五種のプラナの生成の元、すなわち生命エネルギーの元となる。五大元素は身体、感覚、心、そして霊性のあらゆる現象を司っている構成要素なのだ。

西洋でも人の気質を自然界の元素にあてはめて分類し、大地のような、風のような、水のような、火のような人と形容するのは珍しいことではないだろう。怒りは火のよう、悲しみは水のよう、とも言う。地に足がついている、翔んでいる、という言い方もよく耳にする。

しかし、チベットの伝統では五大元素への理解は隠喩としてのみに留まらない。むしろ、存在の原初的なエネルギーとしての五つの質、その微細な根源のエネルギーを具体的にあらわしているのだ。エネルギーの五つの質の相互作用によって構成されていないものは、どこにも存在しない。宇宙創世も、その運動が保たれているのも、そして最後には破滅がやってくるのも五大元素の作用によるものだ。このことは個の存在にもあてはまる。すなわち、誕生においては五大元素の生き生きとした戯れによって、身体、心、人格が形成される。逆に、五大元素が順番に溶け込んで消えていくと死が訪れるのだ。そして、その人の人生における経験の質は五大元素とどのような関係を持つかに深く関わっている。

仮に、あらゆることを五つに分類するための抽象概念としてのみ五大元素をとらえるならば、それはたいして役に立つことではない。実際に、五大元素がどのように経験を左右するかを理解したうえで、人生の質を高めるために活用してこそ意味がある。しかし、五大元素を理解し、人生にこれを応用するにあたっては、まず、そのイメージを通して五大元素と親しむ必要があるだろう。

私たちの身体は太古の昔より、自然環境に順応してきた。自然の美しさに浸りよろこびを感じるとき、身体と自然とが密接に関わってきた原初からの感覚が呼び覚まされる。それが癒しとなる。砂漠の渇いた大地も庭の黒土もよろこびを与えてくれる。休暇には、海や川や湖に行く。温泉でリラックスする。炎は私たちをうっとりさせ、太陽のぬくもりや暖炉の火には心地よさを覚える。落ち着きが必要なときには深い呼吸をし、淋しいときにはため息をついて楽になろうとする。元気を取り戻したいときには新鮮な空気を求めて山に行く。そして、空を見上げる。空の広がりはその色、雲の表情、満ちあふれる光とともに私たちを魅了する。明るく広びろとしたスペースでは人はリラックスし、快適な部屋にこもれば安心する。逆に広すぎるスペースでは不安になり、閉じられた場所では閉所恐怖症に陥るかもしれない。いずれにしても私たちは環境に何らかの反応を示す。

五大元素のどれかひとつが欠落すると、それを満たそうと激しい欲求が起きるものだ。砂漠では水が何よりもありがたく、長い間の航海の後は陸に上がったとたん大地を愛しく思い、寒ければ火のそばへと走り寄る。自然界の五大元素は意識の深いレベルに影響を与えているが、私たちは欠落が満たされればそれでよし、としてしまいがちで、この体験が聖なるものへと私たちを結びつけ、癒しとなり、バランスを整え、自分自身をより深く理解する手だてとなることを見失っている。

生きものや物質の多様性を解き明かすには、五大元素だけでは十分でない、と思えるかもしれないが、この五つはそれぞれに細かく枝分かれを繰り返し、微細な分類にまで広がっている。

この五つの分類にあてはめて身体を例にとってみれば、胴体は、二本の足、二本の腕、そして頭部、というように五つの部分へと分かれている。そしてそれぞれは五本の手の指、五本の足の指に分かれ、頭部には五つの感覚器官がある。

伝統に即した説明では、肉は「地」、血と体液は「水」、新陳代謝の熱と物理的・化学的エネルギーは「火」、息、酸素、その他の気体は「風」、身体の外のスペース、身体の内部のスペース、そして意識は「空」に対応するといわれている。さらにこの五つは元素の性質から次のようにも分析される。肉だけをとってみても、土の固体性、水の結合性、火の体温、風の動き、空の意識が含まれている。この分析は血にもあてはまり、同じように血にも凝固性、流動性、体温、動き、空が含まれる。このように、ひとつひとつに地・水・火・風・空が含まれ、最終的には、すべては本源のエネルギーであるこの五大元素に還元される。

五大元素の相互作用は、身体、惑星、コンピュータ・ソフト、樹木などの物質の働き全体を司っているばかりではなく、異次元の存在も例外なくこれによって生まれている。五大元素のダイナミズムは存在するものすべての成り立ちに見出すことができるのだ。

プラクティスの三つのレベル

霊的なプラクティス（修行）において五大元素をどのレベルで扱うかは、シャーマニズムかタントラかゾクチェンかによって違ってくる。シャーマニズムなら外的レベル、タントラには内的レベル、ゾクチェンには秘密のレベルが対応する。

外的レベル

私たちをとりまく外の世界には通常の知覚を超えた領域がある。足場となっている大地、飲んでいる水、暖をとる火、吸い込んでいる空気、通過する空間、といった元素は身体を通して感じることができるが、それ以外にこれらの元素と関係している霊たちも含まれる。神々、元素を司る霊、そのほかの生きものも存在している。こうした存在と関わることはチベット文化においては何も特別のことではない。特に、シャーマニズムにおいてはごく普通のことだ。私は便宜的に「シャーマニズム」という言葉を用いるが、実はチベット語にシャーマニズムという言葉はないことを明確にしておきたい。

霊とコンタクトをとる伝統はボン教を起源とするが、今ではチベット文化全般に広がっている。チベット政府の役人も、僧院の各宗派の高僧たちも「オラクル」と呼ばれる人や目には見えない存在を通して決断を下すことが多々ある。

チベット人はこうしたやり方を「シャーマニズム」と呼ぶことを嫌う。なぜならこの言葉は動物の生けにえや何かもっと原始的な儀礼に関することだと考える人々がチベット人のなかにはいるからだ。私がここで言っているシャーマニズムとこうしたこととは無関係である。むしろ、私が伝えるのは、ボン教の南部古伝の教えのなかの、九乗のうちのはじめの四乗までに示されている教えである。

内的レベル

内的な五大元素は形にあらわれたものではなく、五大元素のエネルギーを指している。身体でいえば、血液の流れ・食物の消化・神経細胞の燃焼を司るエネルギー、また健康状態や素質を左右するさらに微細なエネルギーがこれに当たる。こうした微細なエネルギーは、西洋でも東洋医学が導入されるようになり、ようやく認知されるようになった。針療法をはじめ、さまざまな電気治療に付随する新しい治療法が西洋医学の研究者によって探究されてきた成果といえよう。

また、物理的には測定できないが、ヨーガや瞑想を通してのみ体験できるより微細なエネルギーも存在する。この微細なレベルの元素エネルギーは身体内部に存在するだけでなく、風水に熟達した人たちが感知できるレベルで外部環境にも存在する。この種のエネルギーは、集合的現象をも引き起こす。群集心理や愛国心などによる集団行為もこれに当たる。タントラにおいては、こうしたエネルギーを姿勢、呼吸、観想、マントラなどを統合したヨーガによって目的に応じて身体に取り込む。タントラではこのエネルギーを神聖な力として扱う。

秘密のレベル

五大元素の秘密の次元は二元論を超えているゆえ、言葉で説明するのは難しい。言葉というものは、必然的に体験を対象化してしまうものだからだ。この最も微細な元素の次元は生きものの放つ光、すなわち「五つの純粋な光」と呼ばれるものであり、存在の土台である空性と不可分の輝きである。このレベルと結びついた修行と教えは「大いなる完成」と呼ばれるゾクチェンに属する。

これらの三つのレベルは便宜的に分けて考えられる概念にすぎない。このことは本書を読むうえで頭に入れておいていただきたい重要なポイントだ。外的、内的、秘密のレベルが分けられるものとしてあるように思うのも、シャーマニズムとタントラとゾクチェンの修行が互いに相容れないものだと思うのも、間違いである。この点を取り違えると、身体の活力を軽視したり疑問視する宗教、大地の神聖さを認識しない世俗的な文化、または精神の発達を無視する物質的欲望への没入といった生活態度、などのような罠にはまり、信条の違いによる対立をも招きかねない。生活のあらゆる側面が重要なのであって、そのすべては神聖な元素から生じているものなのだ。

ゾクチェンの見解は究極的・根源的な最上のものであり、ほかの二つのレベルを包含しているが、だからといって、ゾクチェンより下のレベルの見解を無視してよいわけではない。すべては実体のない光である、とゾクチェンの見解に確信をもつことと、壁を突き抜けて歩けるということはまったく別の話なのだ。最高のレベルの修行とはその人にとって最も効果的であるという意味であって、必ずしも「より高度である」と分類されるものではない。

聖なるものとつながる

シャーマニズムでもタントラでもゾクチェンでも、五大元素は存在の源に横たわる神聖な力だと考えられている。それゆえ、そこから生じるもの、つまりあらゆる事象は神聖なのだ。自然界もこの身体も同じように神聖なものだ。自分の内も外も、元素という同じ源から生じているのだ。大地のあたたかさも心臓のぬくもりも熱の作用としては同じものとしてとらえることができる。海の水も身体内の水も同じ水の元素から成り立っている。肉は、地の元素によって構成されていて地に還る。肺の空気は天空を舞う鷹が風に乗って飛ぶその大気と同じものだ。宇宙生成のスペースもソファが占めるリビングルームのスペースも思考が湧きあがってくるスペースも、スペースとしては何ら変わりなく、神聖なものだ。そして、スペースのなかにあるものは、それが目に見えようが見えまいが、物質であろうが心であろうが、すべて五大元素なのだ。

身体内の元素は神聖であるゆえ、この元素から生じる意識も神聖なものだ。智慧も煩悩も、夜ごとの夢も悪夢も、どのような経験もすべては純粋な元素と意識との相互作用によって生み出された幻影なのだ。生得の意識も、五大元素と結合している。この生得の意識とは、最も微細なレベルの最高の純度の五大元素が完全なバランスのなかにある状態の意識をいう。これが、存在の土台である光のエッセンスである。

西洋では、いつの頃からか人々は神聖さとつながっている感覚を失ってしまった。シャーマンと自然界、タントラ行者と本尊などに見られるような神聖な関係というものを、知識としては知っていても、自らの人生でそのようなつながりを持つことはもはや稀《まれ》となった。

あなた自身にとって、「神聖さ」とは何を意味するか問いかけてみて欲しい。「神聖」とあなたが見なすものとつながりを持っているだろうか？　もし持っているなら、あなた自身の考えによっているのか、他から学んだものによるのだろうか？　人生において「聖なるもの」としてあなたが真に信じているものは何か？　聖なるものへの感受力を抜きにして、宗教的な教えを信じるのは難しい。チベットでは、師を犬のように扱えば、教えは腐った食べ物同然の価値しか持たないといわれている。師と友人にようにつきあえば、教えは新鮮な食べ物となり、本尊として対すれば、教えは聖なる甘露《かんろ》となる。同様に、自然をいのちの躍動がないメカニカルな現象と見れば、私たちはそこから生命の力を汲み上げることができない。身体をマシンとして扱えば、それはマシン以上のものとしては応えてくれない。宗教をファンタジーと見れば、ファンタジーとしての役割しか果たさない。逆に、自然界を生き生きとしたいのちの宝庫として感受すれば、霊をはじめとするあらゆる五大元素の生きものたちや自然は、私たちに話しかけてくるだろう。

タントラでいわれているように、この身体を神々の住む神聖な館と見なし、たぐい稀な幸運の結果得た宝であり、悟りに到達するための乗り物として最高のものだと考えるなら、それは死を超えた境地にまで私たちを運んでくれる乗り物となる。スピリチュアルな教えであるダルマ（仏法）を、真理の道へと導く神聖な教えとして受けとめ学んでいくなら、必ずや真理を見出すだろう。ダルマとはいつの時代にも真理の道であったのだ。五大元素の世界を神聖なものと受けとめ、自然界に対しても、自分自身の身体や心に対しても神聖なものとして接すれば、それに見合うだけの結果がもたらされる。これは単なる心理的なトリックではない。私たちの真の状態をどう認識するかという問題なのだ。

神聖な関係性とは私たちを取り巻く外の世界との関わりのことだけではない。私たち自身の内に宿る聖なるものに気づくことでもある。シャーマンは大地とのつながりを持つが、そのことによってあらゆる生命とのつながり、宇宙をコントロールする力とのつながりを自らの内に強めていく。タントラの行者は神々への信仰によって、深いレベルにおいて自らが神々と同質であるとの自覚に至る。グル・ヨーガでは、修行者は師の心と同質の心を自分のなかに発見する。このように、聖なる関係性を通して、外側に見出す聖なるものが実は自らの内側にあるのだとありありと認識できるようになる。

私たちはあらゆるものとの関係のなかで生きている。人生とは関係性の舞台だといえる。友好的な関係は、ときに私たちを豊かにしてくれ、助けともなり人間的な満足も与えてくれる。それはそれでよいことだが、神聖な関係性を身のまわりの環境や人々、宗教的なイメージやマントラなどと結んでいなければ、人生の霊的・精神的側面は葬り去られているも同然だ。養分を与えられることも芽を出すこともないままだ。外側の世界で霊性と呼応するものを見出すことがないならば、内なる霊性は呼び起こされることもなく、揺さぶられることもなく、眠ったままだ。やがて知らぬまに聖なるものへの感受性は生活や文化から消えてしまい、神秘学や心理学の領域でのみ語られる抽象的な事柄となってしまう。

現代社会は聖なるものへの感覚を失う危機にさらされている。人々は、自然界の生《なま》の力に触れることなく、公園のなかに囲われたり、庭で去勢された自然を「自然」だと思い込んでいる。都会の光はあまりにも眩しく、夜はもはや広大な闇ではなくなっている。さらに、建物のなかは温度調整の管理が行き届き、外界とは遮断されている。こうした状況のなかで、人々は信仰心を失い、星の営みも物質的生成プロセスと見なされ、生命は無機的な化学反応におとしめられ、肉体の死後には生命はもうないという世界観のなかに生きている。

西洋社会は科学とテクノロジーにおいては目を見張らんばかりの発展を遂げた。しかし、その結果得たものが刹那的な満足だけを追求する快適志向の味けない文化だとするなら、淋しいかぎりだ。

精神的、霊的成長を望むなら、聖なるものとの関係性の欠如は障害となるであろう。たとえば、何かを学ぶとしよう。本書にある身体的なプラクティスでもよい。これを実践すれば確かに元気にはなる。だが、自転車で遠出をしたり散歩に出かけたりするのと同じように、単に気持ちを晴らす材料としてプラクティスを扱うなら、霊性の道は遠い。

シャーマニックな技法を用いる場合も、気をつけなくてはいけないのは、表面的なテクニックだけで自動的に変わるだろう、と思い込むことだ。本当に救いが必要な場合、私たちは自分の内面にだけ頼っているのではない。なぜなら、それでは私たちの存在の全体性をカバーしきれないと感じているからだ。私たちは自分より偉大なもの、悩める心よりも大きいものに頼ろうとする。五大元素、神々、師たちや経典などだ。不安や絶望、自己嫌悪や失望をも包み込んでくれる、より大きな価値と意味が見出せる聖なるものへと心を向けるのだ。

不信感、怒り、軽蔑といった感情が介入する関係に長くかかずらわっていると、人生そのものに影響が出てくる。物事を翳《かげ》りある目で見てしまうことになる。聖なるものとの関係を長期間保っていれば、人生は好転する。人生の辛さに乗っ取られることもない。あらゆる生きもののなかに、神聖な種が宿っているのを感じとるようになるだろう。

聖なる領域への扉は、信仰と感謝の気持ちを育てることによって開かれる。何世紀にもわたって途絶えることなく伝えられてきた教えと、その道を歩んだ人々のことに想いを巡らすのもよい。彼らがその道を歩んだのは、それが自らの中心、世界の中心へと向かう聖なる旅だと知っていたからだ。今度は私たちが旅する番だ。霊性の道に心を向け、今なお生き続けている伝統のなかに、自分にふさわしい教えを見つけることができるのは幸運なことだ。教えに心を開けば、多様な世界に触れるよろこびが湧きあがるだろう。聖なるエネルギーをわだかまりなく受け入れれば、癒しと加持がもたらされる。私たちの生き方は、状況によって左右されない健全なものとなる。世界は広がり、あらゆるものが生き生きと感じられるようになる。ニヒリストの虚無とも、二元論者の世俗の汚れとももはや無縁だ。私たちはあらゆる事象を生み出す力を内包した神聖なエネルギーそのものへとつながるのだ。このエネルギーの戯れこそが存在そのものにほかならない。

どのようにすれば、神聖さへの感受力を高めることができるだろうか？　すべての源は神聖であり、空間も光も神聖である、と覚えておくように。この自覚が道を開く。固定観念を取り払い曇りのない目で現象を見れば、その性質は輝きに満ちた微細な光の振動であることが知覚され、すべてのあらわれは美しい。どのような生きものにも、仏性が備わっていることを心に留めておきなさい。霊性の神聖さを想い起こすのだ。自然のなかでひとときを過ごし、自然界の美しさに身をあずけよう。その場所があなたにとって特別な場所であればなおよい。祈りをもって修行にのぞみ、心を開こう。すべての生きものに功徳を捧げるために回向《えこう》し修行を終えよう。気にかけているすべての生きものの苦しみが軽くなることを願って修行に取り組もう。

修行は自分のためにだけおこなうのではない。すべての生きものを利するためのものなのだ。星空を見上げ、宇宙の無限の広がりと壮麗さを感じとろう。この身体、このいのちを支える人智を超えた精妙な働きに想いを巡らそう。視界を無限に広げることだ。そうすれば、日常の関心事とは比較にならないほどの大いなる神秘がこの世界を包み込んでいることに気づくだろう。

畏敬の念を覚えざるをえない神秘との出会いが、神聖な体験としてあなたの内に根をおろすことになる。

五大元素の修行とは、私たちが生きている世界と自分について学ぶことだ。その源までに遡ることだ。自然界の五大元素を知りその相互作用と美しさに気づき、五大元素が互いに交わる聖なるダンスの輪のなかに参入することは、神秘と可能性にあふれた場としての世界そのものを生きることなのだ。

五つの純粋な光

五大元素の最も微細な次元は「五つの純粋な光」として知られている。ゾクチェンの伝統には、五大元素について説くさまざまな経典がある。ボン教のゾクチェンにおける教えの最初の輪『シャンシュン・ニェンギュ』のなかには五つの光について詳細に述べている『六つの灯明』（ドゥンマ・トゥク）と『光明の鏡』（ウーセル・セムキ・メロン）と呼ばれる二つの主な経典がある。「五つの純粋な光」については、この二つから引用したい。

教えのひとつは、元素のエネルギーはそれ自体は純粋であるにもかかわらず、どうして実体があるかのように知覚されるに至るのかについて説明している。さらにこの教えのなかには、死から誕生までの、バルド（中有《ちゅうう》）において、生命体がどのようにしてサムサーラ（輪廻）に迷いこむのか、あるいはニルヴァーナ（涅槃《ねはん》）の解脱へと向かうのかが説かれている。視点をずらせば、これはカルマによる幻影の罠から離れ、いつ何どきでも心の本性のままの自然な境地に留まりつづけるには、どうすればよいかということの記述である。

教えでは次のように説かれている。

いっさいは原初のスペースから生じる。ひとりひとりにとっての大いなる母であるそこから生じ、存続し、そしてまたそこへ消えていく。原初のスペースには動きがある。なぜ動きがあるのか、誰も知らない。教えのなかには次の一節があるだけだ。「カルマの風が動いた」と。これは無限の空間に遍在するエネルギー、ルンあるいはプラナと呼ばれる風の最も微細なレベルの動きだ。プラナの流れと一体となっているのが、原初の意識の流れ。それは純粋にして普遍なるもの。この純粋な意識の内から五つの光が立ちあらわれる。

五つの光は原初の明知のあらわれである。これは純粋な五つの光であり、諸元素の最も微細なレベルである。しかし、これは五つの光と色で象徴的に語っているにすぎない。五つの純粋な光は、実際に目に見える光よりも微細であり、到底、視覚ではとらえきれない。そればかりか、最も精妙な方法で感知、測定されるエネルギーよりも微細である。この五つの純粋な光は、他のいっさいのエネルギーが現出する源のエネルギーであり、目に見える光もここからあらわれ生じている。

白、または無色の光はスペース、緑の光は風、赤い光は火、青い光は水、黄色の光は地の元素に対応する。純粋な明知は、この五つの元素の虹にも似た生命エネルギーの光を湛え、単一の球体（ティクレ・ニャクチック）としてあらわれている。

この五つの光を、主体が対象を知覚するという二元的な世界で感知した場合、これは目に見える実体へと変化してあらわれる。光自体は微細なままで粗大になっているわけではないが、とっさに分別が入り込む視覚のゆがみによって、粗大な光となって感知されるのだ。五大元素があたかも実体としての存在をあらわしているかのようにまで粗大化すると、もはや純粋な五つを識別することはできなくなる。そして、その相互作用によってすべての現象が目に見える様態を伴うに至る。主体と客体の分離現象もここから生じ、それが二元論に依存したあらゆる錯覚を招く結果となっている。

最終的には、五つの光は生成の物理的な元素となって、五つの質を含みながら外部環境のリアリティ形成に向かう。それらは、さまざまに次元の異なる存在の場となり、形のある生きものから形のない生きものまでさまざまないのちが棲む層を現出させる。身体のリアリティとしては、五つの光は徐々に実体化へのプロセスをたどり、器官を形成し、五体と手と足の五指、五感と五蘊へと生成の枝を発展させる。五つの光は、私たちが煩悩のなかに留まるなら五毒となり、光の純粋さを感知するならば、五智・五仏となる。

これは遠い過去に起こった創世の物語、いのちの誕生の物語ではない。これは人のいのちのあり方、無知な生き方（無明《むみょう》）と覚醒した生き方（悟り）についての話である。五つの光をやむことのない不二、不変のあらわれ、存在の純粋にして清らかな土台（クンシ）と知るなら、ニルヴァーナが始まる。五つの光を自分とは別の外側のものとして考え、そのように対象化して見てしまうなら、サムサーラが始まる。意識自体は曇りもしなければ晴れもしない。それは五つの光と不二にして純粋なままであるが、その意識内に立ちのぼる質がポジティブであったりネガティブであったりするのだ。意識が純粋で清らかな質と統合されればこの土台から仏陀が現出する。不純で汚れたものと統合されれば苦しみを背負ったサムサーラの生きものが現出する。今この瞬間にもこのプロセスが生じているのだ。

瞬時の知覚体験を不二の意識と統合するか、あるいは分離、対象化してしまうか、それが道を分ける。自分である主体が外側の対象を実体としてとらえているという誤った主客分離に執着してしまえば、迷いのなかへ入り込み、不二の意識と統合すれば、一元的な本然の境地に入ることになる。

五つの光の記述は感受の瞬間の体験とどう取り組めばよいかを教示してくれるものだ。体験のなかで起きていることは、通常微細なレベルから始まり粗大なレベルへと移行する。これは惑星の誕生から思考の誕生に至るまで、物事が生み出されるプロセスすべてにあてはまる。個体の誕生について見れば、欲望があり、セックス行為があり、精子と卵子の結合から人としての身体を持った完全な個体へと成長する。言葉は、まず純粋な音があり、音に意味が付随し、哲学や詩の世界へと連なっていく。宇宙物理学の世界では、宇宙創生はゼロ次元のポイントで混じり合ったエネルギーが、徐々に複合的な構造となっていく過程を経て、星や惑星や有機体が生まれた、といわれる。問題が生じる際には誤解が元となっていることがよくある。宗教的、政治的な見解の相違から誤解が生じ、論争が始まり、終生の憎しみや敵意が生まれ、戦争へとすら発展する。

私たちが住む世界はカルマの性質と状態によって決まる。どこに住んでいるかが問題なのではない。重要なのは、私たちが体験している外の世界は内的世界の投影であるということだ。あなた次第でこの世は地獄にもなれば極楽にもなる。

ボン教と仏教は、こう教える。「物も、生きものも――そのあらわれは千差万別であっても――本来、空であり、実体がない」と。現代物理学でも同じように、事象はエネルギーとスペース（空）から成り立っている、という。

いっさいが実体なく空であるといっても、私たちは、それぞれを実体のある個別的なものとして受けとめている。目の前を走っているトラックを実体のない現象として見れば、轢《ひ》かれてしまうだろう。しかし、現実はそうでも、あらわれている状態とはどういうことかについて、私たちは考え方を変えるべきだ。もし、知覚される対象が何かしら堅固なものであり、個々に実体があるという前提で対応しつづければ、この日常世界は何ら変わることなくそのまま続くことうけあいである。これは単なる観念論ではない。もし、自分の抱えている問題に対して、それがリアルで堅固なものと受けとめてしまえば、そうなってしまう。そうではなく、幻のようにあっという間に消えていくもの、広大なスペースにあらわれた神聖な元素エネルギーの戯れだ、と認識すれば、問題はもはや問題ですらなくなる。

五つの純粋な光については、科学が扱わない分野であるため、事実ではなく、ファンタジーだと誤解してしまうかもしれない。五つの純粋な光は、観測可能な事柄ではない。車や、あるいは嵐を計量、測定するようなわけにはいかない。しかし、事実とは何だろう。事実と真実は違う。スピリチュアルな教えは、事実と真実の違いを語りつづけてきた。私たちは、人間は無生物と生物に囲まれた環境で生きているということを事実として受け入れている。一方、ダルマは、実体あるものは存在せず、もとより自らの性質から生じる力をもって、個々に独立して存在するものなどないと教える。誰も恋をそれ自体として示せる者はいないはずだが、恋に落ちてしまえば恋がリアルなものとして存在することを疑うわけにはいかない。
恋がリアルであるのと何ら変わりなく、車が存在するのと同じ理屈で、五大元素もリアルなものとして存在する。車も五つの元素から成り立っている。メタルは堅固さをあらわす地、ガスやオイルは水、燃焼は火、ガスを燃やすのは風、車が存在するためにはスペース、といった具合に。わずかの間でも車を「車」として見ることをやめ、五つの元素の結合体だと考えてみよう。これが五大元素の見方である。

今までの五つの光の話もそうだが、これから述べることも、興味本位に受けとめたり、単なる事実として受けとめるべきではない。これは、事実を超えた真実である。それゆえ、本当に理解できれば、世界の見方が変わる新しい体験がもたらされるのだ。この実体として見えていた世界が、実は五大元素の純粋な光の戯れにすぎないという深い理解があれば、問題だらけの世界のただなかにあっても、問題が起きる前にそれをなくすことができ、安らぎを見出し、そしてついには、心の本性をはっきりと悟ることができるだろう。

何かが現出するとき、そこには必ず流れの連続性がある。このことを理解すれば、否定的な流れをどのようにストップさせ、有意義なプロセスへと踏みだし、そのプロセスをどう発展させればよいか、その方法がわかってくる。

五大元素の溶解

実体としてのあらわれは目に見えない微細な元素の次元で始まり、徐々に粗大なあらわれへと向かって移行していく。これが、物や実体が生起するプロセスである。本書の冒頭にある祈願文のなかの死のプロセスは、生起のプロセスとは逆に実体から実体のないものへと移行する。死へと向かうそれぞれの段階では、内なる元素が溶解するに従って、死にゆく者は特殊な身体的現象や幻影を体験する。これは、土の元素が水に、水が火に、火が風に、風がスペースに溶け入っていくエネルギーと関連している。タントラの修行者は、日頃から死のプロセスの訓練を欠かさない。これは、実際に死に直面したとき覚醒を保ったまま、死のプロセスを通して悟りへの真の道を見つけ、完全な成就を得るためだ。

溶解のプロセスは死ぬときだけにあらわれるのではない。眠りに入るときも目覚めるときにも起きている。死のプロセスは、熟達した修行者に、不変不生なものとは何かを明らかに示してくれる。このように五大元素の溶解体験を通して空と純粋な光こそが存在の根源だと悟ることができるようになる。

五大元素を通しての理解

五大元素の観点からものを見ることは、現代物理学、化学、医学や心理学が明らかにしている知識を放棄することにはならない。むしろ、それぞれの学問の根底にあるダイナミズムを解き明かす重要なメタファーとなる。五大元素を理解すれば、まったく別だと考えられる体験も、五大元素が微細か粗大かという程度の差にすぎないことが明らかになる。たとえば、火の元素が過剰になれば、身体、エネルギー、心、そして霊的な次元に兆候があらわれる。これらは、実のところ個別に分かれているのではなく、元にあるのは同じ元素で、それがより純化されて、あるいはより粗大となって異なる様態であらわれているものだ。たとえば、火の元素は太陽エネルギーとして生命を育む一方で、森林火災へと姿を変えて生命をおびやかすこともある。火の元素は熱となって消化作用を促し、心を活発にし、虹の赤い光となり、体温を調整し、憎しみや欲望の感情に文字通り火をつける。また、慈悲の心のぬくもりであり、物事を識別する知的作用であり、存在の根底をなす最も微細な五大元素のひとつである。

五大元素がこのように包括的に、多様な作用をしていることがわかれば、すべてがともに生起し、何ひとつ独立して存在するものはなく、いっさいが相互依存によって成り立っていることがわかる。不安は儀式や薬、運動、瞑想、愛情、マッサージなどで鎮めることができる。入浴もよい。なぜなら、不安は、火や風の元素が過剰となり土と水の元素が不足することによって生じるからだ。何らかの不調和をきたしたサインがどこかに出れば、他の領域にも影響を与える。不調和が心と身体の全体に及ぶとはいえ、もちろん、最もふさわしい方法で対処すべきだろう。切り傷による出血なら、ヨーガで治そうなどとは考えないで、包帯を巻いたり、バンドエイドを貼るだろうし、落ち込んだときには外科に行くより、エネルギーを調整したほうがよいのはいうまでもない。

五大元素を基盤としたものではないが、全体の統合をはかる考え方は、ホリスティック医学として西洋でも受け入れられるようになった。身体の病は気分や心にも影響を与え、心は感情や身体を左右するということが、今では常識となっている。ようやく、西洋医学の主流でも、心臓病やうつ病の回復には、ヨーガ、瞑想、運動、リラックスのための訓練法が取り入れられるようになってきた。

五大元素の考え方を活用すれば、そのときの自分の状態を五大元素の状態と照らし合わせて見ることができる。実際、粗大なレベルの元素とともにあるときは、自分自身が粗大なレベルにあり、微細なレベルの元素とともにあるときは、自分自身が微細なレベルにある。

五大元素と自分をつなげる

前述したように、五大元素は感情、性格、ものの見方、夢の傾向や考え方の癖、さらに観想や瞑想の能力などさまざまな経験と関連している。五大元素とは何か、がひとたび理解できたら、どのレベルでどの元素がどのように作用しているのか、その経験のすべてをダイレクトに把むことができるようになる。

ここでは、五大元素についての概説ではなく、むしろ体験を重視した事柄に焦点を当てて説明しよう。たとえば、チベット医学は五大元素と密接な関係があり、治療に大きな効果をあげているが、医学的側面は、本書の範囲を超えたものなので扱わない。ここで述べることは、感情、エネルギー、ものの見方の癖、さらに、自分と身のまわりの人間の行動パターンと五大元素との関係を知るのに役立つ。あえてネガティブな面を強調したのは、癒しの実践を通して精神的な成長を目指して欲しいからだ。

できるだけ多くの人が本書を活用できるように専門的記述は避けた。諸元素の作用と原理について個々の詳細な情報をためこむよりも、体験を通して全体を理解するほうが有益である。そのため、五大元素の相互作用の複雑な仕組みについては簡略化したが、複合的に働き合っているからこそ物や事が生起するのだということは念頭に入れながら読み進んで欲しい。

一つの元素は他の四つの元素も含んでおり、それぞれ協力し合ったり反発し合ったり、さまざまな相互作用を展開する。たとえば、火が燃え上がっていると、風は燃焼をあおる作用をする。ところが、火が小さければ、風は火を吹き消す作用をする。同様に、私たちの内部元素どうしが作用を強め合うこともあれば、弱め合うこともある。これは、そのときの条件次第なのだ。

元素のバランスは常にダイナミックに変化し、状況や条件によって弱まったり強まったりする。人によって、支配されやすい元素もあれば欠乏しやすい元素もある。自分の感情パターンや行動習性を観察してみるとよい。自分はどの元素に支配されやすいか、どの元素が足りないかが見えてくるだろう。

地

大地は生活の基盤となるものだ。シャーマニズムでは大地はあらゆるものの中心とされ、マンダラにおいても中心に描かれる（タントラとゾクチェンの見解では、空が基盤であり中心である）。

地の元素の主な性質としては重い、堅い、土台となる、安心感などが直感的に思い浮かぶだろう。地は重力の場である。地が豊穣な性質を発揮するのは、十分な熱と潤い、すがすがしい風に恵まれ、ほかの元素と調和を保っているときである。十分な熱がなければ冷たく不安定となり、水がなければ干上がり、風が吹かなければ新鮮さは失われ、生命力に欠ける。

内的な地の元素が安定していれば、私たちにも落ち着きと自信と安心感が生まれる。重すぎもせず軽すぎもしない。この生にしっかりと根をおろすことができる。たやすくバランスを失うこともなく、大事なこととのつながりを失うこともない。学んだことを忘れず、記憶も確かだ。信仰は揺るぎないものとなる。決意は一瞬の衝動などで吹き飛ばされることもなく、たゆまぬ努力を続けることができる。責任を持って自立できる。より高次な土の性質とは、覚醒のなかに揺らがずに居つづけることだ。

もし、地の元素が過剰であれば、鈍く、だるく、ぼーっとして怠惰である。つまり、硬すぎて、動くことができない状態だ。頭は重く、思考力は低下し想像力に乏しく、創造性を欠く。気が滅入り、仕事や人間関係や修行に行き詰まりを感じ、投げ出したくなることもある。そうなると変化が煩わしくなる。自分と問題を同一視し、抱えている悩みはどうにもならないものに

地　カム

思えてくる。眠りたくなる。瞑想しようとしてもこっくりしはじめる。眠りから醒めても、夢をまったく思い出せないか、ほとんど覚えていない。地の元素が過剰になると、感覚が鈍り無感動になる。あるいは、いつもおとなしい人がいったんしゃべりはじめると止まらないというように、逆に作用することもある。また、約束にいつも遅れるのも、時間に一分たがわず正確なのも、地の元素の働きである。伝統の教えのなかでは、地のネガティブな面は愚かさと無知（無明）だといわれる。

では、地の元素が少ない場合はどうだろうか？　頼みとなるものがない状態だ。ふわっと宙に浮いているようであり、地に足が着かず、イライラしやすくなる。落ち着きがなく、何事も中途半端となり、不満が多い。どこにいても何をしていても居心地の悪さがつきまとう。結局安心して落ち着いていられる場を常に捜しまわることになる。

地の元素が欠如した場合、安定するためにできることはいろいろある。本書で紹介した身体運動は、効果的だ。ほかにも安心できる家庭、健全な人間関係、きちんとした仕事につくことなどで外的な状況を変え安定した心を育てることが適切な場合もあるだろう。

外的要素が安定すれば、この安心感が内側のポジティブな性質を育む土台となってくれる。本来一番よいのは、自分の内側によい質を見出し顕著な性質になるまで育てていくことだが、外側から取り込むことが必要な場合もある。

自分をどのレベルで見るかによって、どこに安定を求めるかが違ってくる。身体性を重視すれば、外側の環境に、エネルギーレベルを重視すれば、感覚・感情に安定を求める。また、明知が備わった存在として自分を認識していれば、心の本性の内に安定を求める。粗い心は、堅固な大地を足元に感じるとき落ち着きを覚える。心が微細になっていくにつれ、覚醒の意識は空の内に安定する。

瞑想修行においては、バランスのとれた地が必要不可欠だ。最も高次の修行、たとえばストラの空性やゾクチェンのテクチュー（切り放つ・切り断つ）の修行においても、地の質を強化するために集中力の訓練と心を安定させる三昧《さんまい》の修行が要求される。瞑想を深めるためには、まず心を安定させる必要がある。心は、地の元素を強化すれば、自ずと安定する。火と風の元素が優勢な人は、修行の達成も速いが、失うのもあっという間だ。土と水の元素が優勢な人は、ゆっくりと進むが、ひとたび成果をあげれば、それを保ち、さらに発展させる能力に優れ、結果的に進歩が速い。

もし、瞑想がうまくいかないなら、集中力を高める努力を通して、地の質を開発すればよい。心身の落ち着きを訓練しなさい。滋養のある食べ物を摂り、刺激物は避けるように。運動も必要だ。修行上の問題点にどのように対処すればよいかは十分知っていても、実行しないのはよくあることだ。自分に一番ふさわしいことを飽きずに続ける努力をすること。こうした粘り強さも地の元素を蓄えていくのに大いに役立つ。

集中を通して心の安定が確かなものとなれば、よけいな想念はなくなりはじめる。感覚は冴え、うるさい雑念で煩わされることもなく心は鎮まる。光と色が鮮明になる。もしすでに、師から「心の本性」の教えを受けているなら、その自然な境地に留まったまま生活すべてを修行と統合することも難しいことではない。覚醒を保つのはたやすいこととなり、一日中気づきの心で過ごすことができる。そして、究極的には、眠りのなかでも覚醒を保っていることができる。心が安定していれば、自ずと洞察力が生まれる。心が目を醒ましたのだ。これは、集中する、ということではない。心の安定から生じるさらに高度な修行だ。

地の元素が過剰な場合には、別の方法でバランスをとる。軽いものを食べ、疲れないようにしなければいけない。頭をやわらかくする訓練をしなさい。風と火の質に触れ、順応性、創造性を高め、活力を呼び込むのだ。

修行を通して地の元素が十全に開発されれば、それは自他の平等を知る智慧（平等性智《びょうどうしょうち》）となる。この高い能力が備われば、修行者はどんなに過酷な状況のなかにあっても安定を欠くことはない。そして、どのような経験のなかにあっても光り輝く生得の意識を見失うことはない。

水

水の元素のバランスがとれていれば、気持ちよく生活できる。流れるように自由に動くことができ、人生の出来事や人間関係にも適応していける。状況を受け入れることができるのだ。そこには、よろこびと満足がある。水の元素の高次な体験は、生のよろこびである。それは、生きていることとの本源的なよろこび。外的な状況によってもたらされるものではない。私たちが水の質であるよろこびとつながっているとき、よろこびは外に向かってあふれていく。外出するのも、人に会うのも楽しみになる。人生を楽しむのだ。しかし、二元的世界を生きるかぎり、苦しみは避けられない。この種のよろこびは、常につきまとう世俗的な苦しみによって消えてしまう。そうなったとき、私たちは外側に目を向けがちだ。新しいパートナーや仕事、家、学位、名誉など、求めているものが手に入れば快適であるはずだ、という考えにとらわれているからだ。よろこびは何かを得ること、何かをすることのなかにあるのだと考えてしまう。生そのもののなかにではなく。

水　マム

　水の元素に支配されている人は、多情、多感だが、ときには気楽すぎることもある。気楽すぎるというのは責任から逃れて、流れのままに生きるということだ。つまり、快適さのなかで溺れ、自分を見失い、変えなくてはいけない非生産的な状況のなかでなお満足しようとしているのだ。たとえ、価値あるものをあきらめることとなっても、頑張るのは性にあわない、と働かない傾向がある。

水の元素が多すぎると、瞑想の際に澄みわたった感覚がぼやける。これは、地の元素がもたらす重さや鈍さとは別だ。仕事を完成させその達成感を味わうこととは縁遠い、たゆたうような感覚だ。また、感情過多の波に振りまわされ、いっときの感情にのまれ、涙もろく、自己憐憫の罠にはまりやすくなる。水の元素の心地よさそのものに浸るのではなく、感情の満ち引きに流されやすくなる。

水の元素が少なすぎると、内的な不快感に悩まされ、よろこびがなく、他人のなかにいて居心地が悪い。地の元素が安定していても、水の元素が少ないとよろこびや感謝の気持ちに欠けた不毛な感覚にとらわれる。土と水の元素ともに不足すれば、火か風のどちらか、あるいは火と風の両者に支配され、安定感を失い極端にイライラする。瞑想の際に水の元素が少ないと、内的な不快感があり、修行によろこびが見出せない。こうなると修行は無味乾燥なものとなってしまう。

水のポジティブな質を充実させるには、自らの内に愛を育む訓練をすることだ。チベット仏教の修行者なら、グル・ヨーガをすすめたい。グル・ヨーガは心の質を開花させる。愛と慈悲を育てる修行や、与え受け取る修行もよい。もし、愛と慈しみの心が伴わなければ、修行は本質を欠いた心、迷いの心の投影となる。修行に愛と慈悲が含まれないことなど、チベットの伝統では考えられない。水の元素が十全に養われれば、修行において得られる最高の実りは鏡のような智慧（大円鏡智《だいえんきょうち》）である。

火

火の元素のポジティブな側面は、創造力、何かを始める力、そしてやり遂げる力だ。直感力、情熱、興奮しやすいことも火に関連した質である。火の元素のバランスがとれていると、仕事がよろこびとなり、しかも見事な成果をあげる。火は楽《らく》とよろこびに結びついているが、水の元素の満足や受容のよろこびとは異なっている。火のよろこびはもっと激しく、身体の快楽、感覚が目覚めるよろこびと結びついている。火の元素の高次の体験は生きていることを祝福と感じるよろこびだ。その最高のあらわれは識別の智（妙観察智《みょうかんさっち》）の達成である。

火　ラム

火の元素が過剰な人は、すぐに興奮する。ちょっとしたことで怒りに火がつき、衝動的に反応し、前後の見さかいなく激しい言葉や行動で攻撃する。寛容さに欠ける面があるので、見解、信条、人種の違いにまで腹を立てる。場合によっては、他人の座り方や話し方さえもが気に障る。

火の元素は土と対極にあるので、火の元素が多すぎると安定感を欠く。落ち着きがなく、行動は速い。水の元素もともに欠けていると、居心地の悪さやそわそわとした落ち着きのなさがいつまでも続く。五分といえどもじっと座っていることができない。いつも、何かしら動かずにはいられない。沈黙していることや静止していることは耐えがたいこととなる。眠れないこともある。火の元素が過剰な人は、早口でおしゃべりだ。話が終わらないうちに次の考えがやってくる。次から次へとすべては止めようがない。

瞑想においては、火の元素が多いと考えがめまぐるしく巡り、コントロールすることが難しい。新しいアイデアが絶え間なく湧きあがり、ちょっと脇に置いておくのも惜しいくらいの重要なアイデアに思える。静けさ、安らぎが欠如しているのだ。落ち着きのなさと過剰反応ばかりがある。火の元素が過剰で水の元素が欠けると興奮しやすく、土の元素が欠けると、落ち着きがなくなる。

火の元素が十分でないと、修行のために必要なエネルギーとやる気に欠ける。あるいは修行によろこびと楽しさを見出せず、辛さばかりがつのる。修行は機械的なものとなり、新しい体験や気づきへの飛躍をもたらしてくれるインスピレーションもない。その結果、修行はなかなか進まない。

また、普段の生活でも活力が湧かず、インスピレーションにも欠ける。やっていることが楽しく感じられない。集中することもできない。新しいことは何もやってこない。人生が無味乾燥な日々の繰り返しとなる。もし、風の元素が優勢なときに火の元素が不十分だと、動きはあるにせよ、創造性に欠けた繰り返しの動きとなる。鋭い知性——これは風の元素の作用だ——の人であったとしても、知識をもとにそこから創造的なものを生み出す力に欠ける。

火の元素を高める修行には有名なものとして「内なる火」の修行（トゥムモ）がある。これは雪の上に坐した修行者が、濡れたタオルを体内からの熱の作用だけで乾かすという実例によって広く知られるようになった。もうひとつ、「外なるルシェン」という修行がある。これは、その人のカルマから生じる体験に身をまかせることによって、カルマの習性と純粋な体験とを判別できるようになるためにおこなう。このほかにも火の元素を強化するヨーガもある。

風

風は変化を運ぶ元素だ。風の元素が開発されると、ネガティブなものをポジティブに、憎しみを愛に、嫉妬をわだかまりのない広い心に、執着を寛大な心に、プライドとエゴイズムを安らぎに変容できる。風は、好奇心と向学心、順応性にも関連している。風の元素の最も高次な性質は達成の智慧（成所作智《じょうしょさち》）である。

風に支配されると、土と水の質は劣性となることがままある。そうなると、安定感や満足感がやってこない。現状に満足することができなくなる。今の場所より、ほかの場所がさらによく見え、新しい場所に移ると、またどこかに行きたくなる。あるがままを受け入れることができず、足元にあるはずのよろこびを感じることができない。神経質になり、集中力に欠け、妙に不安になったり、心が浮わついたりする。ちょっとした不運に出合うだけで、不幸のどん底に落ちたように思う。確信が持てず決断が下せない。信念はいともたやすく崩れる。自分に自信がなくなり、外からの影響であちらこちらへと引きずられてしまう。

風が欠如していると、ひとつのことにとらわれやすくなる。何かを変えるには大変な努力が必要となる。心配事が頭をかすめると、そのことがずっと気になる。どんなにささいなことでも、気になることがあると、いつまでも抱え込んでしまう。

風の元素がバランスを保っていれば、心配事や困難があっても道が開かれ、解決策が見つかる。フレキシブルになれるのだ。ひとつのことがうまくいかなくても、ほかのことを楽しむ余裕がある。不幸に見舞われたとしても、空の美しさにも目が行く。風は未知の地平へと心を運び、別の視点に立たせてくれるので、ものの見方が広がり、知性が培われる。怒り、悲しみ、苛立ち、自己憐憫などのネガティブな感情をどれだけすばやくポジティブな感情に変えることができるかは、風の元素がどこまで開発されているかにかかっている。

風の元素はプラナと呼ばれ、心を運ぶ乗り物である。このため、タントラやゾクチェンではある特定の体験を持続させるために、風の元素をコントロールする身体的な動きや姿勢の訓練を積極的に取り入れている。風の流れが滞ると、心を集中させることが難しくなる。坐って瞑想するのが苦しくなる。心はじっとしていることができない。そのため、必然的にいろいろな疑問が湧きあがる。風の元素がありすぎると、クンシの体験、すなわちすべてのものの土台に空性を見る、という体験はやってこない。なぜなら、心とエネルギーは光の輝きと現象に魅了され、あちらこちらの対象へと矢のように飛んでいくからだ。

風　ヤム

風はすべてのものを結合させ、すべての関係を成り立たせている。風の元素であるプラナはあらゆる場所、あらゆるものに浸透している。なぜならプラナは存在の根源的なエネルギーだからだ。

死の際におこなわれるチベットの修行では、ラマは息を吸うときの風を通して霊を呼ぶ。霊とコンタクトがとれた段階で、ラマは死んでいく人のなかで溶解されずに残っている元素が溶けていく手助けをする。

タントラのなかには風はマジカルパワーと結びついている、とするものもある。マジックは常に変容と結びついている。風の元素エネルギーがなければ、変容は起こらない。風の元素の欠落は、マジックを起こす力を抑制するので、死んだ人を再生へと導くのは難しい、と伝統的にいわれている。

風の元素が欠けていると、修行中の経験を変容させる能力に欠けるので、進展もない。

風の元素を強化するためには、脈管と身体内のプラナに働きかけるツァ・ルンの修行をする。これには、意識の転移と呼ばれるポワやトゥルコルのヨーガが含まれる。この場合、観想と呼吸を使って中央脈管を開き、その状態を保ったままでの非常に安定した呼吸法を使う。こうした修行法については本書のなかで後に詳しく述べる。一般的に風に関連する修行には純粋なプラナと汚れたプラナを分ける働きがあるが、それは同時に純粋な心の状態と汚れのある状態を分ける働きでもある。風は、こうした状態を識別し分ける力をもたらす元素なのだ。

空《くう》（スペース）

すべては空から生起し、空のなかに存在し、空のなかへと消えていく。私たちの内部では、聖なる空の元素は、意識となる。体験とは意識のなかに生起し、意識される中身であり、同時に意識そのものなのだ。

空の元素のバランスがとれていると、人生に余裕が生まれる。何が起きても受け入れることができる。ゆったりとした落ち着きがあり、焦ることなどまったくなく、感受力も豊かであり、とても寛容である。他の元素も過不足なく整い、すべてが快適である。体験と自分が乖離《かいり》していることもなければ、体験に執着することもない。体験そのものを追いかけたり、そこから逃げたりするのではなく、体験をしている自分自身にしっかりと根をおろしている感覚がある。

空の元素が多すぎると、うわの空となって、空の中身、つまりほかの元素との結びつきが失われる。この状態は、心の本性に統合されていない状態だ。糸が切れたような宙ぶらりんの感覚にわけもなく襲われる。生の実感を持てないからかもしれない。これは、地の元素が支配的になったときの落ち込みとは別のものだ。根なし草となって、置き去りにされた感覚だ。空の元素が過剰だと自覚を欠き、覚醒を保てない。自分を見失い、現実感が持てない。

空　ア

空の元素が多すぎると、経験とのつながりが持てない。逆に、少なすぎる場合は、すべての経験に支配されてしまう。あらゆることが突き破ることのできない壁のように立ちはだかる。悩みが小さいうちはとまどい、大きくなると打ちのめされる。空の元素が少なすぎると、他の元素のどれかが増大し、私たちはそれに支配されてしまう。

空の元素のバランスがよい人は、よく働き、家庭を持ったなら、家族の面倒をよく見、精神修行や瞑想もし、すべてに順応性がある。何もかも受け入れるだけの余裕があるのだ。空の元素の少ない人は同じ状況下にあったとしても、手一杯と感じ耐えられない。仕事量はこなせないほど多く、子どもたちは煩わしく、友人と会う時間もなく、料理する暇もなく、リラックスする暇など見つけようもない。また、空の元素に支配されてしまう人は、同じ状況下でも生涯を通して生活が定まることがない。仕事は投げやり、子どもたちにはよそよそしく、配偶者は単なる同居人。やるべきこともいい加減。何が重要かの見極めがないのだ。

私たちは仕事や人間関係、興味、身体的特徴といった外的条件で自分が何者であるかを規定しようとする。これは、空の内容、つまり何を経験しているかを見ていることで、経験している自分を見ていることにはならない。だから、当然こうした内容のひとつを失うと、自分自身のよって立つ根拠を失ったように思う。人間関係に終止符が打たれたり、失業の憂き目に合ったり、知らない土地に転居すると、どうしていいかわからない、とつぶやく。私たちは、いつもはざまで揺れていて、自分は何者か、ということに確信がない。

もし、空の元素と自分自身が完全に統合されているなら、それは心の本性のなかにいるということだ。そのとき私たちは自由だ。なぜなら、体験として生じる事柄に縛られることがないからだ。心の本性を悟っているので、そのときどきの状況によって自分が変わるわけではないと知っている。本質と結びついていれば、悩みがあったとしても、その原因を外に求めることはない。どのような問題であれ、それは空のなかで起きていることを体験しているにすぎないとわかるのだ。自分自身と問題を同一視する必要がないことを知っている。持ちものや行為、あるいは他人が自分をどう見るかということによってではなく、自分自身のあり方そのものによって自らを支えることができる。何事をも受け入れるさらなる余裕があるのだ。

たとえば、人もうらやむような家族と仕事に恵まれ成功している人が、その両方を失ったとしよう。仕事と家庭によって自分が成り立っていると考えていたとするなら、混乱し自分を見失うことになるかもしれない。そうはならず、そこで自分とは何かに気づくかもしれない。それは、空とどうつながっているかによる。痛みを伴う状況をどう受けとめるかで、その後の展開はポジティブにもネガティブにもなる。

外的条件が崩れ去ったとき、それをアイデンティティの崩壊と考え、自分とはなんと脆い存在かと思う人もいるだろう。しかし、空なる自分こそが自分だ、すべては空のなかの出来事だととらえなおすことで、今までの自分の限界を超えていくきっかけとすることができる。

瞑想修行においては、空の元素に乱れがあると焦点がぼやけ、覚醒が保てない。経験の土台をではなく、経験そのものを自分だと規定するので、次々に生じる現象によって気が散ってしまう。空の元素を強化するのに最適な修行はゾクチェンだ。しかし、ゾクチェンの修行をしない場合でも、ほかの四つの元素がよりよいバランスになると、空も自ずと理解できるようになる。空性の智慧（法界体性智《ほっかいたいしょうち》）は空の元素と関連している。

五大元素と健康

人間にとって理想的な環境とは、汚染されていない肥沃な土地、豊かな清水、新鮮な空気、穏やかな気候に恵まれた場所といえよう。畑が耕せ、牧畜ができ、都市の機能もあり、生産活動もできる十分なスペースがあることが望ましい。言い換えれば、人間的な暮らしをするためには、五大元素が理想的に調和している環境でなければならない。むろん、チベットの乾ききった高地でも、砂漠、凍土、湿地帯、熱帯雨林や未踏の極地でも人は生きていける。厳しい気候条件の下では、理想的な環境とは比べものにならないくらい多くの困難があり、エネルギーの消耗が激しいとしても、だ。

外的環境と同様のことが内部の五大元素についてもいえる。内的な元素が調和しているときに、人生の質は最高となるのだが、不調和な状態にあっても、人はサバイバルできるし、また事実サバイバルしている。血圧、ホルモン・バランスなど生物としての身体的機能も、ある範囲までは正常と見なされる。これらが標準値を超えると、悪い影響が出る。不調和が飽和点にまで達すると、身体は危機にさらされ死ぬ場合もある。生理的なこと以外にもこのことはあてはまる。感情についていえば、正常な範囲ははっきりと限定しにくい。誰にでも落ち込むときはあるが、深刻な場合を除けば、慢性化しないかぎり問題であるとは見なされない。恐怖心をかきたてられる状況で「怖い」と思うのは普通の感情だが、慢性的な恐れや不安は衰弱をもたらし異常だと考えられる。重要なのは、感情を殺してしまうことではなく、バランスをとることだ。たとえば、天界の住人たちは、感情から解放されているわけではないが、内的な力によってすばらしいバランスのなかにいるので常によろこびに満ちている。

たとえどんなに成功し、人間関係に恵まれ人生を楽しんでいるとしても、内的元素のバランスがとれていなければ決してこれでよし、と満足することはない。逆に、内的元素のバランスがとれていれば、たとえ物質的に恵まれていなくても、友人が少なくても、心は安定し、中心をしっかり持ち、困難な状況にも順応して生きていける。状況が満足のいくものでなくても、自分自身に安らいでいることができるのだ。

五大元素について学び修行する意味とは、心身ともに健康であることの元となる五大元素をどうやって調和させればよいか、その方法を知ることであり、全人的な健康を増進させることにある。調和がとれているかいないかは、誰もが直感的に体験していることで、難しいことではない。バランスが最悪の状態――重い病気や精神病――から完全な状態までは、とぎれることのない連続性の上にある。バランスが完全に調和している状態は心の本性である仏性に安らいでいるときにのみ生じるのだ。普段私たちは、この両極の間のどこかにあり、バランスがよくなったり、悪くなったり、昇ったり降りたりを繰り返し揺れながら生きている。

五大元素を調和させるという考え方は、身体面、精神面、社会的活動まで、生活のあらゆる面に応用できる。健康の回復、よりよい人間関係、修行、心の調整や、感情の安定から環境づくりまでさまざまに活用できる。病気や不幸せな感覚についても、修行におけるさまざまなレベルの障害も、五大元素のアンバランスがサインを出していると考えれば、わかりやすい。それならば、五大元素を整えること、それが根本的な癒しとなるのだ。五大元素のポジティブな質や力を高め、ネガティブな質は減らしていくことを考えればよい。ある特定の元素に支配されているなら、その反対を補強すればよい。たとえば、火の元素が強いなら、水や地の元素を活性化する。地が支配的な場合、気分が重く、眠い。そんなときは風か火の元素を活発にしてみよう。風の元素が強いと、浮わついて、神経質で、飽きっぽくなる。そんなときは地か水の元素を強化するようにしよう。日常生活でバランスをとるためにできることはたくさんある。たとえば、ひどい高熱には冷水浴を、寒気がすればあたためる、脱水症状のあるときは水を飲む、といったことだ。

そもそも、ある概念を言語化しようとすれば、それはおしなべて象徴としての意味をもつ。「五大元素」という概念もまた長い伝統と深い智慧に培われた象徴だ。しかし、五大元素は単なる象徴を超えて身体とエネルギーの動き、さらに意識の流れを通して修行者が具体的に取り組むことができるリアルなエネルギーといえる。

五大元素がアンバランスになるわけ

私たちは誰もが五大元素のユニークなあらわれとして生まれてくる。その様態はひとりひとり違っている。それぞれの生命個体のカルマがこの差異を生み出す。もし誕生の瞬間に完全にバランスがとれていれば、悟りを開いた仏陀として生まれるはずである。凡夫として生まれてきたということは、何かしらアンバランスだということだ。誕生時のこのアンバランスが極端だとすぐに兆候が出る。たとえば、粗大な身体のレベルで新陳代謝に問題があれば、食べ物の消化が困難となり、これはすぐさま見つけられる。チベット人なら、「火の元素が不足している」と言うだろう。たとえどんなに小さな違いであっても、元素エネルギーの強度や構成バランスの差異は個体の気質、体質、身体的、精神的能力を特徴づけるものとなる。

誕生後は、環境と環境への個々の反応が五大元素の活力に影響を与える。予期せぬ出来事や危機――心を閉ざすほどの強い反応を呼び起こす状況――は大きな影響を与える。どんなに小さな決断や身振りですら、何かしらの影響を与えているのだ。

想いにしろ感情にしろ、また身体の動きにしろ、いずれもが五大元素の相互の組み合わせによるあらわれであり、それを生み出した状態を増幅させる。わかりやすい例をあげれば、怒りは、火の反応である。怒りがこみあげてくる瞬間には火のネガティブな属性があらわれるのだが、怒りっぽい人は、火の元素を育てていることになる。また、火の明るさと創造性は同質なので、よい結果を生み出すような創造的な反応をした場合も同じように火の元素を育てていることになる。このときは火のポジティブな面が増幅される。長期にわたる習慣的行為と反応によって、特定の元素ばかり開発され、ほかの元素は刺激されずに弱くなるということがある。さらに、文化的な特性によっても特定の元素が強まり、ほかが弱まるというプロセスが起こる。火の例で説明を続ければ、攻撃性や激しい反応を好む社会集団のなかで育つと、水のもつ穏やかさは育てられないまま火のような反応が習性化する。

アンバランスは一時的なこともあるが、慢性化することもある。たとえば、普段は自信もあり人付き合いもよい人が、いざ試験や講演となるととたんに心配性に変身する。いつもは内気な恥ずかしがりやが、アルコールを口にしたとたん自信あふれる外交家となるのはよくあることだ。楽天家も人間関係につまずけば元気をなくし、信仰篤き者も、最愛の者の死に直面すれば、不安をつのらせニヒリストともなりうる。こうしたことは、五大元素のバランスが外的条件によって一時的に変化しているのだ。

こうした変化は一刻一刻絶え間なく起きている。食べすぎれば地の元素が強くなり、眠気に襲われる。上司に呼びつけられれば、地の元素とのつながりを失い、風に支配され、あらぬ心配をする。疲れているときにうんざりする会議が続けば、火の元素の創造性が失われ、その後、友人と楽しい会話をすれば、火の元素を取り戻す刺激になる。

アンバランスをもたらすものはいくつもある。ダイエット、想念、感情、映画、友人、文化、病、などきりがない。しかし、人はそれほど壊れやすいものではない。アンバランスをもたらすものをバランス回復に役立てることもできる。たとえば、風の元素が強すぎるなと感じたら、地に足を着けた現実的な友人と一緒に過ごすといった単純なことがバランスの回復に役に立つ。

性格や習慣によって長い間にわたって強化され、固定化してしまうアンバランスもある。しゃべり方、好きな色、歩き方、手の動きなどの所作は、五大元素の働きだが、注意深く観察すれば、どの元素が支配的かわかるようになる。西洋では、こうしたことを心理学の枠のなかで考えるようだが、根本となっているのは、心の問題よりも五大元素の相互関係である。

なかには、生まれながらに五大元素のバランスがとれている人がいる。心に余裕があり満足しており、地に足が着き、創造性も順応性もある人々だ。慈悲、愛、寛容、忍耐といったより高い質に恵まれ、外見的にもバランスがとれていることだろう。誰しも、こういう人に会ったことがあるだろう。彼らは、幸せであること、健康であること、自信を持つこと、有能であることを心がけている。積極的に状況と関わり自立している。仕事にも人間関係にも不満はない。

しかし、そうこうするうち、避けられない悲劇が起こる。病に冒され、愛する者を亡くす。事業で騙される、車の事故に遭う、といったこともあるだろう。ここから立ち直ることもできるだろう。が、バランスが狂うこともある。妻を亡くし、うつ状態になる夫、がんと宣告され、乗り切ることができない女性など、身のまわりにこのような話はいくつもある。人生の逆転劇だ。こうしたとき、人は生きる意味がわからなくなる。信仰は揺らぎ、人生への信頼をなくすかもしれない。五大元素のバランスは失われてしまったのだ。安定を失い、よろこびや創造性までをもなくしてしまったのだろうか？　こんなとき人は、何かひとつの元素に支配されやすい。四六時中怒りっぽくなる人、落ち込む人、混乱する人、空しさや悲しみのなかにいる人、とさまざまだ。

残された人生をバランスが乱れたままで過ごすか、あるいはバランスをとるよう努力するか、二つの道がある。医者やセラピーに通ったり、ダイエットのやり方を変えたり運動を始めたりする場合もあるだろう。一度は捨てた信仰を取り戻すことも、新しく宗教的な関わりを持つこともあるだろう。まだ精神の旅を始めていない人なら、苦しみをきっかけとして修行を始めるのはとてもよいことだ。

何らかの方法で自らを癒す試みをするうちに、何かが育ち、何かが減少する。食べ物が変わり、考え方が変わる。古い習慣を捨て新しい習慣を身につけようとする。人生の現実が不快に思えたとき、人は何かを変えたくなる。欠けているものを補い、不快なものを取り除こうとする。

人には調和に向かおうとする自然な衝動がある。気づきを深め精神的に成長する方向に引っぱられていくのも人の自然性だ。このことを認めまいとしても、完全なバランスに向かわせる智慧は、生まれながらに私たちのなかに備わっているのだ。

問題が起きるということ

人生に障害はつきものだ。肉体の病のように目に見える障害もある。医者が診断し、レントゲン撮影、血液検査ののち、病名が告げられる。病は細菌、ウイルス、がんなど実体を伴うものだ。そして治療にも、丸薬、注射、化学療法や薬草など実体のあるものが使われている。病は最初、心の問題かもしれないが、身体をも蝕んでいく。心の問題なら、セラピストを訪ね、知的に問題を理解しようとし、感情を理解しようとし、何が起きているのかその意味を見つけ出そうとし、この状況についての自分自身の考え方を変えようとするかもしれない。

チベットの文化では第三の領域、すなわちエネルギーのレベルにも問題があらわれるのを認めている。伝統的に、医学的には説明がつかないものがこの領域の障害に当たる。これは目に見えない存在による仕業と考えられている。この場合の診断は、問診、占い、直感、夢、占星術など、実体の薄い方法によっておこなわれる。その治療法もまた実体と呼ばれるものを伴わない。お経を唱えたり法具を使っての悪魔払いの儀式、煙や水による浄化法、魂の回復や生命力の増強の儀式、プラナのバランスを整えるヨーガ、瞑想、三昧への導入、祈祷などによって治す。

問題があるとき、それぞれに応じた適切な方法を見つけることが大事だ。さらによいのは、すべての問題に対応できる解決法を見つけることだ。それは、心の本性を知り、そこに心を置くことだ。しかし、心の本性が見出せず、そこに心を留めることができない場合は、ほかの修行をする必要があるだろう。状況に対して適切でない修行を応用しても効果はない。エネルギーに問題があるなら知的分析をしても快方には向かわない。一方、誤った見解や態度が問題となっている場合、お香を焚いたり、おまじないの羽を揺らしても、たいした役には立たない。

先の五大元素の純粋な光の説明のなかで、実体のないはずのものを誤った二元的な見方によって実体を持ったものとして見てしまうプロセスについて述べた。このプロセスが理解できれば、問題や障害や不快感がどのようにして起きてくるかも理解できる。最初は微細なレベルで始まり、そこから徐々に実体のある現象へと進む。たとえば、病気についていえば、実際に身体に感じる前に、夢のなかにあらわれることがある。やがて、エネルギーの変化としてあらわれ、疲れやすかったり、落ち着きがなくなったりする。そして最終的に、顕著な症状として身体に出る。

問題が、たとえば夢のなかのような微細なレベルにあらわれたとしたなら、やはり微細なやり方で散らしてしまうことができるだろう。たとえば儀式、夢ヨーガ、祈り、身体エネルギーの流れを変えるなどの方法がある。しかし、肉体的な症状があらわれて、はじめて自覚されるなら、そのときは薬や手術が必要となるかもしれない。その時点ではもはや手おくれで死を招くこともありうるだろう。

同様に、友人との間に何か嫌なことがあり、夢や白昼夢の折、またはその友人と一緒にいるときに、それが身体感覚として感じとられたなら、心の持ち方を変えるだけで癒しが起きることもしばしばある。

問題が徐々に実体としてあらわれるまでに大きくなってしまったら、もっと努力が必要となる。もっと話し合ったり、折り合うための時間も必要となるだろう。

顕在化するまでのプロセスをレベルごとに分けて考えていく習性が身につけば、人生のさまざまな状況への対応が上手にできるようになる。しかしもちろん、知覚体験ははっきりとした段階的な境目などなく一挙にやってくるものだ。体験をそれぞれのレベルに分けて考えるのは、概念上のことなのだが、原因、結果、解毒作用は、あらゆるレベルに作用する。肉体が蝕まれているのがはっきりとわかるほど進行した病ですら、宗教儀式のような微細なレベルでのヒーリングがよい結果をもたらすこともある。たとえば、物質至上主義の価値観からすれば不可解なことかもしれないが、かなり重い疾患の場合でも、強い信仰心によって自ずと快方に向かうという例は枚挙にいとまがない。これは科学的にも実証されている。また、粗大レベルでの治療法が微細レベルにもよい影響を与えることもあれば、ヨーガ体操や薬などによって病状が軽くなったり病気の種が消えてしまうこともある。

つまり、さまざまな問題は微細なレベルから粗大なレベルへと移行していくばかりではなく、実体として顕在化したものが、逆に微細なレベルへと影響を与えることもあるということだ。身体的なトラウマはしばしば感情的な問題を引き起こす。事故や病気は精神を乱す原因となることもある。しかし、チベットの見方からすれば、事故としか言いようがない偶発的な出来事が引き起こしたアンバランスであっても、もともと内在していた目に見えないカルマの痕跡が、時間の経過とともに外的レベルに表出したものだと考えられている。

浄化と心の育成

経験のネガティブな面が表面化する途上でそれを変容させたり、阻止したりする方法がある。これには浄化の修行が効果的だ。こうした方法には、身体レベルでは食事制限や禁欲、日常の習慣を変えていくことなどが含まれる。感情レベルでは、否定的な反応をなくすように努める。タントラには自分、他者、一切衆生をともに浄化する観想法が数多くある。

浄化とあわせて、経験のポジティブな側面を育てていくこともできる。ネガティブな面に関しては、私たちは、教えられたわけではないのにこれを伸ばす練習は十分やっている。たとえば悩みがあるとする。すると、きりなくそのことについて思い巡らす。際限がない。そのかわりに、よい想いを抱くよう訓練することもできるのだ。怒りのただなかにいる自分に気がついたときは慈悲の想いを育てればよい。愛やよろこび、創造性や落ち着きなど純粋な元素のよい質を育てるようにすればよいのだ。

たとえば、ボン教と仏教のスートラ（顕教）のなかに四無量心（慈悲喜捨）を育てる教えがある。

この四つの無量心とは慈しみ、愍《あわ》れみ、よろこび、平等心を指す。この四つの資質は、心の開発のためにとりわけ重要だと考えられている。もし、よろこびを育てたいなら、まず、自分のなかによろこびの体験を見出していなければならない。自ずとよろこびが湧きあがってくるとき——それは、愛する人々とともにいるとき、自然の美しさのなかにいるとき、音楽を聴いているときかもしれない——体験を意識化するのだ。よろこびは外的条件に依存しているのではない。もともと備わっている潜在力なのだ。この潜在力を活性化する外的対象や状況に出合ったとき、私たちの内にある源からよろこびが湧きあがる。

よろこびとはどんな感覚かを知っていれば、感覚のスペースをまっさらにしてよろこびをダイレクトに味わう——これが浄化という意味だ。一度味わった感覚は、さらに開発していくことが可能だ。朝起きたときには、人間として生まれた幸運、食べ物にも自由にも恵まれていること、修行の道と出会えたことに感謝し、一日のスタートをきる。よろこびの体験と関係するマントラを唱え、祈りを捧げる。よろこびを喚起してくれる服を着るのもよい。火と水の元素はよろこびと結びついているので、この二つの元素を育てる修行をするのもよい。

このような方法で、慈悲、勇気、落ち着き、安らぎ、感謝など、あらゆる資質を育てていくことができる。身のまわりの環境が、内的体験を養ってくれる。自分の人生の中心には何があるのか、注意して見てみよう。何が自分を取り囲んでいるだろうか？　本棚に並んだ本、壁の絵、大切に飾っている証明書や表彰状は？

五大元素のバランスをとるには多くの方法があるが、浄化し、育てていくという点から見ていくのもそのひとつだ。

どの元素と取り組めばよいかを知る

本書に紹介したプラクティスは、五大元素についての知識がなくても、真剣に修行する人たちなら、誰にでも役に立つ。しかし、五大元素について理解していれば、どの元素が支配的でどれが欠けているか、バランスをよくするためにはどうすればよいかが、自ずと判断できるだろう。

これまでの五大元素の説明で、その特性を観察し、判別することができるだろう。観察を続けていけば、体験を理解するための手だてとして五大元素の知識が直感的に生かされるようになる。そうなればしめたものだ。自己探求の新しい道とともに、新しい人生が始まるだろう。

私が本書で目的とするのは、チベット医学および東洋医学における五大元素のアンバランスを探る難解な診断法ではない。私の願いは五大元素への総合的な理解が、ひとりひとりの修行の道に役立つようになることだ。

慢性的なアンバランスについて知るよい方法は、自分自身の何を変えたかったか、その行動と反応のパターンを振り返ってみることだ。このことを探究していくと、自分が強めたい、あるいは弱めたいと思っているものは何か、ということがわかってくる。身体、感情、エネルギー、精神のそれぞれのレベルで何を変えたいのか？　どこでつまずいて問題を抱えてしまうのか？　いつも時間に遅れるか？　饒舌か？　無口か？　機敏なほうか、それとも鈍いか？　興奮しやすいか、穏やかか？　創造的か？　自分に満足しているか？　安定しているか？　心配性か？　責任感があるか？　やりたいと思ったことをやり遂げるか？　瞑想についてはどうか？　何らかの進歩が見られるか、それとも惰性で続けているのか？　数年前と比べて進展が見られるか？　洞察力は深まったか？　心に落ち着きと静けさが広がってきたか？　安らぎがあるか？　修行によろこびがあるか、あるいは重荷になっているか？

これらの質問への答えから、自分の元素について解釈することができる。自分が変えたいと思っているそれぞれの分野について、強化しなくてはいけないものと、弱めなければならないものについて考えてみよう。体験を支配している元素、欠落している元素がおそらくひとつ、ふたつ、浮かびあがってくることだろう。

自分の元素の特性について知るもうひとつの方法は、友人にどの元素が強いと思うか聞いてみることだ。聞いた相手が五大元素について何も知らなくても、なるほど、と思える答えが返ってくることに驚くだろう。

自分自身を知ること、それが重要なことだ。自分の人生の問題とは何かを理解することに知性を働かせ、人生の質と瞑想の質が向上するように洞察力をもって取り組むことだ。根深くしみ込んだ日常的な癖も変えていくことができる。しかし、そのためにはよく理解したうえで、賢く応用していく努力が必要だ。不適切、非効率な修行で時間を無駄にするには人生は短かすぎる。適切で効果のある修行が必ずあるにもかかわらず、それに取り組まないのは実にもったいない。

後半で述べるプラクティスのなかからふさわしいものを選べばよい。もし、浮わついているなら、地の元素を強化し、揺るぎない強い精神を養うとよい。もし重い感じがするなら、プラナに焦点を当てたプラクティスによって、風を強化すればよい。心配性のきらいがあるなら、風を減らし、地と水の元素を養うようにすればよい。怒りっぽいなら火の元素を減らし、水の元素を増やせばよい。責任感が稀薄なら、水かまたは空を減らし、地と火の元素を養えばよい。

五大元素とどう取り組めばよいかを知ることは、アンバランスを引き起こす状況への対処法にも有効だ。人見知りの傾向があるなら、日頃から地の元素とのつながりを深め、出会いの瞬間に地の元素に頼れば、自分のあり方を変えることができるだろう。地と結びつき、落ち着くのだ。一方、人間嫌いが甚だしく他人が退屈なら、火と風の元素とつながる力を高め、必要な場合に火と風を呼び込めばよい。

こうした試みは、人生の質を高める。それはそれでよいことだ。しかし、もっと大事なのは、修行を発展させる手だてとすることだ。いざ瞑想しようとしても鈍重な感覚に襲われるなら、風の浸透力または火のインスピレーションとつながるようにする。気が散っているなら、地の元素を通して落ち着くようにする。興奮しているなら水の気持ちよさにつながればよい。このようにしてバランスをとっていくのだ。

五大元素との取り組み

私がここで紹介しているプラクティスは古代ボン教の伝統に基づいている。数世紀も前の『母タントラ』ほかの経典に記されているものだ。

これらは精神の修行であって、物質や病そのものを取り扱う医学的な実践ではない。感情のパターンを取り扱う心理学の実践でもないし、心を癒しへと方向づける認知療法でもない。この修行の最も大切な働きは、存在の聖なるエネルギーへの作用である。これによって結果的に健康になり、感情も安定し、認知力も高まる。このプラクティスを通して、修行者は聖なるものと結びつき、浄化される。この目的に即して効果をあげるためには、取り組んでいる対象が神聖なものであり生きた「いのち」であるという認識を持たなくてはならない。

五大元素は数限りないいのちの住処《すみか》である。神聖な神々や神々に準ずる力ある生きものたちもそこに棲む。この認識を持つことが、シャーマニックな修行実践に力を与える。私たちが、人と自然の内的生命力を尊重するようになったとき、私たち自身の健康も増進される。

タントラは、マクロとミクロのそれぞれの宇宙が互いを映し出しているという原理に即している。本書のなかで紹介しているタントラの教えに即していえば、身体内のエネルギーと、すべての生きものが現出する源である聖なるエネルギーは同じである。こうしたエネルギーを「私の」火、「私の」水として扱うなら、このプラクティスの真の目的を理解していないことになる。真の目的、それは私たち自身を聖なるものへとつなぎ、そしてこの関係を通して、私たち自身が聖なるものとなる、ということだ。

これを心理療法にすりかえると、五大元素は自分自身の心や身体の問題を解決するために利用する単なる抽象概念で終わってしまう。そうではなく、大切なのは、限定された自己という枠をいっさいの源である聖なる本質に溶かしきることなのだ。

シャーマニズム、タントラ、ゾクチェンの三つの修行は、それぞれ異なった体験の次元へと働きかけるが、修行者の人生ではこの三つは絡み合っている。タントラの修行者のなかにはシャーマニックな儀式をおこない、同時にゾクチェンを修行する者もいるし、ゾクチェンの修行者のなかでもタントラの修行をし、土地神を供養する者たちもいる。低いレベルの修行者にとってより高い修行をあわせておこなうのは難しいが、高い修行を実践している者が低いレベルの修行をあわせておこなうのは何ら問題ない。いずれにしても、この三つを目的にあわせて分けて学ぶのが効果的だ。そうすれば、それぞれの違いがよくわかり、見解、方法、到達点について混乱しないですむだろう。

三つの教えのいずれもが五大元素のエネルギーと関連する象徴的概念を使う。なぜなら、その象徴がエネルギーとの関わり方を示すものだからだ。

たとえば、夢のなかで毒虫に咬まれたとしよう。それは何かの象徴かもしれない。さまざまな意味にとれる。夢を見た本人がその意味を一番よく理解できる立場にいるが、一般的に、嫌悪すべきもの、毒のあるものがその人のなかに巣喰っているか、これから襲うという意味にとれる。シャーマニズムの修行者なら、毒を注ぎ込んだ霊に呼びかける儀式を執りおこない、供養するか、または毒を取り除くために霊を打ち負かす儀式をおこなう。タントラの修行者なら、儀式をおこなうところまでは同じだが、プラナと脈管のヨーガの実践を通して、ダイレクトに身体のエネルギーに働きかける。または本尊（イダム）に祈りを捧げる。タントラの修行者は、すべての現象は幻であると認識しており、そのような夢によって左右されることはない、という別の見方もある。また、ゾクチェンの成就者なら、不二の境地に住し、夢の意味に心を奪われることはない。ゾクチェンの行者はもはや体験を解釈したり意味づけたりはしない。しかし、ゾクチェンの行者といえども、心の本性のなかに不動のまま留まりつづけていられる者は少なく、ほとんどの場合、因果の連鎖によって織りなされる現実と取り組む必要がある。伝統的に、今述べたような状況と関わっていくには、シャーマニズム、またはタントラの修行をする。

プラクティスのレベルを選ぶ

瞑想や修行の成果があがるかどうかは、修行の内容よりも修行者次第といえる。修行の方法と到達点についての正しい理解がなければ、修行の成果は期待できない。本人は精神的に成長したと思ったとしてもそれは幻想で、真の成長ではないかもしれない。たとえば、エネルギーに障害があり、落ち込んで弱っている場合や、自己という泡のような幻想に執着している場合、外からのネガティヴな力のえじきとなりやすく、内的な混乱にも悩まされがちである。このようなとき、自分はゾクチェンのような高い修行をやっているのだから安心だ、と思うのは、何の解決にもならない。高い修行をやっていると言いつつ、何ら効果があがっていないなら、それは自己欺瞞にすぎない。最も高いレベルの修行とは、その人にとって最もよい効果をあげるものをいうのであり、その修行が実際どう評価されているかとは無関係だ。

今のあなたにとってどの修行が適切かということは、実際のところ誰も教えられない。あなた自身が、修行の特性と効果を理解し、そのうえで自分の能力に対しても、甘い判断抜きにあくまでも正直につきつめてみる必要がある。己を知ることだ。自分を理想化してはいけない。最もふさわしい師を見つけることだ。そして学ぶのだ。それから決断するのがよい。漠然と、どの修行がベターかという問題ではない。あなたにとって、何が必要か、ということだ。自分に正直でなかったり、修行内容を熟知していないなら、わずかな成果さえあげることができず、何年も無駄にしてしまうだろう。あるいは、まったく成果を得ることなく、一生を棒に振る可能性もある。

西洋では、誰もが「最も高い」プラクティスを要求する。これは結局「道」がわかっていないということだ。誰もが基礎となる前行（グンドゥ）を急いで終わらせたいと思っている。しかし、偉大な師たちは、この前行を生涯を通して修行しつづける。無常について集中的に瞑想し、慈悲を育み、浄化の修行をし、供養し、そしてグル・ヨーガを修行する。これは、いつか終えればよい、というものではない。悟りを開かれた師たちでもこれらの前行を通して、さらに高い境地、完全な悟りに向かってよき資質を育てつづける。たゆまず実践することで、さらに成果があがるからだ。

生命個体の基盤は、空性の覚醒意識である。この定義は、興味をひかないかもしれない。空性という考えは好まれないようだ。空ろな気持ち、空しい人生、空っぽの頭、空っぽの心という使い方での「空」はよくないものと思われてきた。始原より、人はこの「空」を満たそうとしてきた。そのために人は存在証明を、物を、物語を作りあげる。しかし、根本を誤解しているので、決して満足するということがない。

シャーマニズムは、スペースに場の秩序を生み出す。現出するすべてに力を振るい、私たちを邪魔するものを打ち負かすことを学び、環境が自分たちの助けとなるよう智慧を働かせる。シャーマンは抽象的な哲学にさほど関心を払わない。シャーマンは、自然界の見えざる力と関係し、これを操り、自分たちをどう守るかということを学ぶ。

スートラ（顕教）は放棄を基盤としている。スペースに積みあげてきたいっさいを邪魔だと考えるのだ。修行者は、否定的なものすべて、苦しみの原因となった自己中心的なエゴを捨て去ることで、長い間苦しみを伴ってきた欲望、怒り、妄想に終止符を打ち、愛、慈悲、信仰、平等心、安らぎ、そして智慧だけをよりどころとする。

タントラ（密教）行者は、何も放棄しない。逆に身近なものはすべて手中に収め、それらを空なるスペースを飾る美しいもの、神聖なものへと変容させる。迷いのなかにある凡夫は仏陀へと、雑音は神聖なマントラへと、快感は大楽へと変えてしまう。不自由さのなかに閉じこめられた不安で小さな自己を、安らぎとよろこびに満ちた広大かつ自由な自己と交換してしまう。

ゾクチェンの修行者は清らかな空なるスペースに住し、それを味わい楽しむ。すべてをあるがままにおく。「私」という感覚すらもあるがままにまかせる。そして、それらすべてはクンシと呼ばれる無限の空なる土台へと消えていく。クンシこそは、すべての現象が純粋な光、純粋な体験として生起する土台なのだ。いっさいは空であり、空性で満ち満ち、それ以下でもそれ以上でもない。とてつもなく広くまばゆいばかりの輝きだ。

さて、どのプラクティスを実践すべきか？　今の自分にとってふさわしいと思えるものをすべきだ。これまでに縁があり、内容を理解し、修行し、人生に応用してきたものを続ければよい。もし、ひとつの修行法だけですべてを解決できないなら、そのときは別の修行法もやってみればよい。やり方を十分に習得し、実際にその効力がわかるまで本書にある修行を試してみればよい。どのような修行でも長く続ければ続けた分、その効果も深まってくる。それがはっきりと自覚できるようになるまで続けなさい。何が効果があり、自分が何を必要としているのか、ということを学びなさい。修行の道は受動的な旅ではない。誰かが言ったことにただ従うだけではだめだ。自ら探究し、調べ、実験してみることだ。その道に自分自身を、時間を、人生を賭けるのだ。そのときはじめて、道は自ずとあなたの前にあらわれ、歩むべき方向を指し示してくれる。歩みつつも、自ら発見を重ねてゆかなければ道の実践にはならない。

第二章　シャーマニズムにおける五大元素

西洋の人々はチベットのシャーマニズムをよく話題にするが、先にも述べたように、チベット語には「シャーマニズム」という言葉はない。近いものとして、ボン教のなかに「原因の乗」という言い方がある。これは南伝の宝のボン教における九乗のうちの、最初の四つのレベルを指している。この四つの教えと修行法は、チャシェン（予言の乗）、ナンシェン（現象世界の乗）、トゥルシェン（幻乗）、シィシェン（存在の乗）と呼ばれる。

一番目のチャシェンの内容は、医学的診断、治療、占い、占星術による予言・診断などである。二番目のナンシェンには、浄化の儀式、エネルギーを呼び起こし富と健康を増幅させる儀式、邪悪な力を制圧、または解放する儀式、神々への祈願と供養、邪悪な霊に憑依されたり、たたりを受けた者を救う儀式などがある。三番目のトゥルシェンの修行者たちは、荒野へと出かけていきその土地に棲む魔物や霊を調伏《ちょうぶく》する術を執りおこなう。調伏された霊は、教えと修行者たちを守護する誓いを立て、その義務を果たさなければならない。四番目のシィシェンは、生者と死者の霊に働きかける。生きている者に対しては、霊質や生命力の損傷・喪失を特別な儀式によって回復させる。このことについては後に詳しく述べる。死者に対しては、次の再生へと向かう途上で悪い影響をこうむることがないよう導き助ける。

一般的に、シャーマニズムでは修行者を取り巻く外界の力や存在を扱う。修行者は生き生きとした自然界の元素とそのエネルギー、さらに霊や神々、癒しの女神、先祖霊、そのほか目に見えない生きものたちにも働きかける。私がシャーマニズムという言葉を使うのは、自然界に宿る神聖なエネルギーと不可視の生きものたち、この両者に働きかけながら、人体と環境との関係を調和の方向に持っていく修行、という意味においてである。

シャーマニズムは悟りを第一義に考えるというよりは、人生の障害を取り除くこと、よき質を増強すること、外的な力から受ける苦しみを減らすことに目を向ける。シャーマニズムが「原因の乗」と呼ばれるのは、「結果の乗」と呼ばれているスートラ、タントラ、ゾクチェンへと上っていく土台となる因をつくるからである。

西洋社会では、シャーマニズムに興味を持つ人々とゾクチェンなどの一元論を説く教えに興味を持つ人々とに分かれるように見受けられる。これにはいくつかの理由がありそうだ。目に見えない力や存在といったものに敏感で過去に何かしらの体験があれば、そうした体験について語る教えに親近感を持つのは自然なことだ。一方、西洋の現世的な物質文明のなかで教育を受けてきた人々は、シャーマニズムのような教えは単なる迷信に思え、もっと魅力的な高い教えに行き着くために通過するだけのものと決めこんでいる。
しかし、とらえ方はどうであれ、シャーマニズムの修行はタントラやゾクチェンの修行者にとっても助けとなる。ひどい苦しみをもたらしている原因を取り除き、癒しをもたらす。また、修行上の障害を克服していくことにも役立つ。こんな例がある。私はアカデミックな仏教哲学に専心する学僧を知っているが、彼は病に臥せってしまった。そのときどうしたかというと、台所に行き病気をもたらしたと思える霊たちのために供養の準備を始めたのだ。こうしたことは、チベットではごくあたりまえの風習だ。私たちにとって仏教哲学とスピリチュアルな修行とシャーマニズムは何ら矛盾しない。シャーマニズムはほかのレベルの教えのなかにも組み入れられている。スートラ、タントラ、ゾクチェンの高い見解のなかにもシャーマニズムの混合が見られるのは、チベット文化のユニークな点だ、と私には思える。

ボン教のシャーマニズム行者は何かしらのシンボルを使い、シンボリックな所作で儀式を執りおこなうことが多い。シンボルは、修行者の集中が高まるにつれ、自然界と行者の心を結びつける媒介となり、儀式の目的に応じてある特定の力や存在に働きかける。そこで、何かが起きる。たとえば、こうした儀式で霊や神々を供養する際、供物である食べ物を戸外に置くことがよくある。そうすると、鳥獣類や虫が食べることになる。これは供養の心に反することにはならない。エネルギーレベルでは、シンボルとシンボリックな所作は自然界と何かしらの関係をつけたことになる。人間の世界の側から供物が捧げられ、霊の世界の側に受け入れられたのだ。エネルギーはシンボルを通して操られ、力のある行者は儀式の影響を受けた力や存在が何であったか、を知ることになる。

病の兆候が出たり、ネガティブな感情に支配されはじめたときに、シャーマニズムの修行者なら、その病の原因と考えられる霊、もしくは、病の進行に関わると考えられる霊に対して働きかける儀式を執りおこなう。関連する薬草をお茶にして飲んだり、燃やしてその煙を吸い込むことで、体内に不足している元素エネルギーを取り入れる。元素エネルギーは手つかずの自然界からシャーマニックな方法で集められる。土のエネルギーは山や大地の霊から、火のエネルギーは熱の源や火の霊から、というようにである。シャーマニズムのヒーラーはこのような方法を多用し、肉体的、精神的に苦しんでいる人々のために利他行を施す。

あらゆる事柄は相互に関連し合っているので、何かしらの兆しやサインから全体を予測することができる。前兆というものは、いっさいが互いに影響を与え合っているという意味で理解されるべきだ。人智を超えた力が人に何かを告げている、ということではない。まっとうな感受性を持つ者にとって、世界はそこからすべての意味が読み取れる一冊の書物として差し出されている。カード占いで読み取ることができるように、夢からも、投げた石、雲の様子、水の音、天候、動物たちの様子からも何かしらの予測はたつ。霊たちは、日常のなかに見え隠れするサインやシンボルを通してコミュニケーションをとっている。シャーマンの意識のなかでは意味のない偶然というものはない。すべてに意味がある。熟達した修行者なら、この世界の無限ともいえる複合的な関係性から、特別な意味を取り出して見せることができる。

サインや予兆を意識する文化は各地にある。しかしながら、本来の意味とのつながりが失われればそれは単なる迷信になりさがる。たとえば、アメリカでは黒猫が道を横切ると不吉だと言う。こうしたことは冗談めかして言われるにもかかわらず、それでも世間では、万一の場合を考えて用心するのが普通だろう。

また別の文化では、蛇が道の下手へと向かって横切るのも、早朝にふくろうが鳴くのも不吉なしるしだと言う。太陽が地球に向かって落ちたり、光が闇に転じる夢は悪い予兆だとされ、太陽が昇る夢や花が咲く夢は共通して吉兆とされる。

チベットの文化では、不吉なサインに出合うと、ある予防策を講じる。よい質が傷つけられたり、すっかり失われてしまったときに取り戻す対処法を使うのだ。たとえば、何か悪い予兆があると、チベット人は自分の右手を太陽、左手を月だとイメージする。心のなかに太陽と月のエネルギーと力をイメージし、からだにもそのエネルギーを感じ、おもむろにかしわ手を打つ。「悪夢のなかで私を脅かしたものへ」あるいは、「夢のなかに出てきた魔の力を散らしてしまえ」と言って、両手を打ち鳴らす。この音で、魔力を退散させるのだ。

これはカトリックの信者が恐怖や魔を感じる瞬間、思わず十字架をきるのと似ているかもしれない。文化によってシンボルやしぐさこそ違え、人の想いは共通するところがある。こうしたことを根拠のない迷信だと信じている人々でも、不吉な出来事が立て続けに起きたり嫌な夢を見たりすれば、何かしら気持ちが揺れるにちがいない。不快感や重苦しさに気の乱れを感じるだろう。世俗的な文化では、この手の不快感は口にしたものが悪かったせいか、病気のちょっとした前触れ程度のことと受け流し、さほど気にとめないかもしれない。しかし、こうした態度は、状況を改善していくことにはならない。シャーマニズムはエネルギーレベルで状況そのもののバランスを整え、人と環境を調和のとれた関係へと修復する役割を果たしている。

五大元素のバランスを司る三つの要素〈ラ、イー、セム〉

シャーマニズムの乗には健康を最良に保つためのさまざまな方法が説かれているが、それらはどれも五大元素のあり方と切り離せないものだ。先にも述べたように、五大元素のバランスがよいほど健康であり、バランスが悪ければ不健康になる。これは、身体、感情、心、エネルギー、精神のどのレベルにもあてはまる。経典のなかには、「ラ」「イー」「セム」という名称を使ってこのことを説明しているものがいくつかある。この三つは翻訳が不可能なうえ、教えのレベルによっても意味が違ってくる。たとえば、ゾクチェンの経典では、「セム（心）」と呼んでいるものを、原因の乗（シャーマニズム）では「セム」と「イー」に分けて考えている。この章では、これらの用語はシャーマニズムの教えに即しての説明であり、同じ呼び方でも文脈によっては違った意味となることに注意して欲しい。

「ラ」は、一般的に英語では“soul”（魂、霊魂）と訳されるが、もっと正確にいえば「ラ」とは「私」という存在を決定づけている根底にあるものだ。最も深いレベルでは、それは五つの純粋な光のバランス状態であり、純粋な元素エネルギーなのだ。生命活動のレベルでは「ラ」は、五大元素の質を感受する能力をいう。落ち着き、快適さ、インスピレーション、適応力、調和など五大元素から派生する質を体験できるのは、この「ラ」のおかげである。

「ラ」は、私たちを亀や神ではなく人間たらしめているカルマの痕跡と関連している。つまり、私たちの「ラ」は人の「ラ」なのだ。虎は虎としての「ラ」を持って生まれる。「ラ」は生きものの種を決定し、同時に私たちひとりひとりの個体としての特性や能力を決定する。「ラ」は生命力、個としての存在の内的な力を支えている。「ラ」は損傷を受けることもあれば、力を増すこともあり、また盗み取られることもあれば、戻ってくることもある。自尊心を傷つけられるようなことがあると、「ラ」は弱まる。もし、自分にとって大切に思っていることがうまくいけば、「ラ」は強まる。誠実な行動をとれば強まり、自分を裏切れば力を失う。

私は「ラ」にしばしば「人としての本来のよき質」という概念をあてはめて考える。なぜなら、「ラ」はポジティブな質を形成する潜在能力の基盤だからだ。私たちは生まれながらに母親を信頼する力、愛情のある関係性を育む力を、そして優しさを備えている。これが「人としての本来のよき質」である。もとより備わっている愛であり、信頼であり、他の「善」や「美徳」も含まれる。これは生得の資質であり道徳的、精神的、宗教的伝統や導きによってさらに豊かに育てていくことができる。これが育つにつれ「ラ」は強くなり、必要なときには癒しによってその力を取り戻すことができる。

私たちは家族の問題、政治的圧力、病気、事故などによって、いつなんどき「ラ」を乱される状況にさらされるかしれない。不可視の存在が私たちに悪さをすることもある。原因は何であれ、「ラ」が傷ついた場合、もしそれを克服する十分な強さがなければ、「人としての本来のよき質」はダメージを受ける。信頼、愛、授与、受容の能力は狭まる。これは「ラ」のダメージが心にあらわれた結果だ。身体面にもエネルギー面にもその影響はあらわれる。「ラ」のダメージによって、五大元素のポジティブな質が失われてしまうからだ。

チベット占星術では「ラ」は生命力の母と呼ばれている。「ラ」がダメージを受ければ、生命力は弱まる。「ラ」はゆっくりと長期にわたってダメージを受ける場合もあれば、一挙に損なわれる場合もある。事故や災害に巻き込まれれば、その後も長い間、恐怖感がつきまとい、暗い心のまま立ち直れないケースもある。こうした「人としての本来のよき質」がこうむる障害を「魂の喪失」と呼ぶ。

「ラ」が個人の資質や能力を決定づけるのに対し、「イー」は「ラ」によって派生する体験の動態をいう。「ラ」はよろこびや悲しみ、信頼感や不信感を感じる能力であり、それらを実際に感じているのは「イー」である。「イー」は「ラ」が宿している力や資質が体験となって心に投影される、そのあらわれなのだ。

「セム」とは考える心のことだ。「セム」には理解し、判断し、知り、決断するという能力がある。「セム」がよく働くかどうかは「ラ」と「イー」の状態による。

「ラ」の状態はその人の心の質と能力となってあらわれる。「ラ」のバランスがとれていれば、心に浮かぶ考えも健康でバランスのとれたものとなる。「ラ」がダメージを受けていれば、心の想念も同様にネガティブで不健康なものとなる。

「ラ」と「イー」と「セム」の三つは分けられない。シャーマニズムでは一体として考える。なぜなら、その人が健康かどうかはこの三つに依存し、さらに三つの健康は、五大元素のバランスに関連しているからだ。

生命力と関連する三つの概念〈ラ、ソク、ツェ〉

シャーマニズムでは生命個体の健康を考えるうえで、三つの用語がセットになったもうひと組の概念がある。それは、「ラ」と「ソク」と「ツェ」だ。「ラ」はすでに説明したように、生まれながらに備わっている人としてのもともとのよき資質をいう。「ツェ」とは寿命のことだ。「ツェ」は衰弱することもあれば、強まることもあると考えられている。「ソク」は根源の生命力・存続力であり、生得の意識、すなわちリクパ（明知）と深い関係がある。リクパと同様、「ソク」には限りがなく、個人に属するものではなく、アイデンティティを伴わない性質のものである。しかしリクパと違い、「ソク」は失われることもあれば、増大させることもできる。嫌悪感に襲われれば、生命力は低下する。美を感じるとき、たとえ人生そのものが最悪の状況であったとしても、生命力は増大する。世俗的な美しさは心に活力と開放感をもたらすが、存在の純粋な美しさを見てとるとき、生命力はいのちの深みで培われている。

清らかな心で祈るとき、あるいは清らかな気持ちのなかにいるとき、生命力は強まる。きれいな色を見たり、自然界の美しさを感じたりするのもよい。感動も生命力を高めてくれる。もし、生きていることのよろこびから遠ざかっているなら、意識的に感じるようにするのがよい。「快適なホテルだ、美しい樹だ、いい人だ!」というふうに。「ソク」は、心を開き、受容し、味わうことで回復させることができる。愛するパートナーとともに暮らす人々は、パートナーがペットであっても、孤独な一人暮らしの人よりも長生きをし、苦しみからの回復も早い。愛があるところに絆があり、よろこびと感謝がある。信頼性という絆を通して地の元素のエネルギーは強められ、それが生命力を高めていく。

自然界の、野生の美しさと関わりを持つことは大変重要だ。そこには、むきだしの生の元素が息づいている。土、風、空、熱、水に対して、感謝の気持ちを持つように日頃から心がけるとよい。五大元素と関連する霊に積極的に関わることも生命力を高めてくれる力となる。

実践について

シャーマニズムの体系には、瞑想法、観想法、マントラや祈祷を含む相当量の修行法がある。また儀式のやり方にも、魂の蘇生、悪魔払い、生命力の強化、長寿、病気癒し、浄化、神々の招来、そして守護の祈りなど、ごくシンプルなものから複雑なものまで数多くの方法がある。ここでは、二つの修行法を取り上げることにする。一つ目は、自然界の五大元素を取り入れ、生命力の強化と癒しを目的とするもの、二つ目は、五大元素を支配する女神たちに呼びかけ、失われたエネルギーの回復や弱まったエネルギーの強化をはかるものだ。後者はチベット語では「元素のエッセンスを取り戻すこと」('byung ba'i bcud' dus) と呼ぶ。さらに、供養のやり方についても説明を加えた。

自然界の元素を取り入れる

自然界のむきだしの元素とともにおこなう修行は、外の元素と関係を結び、その質を自分の

元素の女神（ダキニ）　デクチェ・ドルマ

内側に取り込むというプロセスだ。これにより、シャーマニズムにおいて魂の一部とされている五大元素のエッセンスと最終的に結合できるようになる。この状態にまで至れば、結合が即、癒しとなる。五大元素のエネルギーを内部に取り込むことで私たちはポジティブな質を高め、ネガティブな質を減らしていくことができる。

原初の自然が手つかずのまま残された土地に行き感動を覚えない人はいないだろう。山や原生林、砂漠や広々とした平原に佇《たたず》んでいることを想像してみよう。その美しさを目のあたりにしたとき、感動がほとばしるのは視覚の感受作用によるばかりではない。全身が感応する。身体の深い部分での反応は意識されることはほとんどないのだが、訓練によって、癒しと再生のために自然界の元素エネルギーを深層部にまで取り込むことができるようになる。たとえ、自然の野生のただなかでその原初の息吹に触れていない状況でも、人は常に五大元素とともにある。つまり、このプラクティスはその気にさえなればいつでもどこでもできるのだ。

たとえば、熱いシャワーを浴びたりお風呂に入っているときなど、お湯のぬくもり、その心地よさを、身体の内部にまで取り込み全身で感じてみよう。息を吸い込みながら、あたたかさの質が入ってくるのをイメージしてみよう。中央脈管や胸の中心にまでぬくもりが伝わるような微細な感覚が生まれるはずだ。お湯の心地よさが自分の内部へと浸透し、まわりのスペースにも広がり、あらゆる場所、あらゆる生きものにまで浸透していくままにまかせる。このように、ポジティブな質を自分のなかに溶かし込み、それをあらゆる生きものに光として放つやり方はタントラとも共通する。

このやり方は何度でも繰り返しておこなうのがよい。日常のちょっとした体験、たとえば日なたぼっこをしているようなときにもやってみることができる。肌に太陽のぬくもりを感じたら、リラックスしてあなたの一番深い部分にまで、浸透させよう。イマジネーションを活用するのだ。あたたかいものが脈管を流れ中央脈管へと入っていくのを感じたら、その真ん中、心臓のあたりにあたたかさが集まってくるのを感じてみよう。もっと深く、生命の根幹にまで浸透するのを感じとろう。身体、脈管、チャクラ、中央脈管、心臓、そして生命の根幹のあたたかさを感じたまま、自分自身がそのなかに浸っている気持ちになってみよう。外の現象としての太陽の光があなたの内に燃える火の元素を呼び覚ますよう意識しなさい。太陽エネルギーの根源的性質は、火の最も微細なレベルと同じなのだ。馴れてゆけば、イメージや観想によって、太陽エネルギーを存在の最も精妙な次元にまで取り込むことができるようになる。

最終的には、五大元素と溶け合うことができるようになる。内部の質を外の質につなぎ、内と外の区別をなくしてしまうのだ。内と外を結ぶ訓練に熟達すれば、外に向かうことはすなわち内に向かうこととなる。外即内、ということを知らなければ、外に向かうことは外への関心だけに留まり、自分自身から遠ざかっていくことになってしまう。

これから述べるプラクティスをする場合には、自然の生き生きとした元素が強く満ちた場所を選ぶとよい。砂浜で休んでいるときや山歩きをしているとき、日なたぼっこや、焚火の前でくつろいでいるとき、山の背に立ち、風に吹かれているときなど、五大元素のいずれかを強く意識したときがふさわしい。自然界の五大元素の顕著なあらわれに意識して心を重ねれば、自分のなかの同じ元素が目覚め踊るのだ。

このプラクティスがうまくいっているかどうかを知る手がかりは古くからいろいろあるが、最も大切なものさしは、人生にポジティブな変化が生まれたかどうかだ。五大元素に関連するほかのプラクティスでも同じことがいえる。今まで弱かった部分が強められることにより、ネガティブな質によって振りまわされてきた体験が減っていく。こうした変化をよく観察しなさい。そして、日常生活と修行がどこまで統合できているかを判断する材料とするのだ。

プラクティスの成果が一番あがるのは、それぞれの元素にふさわしい時間帯に、その元素に対応したマントラ、聖像、イメージの力を使いそのすべてが調和したときだ。意識を鮮明に保ち、プラクティスの最中に生じてくる感覚に集中するようにしなさい。セッションの長さは自由だが、より強力な感覚を得るためには最低でも三十分から四十五分は必要だろう。一人でおこなっても、誰かと一緒でもかまわない。どの修行を始める場合でも、効果をあげるには最初に「九回の浄化の呼吸法」で脈管を浄化し開いておくのがよい。

九回の浄化の呼吸法

九回の浄化の呼吸法は、脈管を開き浄化するために効果的な短いプラクティスだ。心身のリラックスのためにも役立つ。瞑想を始める前にも、朝の起床時や就寝時にもするとよい。

脚を組み瞑想の坐法をとる。掌を上に向け、右手の上に左手を重ね、太股の付け根のあたりに置く。顎《あご》をほんの少し引いて首の後ろをまっすぐに伸ばす。背筋は力まずにまっすぐに伸ばし胸を開く。目は、開けていても、つむっていてもかまわない。

次に、中央と左右の三本の脈管を観想する。中央脈管は、臍から指幅四本分下の位置から、身体の真ん中を通ってまっすぐ上に伸びている。直径は太めの万年筆くらいで、胸のあたりから頭頂にかけてわずかに広がってゆき、頭頂で開孔している。その両側の脈管は、直径が鉛筆ほどで、臍の下で中央脈管の最下部とつながっている。この二本の脈管はそれぞれ中央脈管の左右両側に添ってまっすぐに伸び、頭蓋骨の下でカーブを描き、目の裏側を通って鼻孔につながり開孔している。女性の場合は右の脈管は色が赤、左は白だ。男性の場合は右の脈管は白で、左が赤だ。中央脈管の色は、男女ともに青だ。

最初の三度の呼吸

男性は右手の親指で薬指の付け根を押さえながら、右手を上げる。右手薬指で右の鼻孔を押さえてふさぎ、左鼻孔から緑色の光を吸い込む。次に、右手薬指で左の鼻孔をふさぎ、右の鼻孔から息を吐ききる。これを三回繰り返しなさい。

女性は左手を上げる。このとき親指で薬指の付け根を押さえておく。左手薬指で左の鼻孔をふさぎ、右の鼻孔から緑色の光を吸い込む。次に、左手薬指で右の鼻孔をふさぎ、左鼻孔から完全に息を吐ききる。これを三回繰り返しなさい。

男女とも息を吐くときは、男性性と関連するすべての障害がライト・ブルーの風となって白い脈管から出ていくのをイメージする。呼吸と関連する病、過去に由来する障害がこれに含まれる。

二回目の三度の呼吸

男女ともに初回と反対の手から始め、鼻孔も反対になる。息を吐くときは、今度は女性性と関連するすべての障害がライト・ピンクの風となって赤い脈管から出ていくのをイメージする。胆汁に関連する病、未来にまつわる障害がこれに含まれる。

三回目の三度の呼吸

男女ともに掌を上に向け、右手の上に左手を重ね、太股の付け根のあたりに置く。両方の鼻孔から緑の癒しの光を吸い込む。その光が、両側の脈管を通って、臍から指幅四本分下の中央脈管と合流する結節点まで流れていくのをイメージする。息を吐くときには、このエネルギーが中央脈管を通って上昇し、頭頂から出ていくのをイメージする。これを三回繰り返す。吐くときは、邪悪な霊と関連する潜在的な病がことごとく、頭頂から黒っぽい煙となって出ていくのをイメージする。また、粘液と関連する病、現在と関係している障害も出ていく。

地

地の質が強く感じられる自然のなかへ出かけていき、地面に坐る。自然のエネルギーに敏感な人、あるいは自然への感応力を高めたいという人は、あたりを歩いてみて地のエネルギーが一番強く感じられる場所を見つけるとよい。この種の直観が備わっている人も、イメージで「ここ」と決める人も、どこにしようかと神経質になる必要はない。プラクティスがしやすい場所でさえあればよい。ふさわしい場を見つけたら、そこに坐る。多少工夫したいなら、窪地を作りなさい。できれば四角い形にするのが望ましい。そこに腹ばいになり、臍のチャクラを通して地のエネルギーとつながりなさい。本当につながっているだろうか？と不安になる必要はない。イメージの力があればプラクティスはうまくいくものだ。自分に自信を持ち、イマジネーションを駆使しなさい。

後に述べるプラクティスのなかに、自らを地の女神へと変容させるマントラとその実践法を示したが、それを併用することもできる。しかし、現段階では、自然の元素とつながりあう実感だけで十分だ。

土に実際に触れることは大切だが、必ずしもそうしなければならないということではない。椅子に腰かけているときでもこのプラクティスは可能だ。たった今あなたがこの本を読んでいるその場所で、足元に大地を感じてみよう。大地の安定感、地球の広がり、ここにあなたをつなぎとめている重力を感じる。土とつながりあってみよう。イマジネーションを全開にして土の作用を受けとめなさい。この安定感を身体の内部にまで広げる。皮ふから、肉へ、骨へ、中央脈管へ、胸のなかへ、そして意識にまで染みとおっていくのを感じなさい。感覚に染みわたるまでどんどん微細にしてゆき、最後には土と一体となって溶け合うまでになってみよう。

この安定感は、いつもあなたとともにあり、必要なときにはいつも身体内に取り入れることができる。落ち着きがなくなったり、不安だったり、気弱になったときには、地を想い起こせばよい。人間関係や仕事で心がぐらつきそうになったときは、意識してすぐさま大地とつながりあい、バランスを取り戻そう。このポジティブな質を身につけるために自然の環境を大いに活用しよう。気持ちが落ち着くところに出かけ、その場が醸し出している質を取り込むのだ。出かけられない場合は、身体そのものを大地としてフォーカスする。そこにあるのは、大地の力だ。その力に意識の光を当て、リラックスした状態で大地とつながりなさい。地のエネルギーはあなた自身のなかにもともとあるものなのだ。あなたは、地のエネルギーそのもの。そのことを自覚しているかどうか、活用できるかどうかにかかっている。

水

海や湖、川や池のそばに住んでいる人は、近くの水辺にまで出かけてみよう。近くになければ、飲み水やシャワー、お風呂の水に心を向ければよい。または、イマジネーションを活用するだけでもよい。海をイメージする。潮の流れ、その力、ひんやりとした感触、水底の静けさ。表面が波立っていても、深いところに広がっている静けさ——。

こうした質とつながりあうのだ。身体の内に水のエネルギーを感じなさい。皮ふから水のエネルギーを吸収し、筋肉、骨にまで染みわたらせる。水の心地よさ、岩に戯れる水のやわらかさ、すべてを受け入れるかのように、器に従い形をとるその自在さを感じなさい。

私たちは普段こうした心地よさからほど遠いところにいる。これは、あるがままであることの心地よさ、存在の本質とつながりあっている心地よさだ。パーティや仕事の会合でこちら側の気持ちを乱す人に会うと、苛立つことがあるが、これは、水の元素が不足しているのだ。苛立っている場面をイメージのなかで再現してみよう。そして、水の心地よさを感じてみるのだ。心に安らぎを保ちながら場面を追っていく。そうしている間にも、再度、過剰に批判的になったり、苛立ちや困惑、不安が襲ってきたときには水とつながりあいなさい。水のエネルギーはどこにいても見出すことができる。一滴の水もない砂漠にでさえ。とはいえ、この方法を学びはじめたばかりの頃は、水のそばで水の力を借りておこなうのがよいだろう。

水は心地よさ。それは大地とも通じる安定感。自他ともに受け入れる豊かさ。水は浄化。安らぎと穏やかなよろこびをもたらすもの。それが水だ。

火

暇なときに日当たりのよいベンチなどに座り、太陽のぬくもりに浸ろう。太陽が翳《かげ》っているなら、暖炉のそばにゆったりと座ろう。ヒーターやストーブのそばでもかまわない。火のそばにいる、とイメージするだけでもよい。皮ふがあたたまり、くつろいでいる感覚に集中しなさい。その熱を脈管にまで浸透させる。炎の熱が身体中を巡り、血、筋肉、神経、代謝作用の熱が燃えさかるのを感じなさい。湧きあがるぬくもりとよろこびを感じよう。感情のレベルでも火の質を取り戻すのだ。身体の中心、中央脈管が火の質で満たされていくのを感じよう。いのちの中心、心臓の内部にもぬくもりを感じなさい。ぬくもりを意識にまで浸透させていくのだ。

日なたぼっこは気持ちよいものだが、太陽の恩恵に浴しても火の質を内部にまで取り込まなければ、降り注ぐ火の質のわずかしか受け取ることができない。火のエネルギーには熱と心地よさをもたらすほかに、熟成させ完成させる働きがある。さらに、ネガティブな元素を燃やす浄化作用がある。火は、創造と達成の、また精神と肉体のよろこびの源となるエネルギーだ。火はオーガズムとも関係し、さらに微細な部分では中央脈管を通る「楽《らく》」のエネルギーとも関係している。

気力も湧かず退屈なときは、火とつながりあいなさい。ネガティブな習慣や性癖を何とかしたいと思うときは、それを火で燃やしてしまう方法を取り入れなさい。身体の病んでいる部分や傷ついている部分に火を取り込み、そこを浄化するよう意識し、癒しのパワーを高めるのだ。体力が落ち、気持ちが揺らぎがちなときは、火とつながりあい、強さと気力をもらいなさい。何もかもにうんざりするほど疲れているときは、火を吸い込み、意志力を強めなさい。

内なる火の修行（トゥムモ）が進めば、身体内の火が開発される。トゥムモに熟達した修行者が、凍てつくチベットの地でも薄布一枚だけで生きていくことができるのは、身体内に燃えている火のエネルギーをいつでも引き出しまとうことができるからだ。

風

風は流し、運び去る。思いがけず強風に巻き込まれたときは、このときとばかりネガティブなカルマを吹き飛ばしてもらおう。そよ風に吹かれているときは、恐れ、胸騒ぎ、よけいな想いを運び去ってもらおう。

風を感じる場所に行こう。峠や海辺だろうか。森の奥や川辺など空気が澄んでいるところでもよい。ゆっくりと呼吸し、風の流れを感じる。その自由さ、すばやさを身体に取り込む。肉体と精神活動にいのちの風が吹いているのを、脈管にプラナが流れているのを感じとろう。中央脈管に、心臓に、意識に風が立つのを感じよう。風の特性はその自由さ。風は変幻自在。

風は気分を高揚させ精神を高みへと向かわせる。憂いのときは風とつながりあおう。風は軽やかにどこまでも旅をする。その性質を身体に取り込もう。論議が行き詰まったとき、スランプに陥ったとき、狭い考えにとらわれたとき、風の自由さとつながりあおう。風となって偏った心の牢獄から抜け出し、状況を囲っている壁を飛び越え、羽ばたいていくのだ。

風に勢いがあれば、修行の進歩も速い。だが、地と水との調和がなければ、せっかくの成果も水の泡だ。脈管、チャクラ、プラナに働きかけるタントラの修行は風の質を強めてくれる。意識の転移（ポワ）の修行では、風を使って意識を無明の闇から悟りの清澄な輝きへと転移させる。風の元素は生命力を支える息吹。風とつながりあおう。活力を養うため、大いなる自由を手に入れるために。

空

空《そら》を見つめる。これは大変重要な修行だ。目の前に妨げるものが何もなく悠々と空を眺められる山の頂上に行きなさい。目の前には、広大なスペースが広がっている。自然な状態で楽に呼吸し、身体をリラックスさせ、目は必ず開けておく。澄みわたった青空を胸いっぱいに吸い込み、息を吐きながらあなた自身を青空のなかに溶かし込もう。果てのない清らかな虚空があなたの身体、エネルギー、そして心に浸透していく。意識を虚空とひとつにしなさい。空《くう》に溶け込むのだ。

虚空とひとつになると、癒しがやってくる。抑圧された怒りや恐れ、欲望や不安の固い結び目がほどけていく。緊張がとけていく。想念が消えていく。あなたを支えていたもろもろのアイデンティティが溶解しはじめる。空の元素との統合が進むほど、意識は広々と澄みわたり、立ちのぼる感覚や想いにも汚されることなく、常にすがすがしさを保ち、作為なく開かれた自然な状態となる。空は、何の無理もなくすべてをそこにあらしめる。この修行を単に概念上だけのこととしてとらえないように。空っぽのスペースを内的にも体験し、自分の内側に空を発見し、同時に自分が空そのものであると感じなさい。この修行の段階では、ゾクチェンの修行でのように、心の本性を悟ることにはこだわらない。ここでの目的は、日々心を悩ます問題をスペースのなかに溶かしきってしまうことだ。内なるスペースを広げ、ポジティブな体験が生じる余裕をつくれば、ネガティブな体験を解き放つ力も高まっていくことを発見することになる。

空の体験が深まり、その元素が満ちてくれば、意識は冴えわたり、よろこびの感覚が培われる。緊張はほどける。何事にも余裕を持って対応できる。約束の時間に相手が遅れて来てもキリキリしない。たとえ大きな責任を背負うことになっても、「それもよし」と思える。状況すべてを受け入れるスペースがあるのだ。だからといって、すべてを受け入れなくてはならない、ということではない。そうではなく、感情にかられた衝動的な反応によらず、醒めた意識によって判断し行動するということだ。

瞑想によって、空の元素が真に増強されれば心の本性に留まることができるようになる。そのとき、この修行はゾクチェンと何ら変わりはない。そこにあるのは覚醒の意識状態。空との完全な統合、それは、存在の基盤と統合している状態なのだ。

回向

どの修行も最後の段階で、「この修行によって功徳を積むことができた」と思いなさい。その功徳を生きとし生きるものにまわしなさい。いのちあるものすべてが、苦しみから解放される道に入ることができるように、という願いを心の底から起こすのだ。回向のための経文はいろいろあり、普通に唱えてもよいし、節まわしをつけて唄ってもよい。何より大切なのは、慈悲の気持ちを起こし深めていくことだ。

元素に関係する霊

大地に寄り添って生きる人々は、多様な自然とともにある霊的な世界への感謝をあらわし、その文化を大切に育んできた。自然界のみならず、そこに存在する神々や、霊性の高いものから低いものまで、さまざまなレベルの霊たちをも自分たちの環境の一部として認識してきたのだ。多様な自然のそのひとつひとつ、元素のひとつひとつにこうした存在が棲んでいると考えるのだ。

本書で「シャーマニズム」と呼んでいる教えでは、私たちに影響を与える力は、身体や心の内側にあるのではなく、むしろ外側にあるものとしてとらえている。シャーマニズムでは自然界の力を生き生きとしたいのちとしてとらえ、川、樹木、岩、山々、滝、火、谷、洞窟、空、そして惑星などあらゆるところにいのちは生きた力として存在している、と考えるのだ。こうした霊たちと自然界の五大元素との関係は、私たち人間が自分の身体をどう感じているのか、ということと似ている。哲学的な見解は別として、体験的レベルでは、人は通常、身体の「なか」に私が「在る」と感じている。同様に、霊たちが棲む湖や樹木や岩は彼らの身体なのだ。シャーマニズムでは、こうした霊たちは、想像上の産物でもなければ、いるかいないか定かではない曖昧な存在でもない。彼らは、意志を持った独立した存在なのだ。目には見えなくても、私たちは彼らと接している。その接し方いかんで、彼らは、私たちに対して中立的立場をとることもあれば、害をもたらしたり、助けとなってくれることもある。

私たちは土地や家を購入すると、自分のものにしたというある種の満足を感じる。しかしもともとその土地には、不動産取り引きには何の関与もしなかった数多くの生きものが棲んでいるのだ。樹木や穴に棲みついている虫、鳥、動物など目に見える生きものはもとより、目に見えない生きものたちも大勢いる。ある意味では、土地は彼らのものともいえる。自分たちの住空間や縄張りを守るため侵入者と争ったとしても不思議はあるまい。そんなことはおかまいなしに私たちは、彼らの領内に入り、穴を掘り返し、巣がかかっている樹木を切り倒し、彼らにとっては大切な食べ物かもしれない植物も根こそぎ抜いて、彼らの産みつけた卵や赤ん坊のいのちを奪ってしまう。もし別種の生きものがあなたの家を占拠し、持ちものを壊したり放り出したり、あげくの果てにはそこをコンクリートでおおってしまったら、どうするだろう？　人は、目に見える生きものにも目には見えない生きものにも、こうした害を与えているのだ。

私たちが家を建てる場合、その土地と土地の生きものたちへの接し方ひとつで、彼らから妨害されたり、助けられたりする。妨害の影響は、病気、仕事や人間関係の悪化、修行が困難になるなど心への悪影響、さらに、疲れやすさ、落ち込み、不必要な興奮や混乱などエネルギーへの悪影響となってあらわれる。逆に、活力を高めたり、周囲の目に見えないエネルギーからの悪影響を防いでくれたり、修行に集中できるよう助けてくれたり、癒しをもたらしたり、と彼らの側から調和的な関係を築こうとしてくれる場合もある。

チベット語に「サダ」という地の元素に結びついた言葉がある。「地霊」のことだが、文字通りの意味は「地の統治者」だ。チベットの人たちは、作物を育てたり、家を建てたり、道をつくったりするときには、地の統治者である霊たちにお伺いをたてて許しを請う。

大地にさまざまな生きものが数限りなくいるように、虚空にも可視、不可視の生きものがいる。土地も、そこを住処とする生きものも元素も、人が勝手に使っていいわけはない。スペースのなかに存在する生きもののもそのスペースも同じことだ。スペースは存在の必須元素であり、人間がその場を占めていると同様に多様な生きものの住処ともなっているのだ。ちなみに、チベットでは、部屋の隅には数千もの未知の生きものが棲みついていると信じられている。

私たちは、五大元素をほかの多くの生きものと共有して生きている。火のなかにも星と星との間の宇宙空間にも生きものはいる。私たちはこれら他の生きものと相互に影響を与え合って生きている。

チベット人がよく話題にするのは「八界に棲む生きもの」(八部衆)だ。その八つを、スィンポ、マモ、デ、ラクシャ、ツェン、ギェルポ、ドゥー、ルと呼ぶ。それぞれ皆異なった様相で、気性も違えば、人間界への関わり方も違っている。たとえば、ルは水の元素と関係する地中の生きものだが、知能が高く、人間界と深く関わり合っている。ボン教では、ルが病気や障害の元締めだといわれている。ゾクチェンをはじめとする教えはルの界には広く伝えられており、ルから教えを授けられることもあると信じられている。

岩と関係している生きものはツェンと呼ばれ、たいがいの場合、赤い馬に乗った赤い人々の形であらわされ、たまに赤い旗を持っていることもある。岩場に行くと二つの地点をつなぐ穴やトンネルをよく見かけるが、チベット人はこれはツェンの通路であるから、建物や道路でふさいではいけない、と信じている。というのも、通行の邪魔をする者に対して心臓に痛みを与え、ときには心臓発作によって死なせる、という形で復讐することがあるからだ。

ギェルポは、かつて権力を誇っていた人間の生まれ変わりだ。ギェルポとは「王様」。人間や動物のようなわかりやすい姿のこともあれば、まったく馴染みのない姿をとることもある。ギェルポは王や王族が殺害されたような城によく出没する。ヨーロッパ滞在中に私は、幽霊の話をよく聞かされた。たいがい、壮絶な殺され方をした人々だった。チベットの見方からすれば、この幽霊たちはギェルポに当たるといえるだろう。ギェルポは見えざる世界への感応力に優れた修行者が正しいやり方で成仏させれば、おとなしくなる。ひとたび手なずけてしまえば、彼らを改宗させ、教えを授け、以後、特定の宗派を守護するよう約束させることもできる。

緑地や樹木のほか、エネルギーの強い場所にも霊たちは棲んでいる。平原のちょうど真ん中に当たるような場所だ。道の交差点に棲んでいる霊たちもいる。八部衆には属さないナムテルと呼ばれるスペースの霊たちもいる。毛深いことで有名だ。私の母の生地、チベット北部ではこうした霊たちがぞろぞろいて、住人たちは彼らの機嫌をとってなだめていたものだ。そうすると、彼らは村々やそこに住む人々の守護霊となり、その関係は幾世代にもわたって続いていた。守護霊はしばしば夢のなかにあらわれ、メッセージを伝えることがある。

このように霊たちは人間にとって善悪両面の作用を及ぼすので、霊に関係する修行の際には、気をつけるに越したことはない。最近では、「ドラム・ジャーニー」なるものが流行していて、太鼓を使った意識の旅を通して、自分の守護霊やパワー・アニマルに会えるなどと安易に考える人が多くなっている。利益をもたらさないとはいえないだろうし、少なくとも無害だろう。だとしても、彼らとは興味本位で関係を結ぶべきではない。なかには、どう考えても決して近づきたくない生きものもいる。いったいどういう生きものなのか、ということに注意を払わずに近づくのは危険だ。ビジネスパートナーやルームメイトは慎重に選ぶにもかかわらず、ガイドとなり守護霊となってくれる存在の選択には慎重さを欠いているように思える。

チベットの伝統では、先達たちがすでに認定している特定の神々や霊と関係を持つ。癒しの修行においては、多くの場合、守護神、ガイド、癒しの担い手となると過去に誓いを立てた生きものたちと関係する。儀式のあらましを述べた経典のなかには、必ず、いつからその生きものが修行に取り入れられるようになったかの短い記載がある。当初は荒々しい霊であったものが、あるとき、師によってなだめられおとなしくなった、と。その師の名前も明記されている。従順になった段階で彼らは言われたとおりのやり方で援助することに同意し、さらに誓約を交し、この誓いを守ることを義務づけられている。一方、修行者の側は、そのお返しに儀式・祈祷によって彼らを供養することを約束する。経典にはどのようなことをすればよいかが明示されている。こうした儀式のやり方は師から弟子へ、また両親から子どもたちへと代々受け継がれてきた。つまり、こうした修行を始めるということは、すでに培われてきた霊たちとの関係性のなかに参入するということであって、新たな関係を作りあげるということではない。経典には、さらに段階を追って関係を発展させるための作法が、修行法とともに記されている。

霊についてのこうした説明に馴染めないという人たちも多いだろう。チベットの経典にはそれぞれの特定の場所に存在する多数の霊の記述があるが、ニューヨークや東京に住んでいる人たちにとって、こうした霊と関係を結ぶことが有益かどうかはわからない。都会に暮らしていれば、山道や洞窟にいる霊たちに想いを馳せるよりも、霊たちは大通りをウロウロして、ドライバーをイライラさせている、と考えるほうが自然かもしれない。運転中にイライラしたときは、落ち着いて呼吸を整えリラックスしたほうがいいにちがいない。さもなければ、交通事故という名の悪霊にとりつかれてしまうかもしれない！

人間の側の都合で五大元素のなかに存在する生きものたちの住処をおびやかすことになる場合は、十分に彼らのことを気づかい、事を起こす前に彼らの承諾を得て友好的な関係を願い出るのが適切だ。また、彼らの環境を変えてしまった後には、「ありがとう」と感謝すべきだ。私たち人間は、多種多様な生きものたちに囲まれて生きているひとつの種でしかない。そしてそのすべての生きものが、皆一様に苦しみから解放され、幸せであれ、と願うことができるのも人間だからこそなのだ。

こうした気づかいと思いやりの心、慈悲の心は、私たちの精神的成長には欠かせないステップとなる。同時にまた、この惑星が神聖な生命体であり、それゆえ、五大元素は大切な資源であるばかりでなく、森羅万象の根源をなしているということに気づく一歩でもある。自然界と調和して生きるということは、生命存続のためだけのことではない。今や、多くの種が文明社会の犠牲となって絶滅の危機に瀕していることから私たちは目を背けるわけにはいかない。私たちの意識にのぼらない未知の多くの生きものも、人間によって傷つけられていることを知るべきだろう。彼らのほとんどが無抵抗だからといって、人間の手によって、たったひとつのいのちとて、奪っていいわけはない。

想像してみて欲しい。別世界からやってきた生きものが人間を見て、知性と想像力を備えた生命体だと気づかず、私たちの生命活動には想像が及ばず、その実体は肉体だけだとして食肉のように扱ったとしたら。五大元素をいのちなき物質として見てしまうとき、これとまったく同じことを、私たちは五大元素に対しておこなっているのだ。五大元素がいのちある神聖なものだということも、そこを住処とする生きものたちのことも、さらには生きものたちも五大元素で構成されているということすら忘れているのだ。身体を患うと、肉体がつらいばかりでなく、内的な苦しみも味わっている。それと同じように、五大元素を住処とする生きものたちは、環境が悪化すれば、彼らも苦しみを味わうことになる。彼らにとって自然環境の破壊や劣悪化は、肉体の病も同然なのだ。

目に見えないからといって霊たちのいのちを割引いて考えれば、手ひどいしっぺ返しをくらう。彼らを無視すれば、怒りを買う。妨害を受けた霊たちが、病気をもたらす、とチベットでは考えられている。チベット人はこうした病気を「時代の病」と呼んでいる。西洋では同種の病気が蔓延すれば、大気汚染や化学物質による環境の劣悪化の結果と見るだろう。

目に見えない生きもののなかには、人間に気づいているものもいるが、多くは気づいていない。害を及ぼすものもいれば、利益をもたらすものもいる。敵となるか、味方となるかは、私たちの態度ひとつで決まるのだ。

不可視の存在と関係する

儀式を執りおこなうのは、医者に薬をもらうのとは意味が違う。癒しは自分の手のなかにあり、自己治癒が可能だ、ということだ。私たちは病や悪の力から自らを守る方法を知る必要がある。供養はそのひとつであり、霊たちをなだめ、同時に寛容さと慈悲を自分の内に育てることにもなる。
ここでは、四つの界から客を招くという方法をとる。四種の客とは、それぞれにふさわしい関係を結ぶ。

最初の客

最初の客は完全な覚者である存在、仏陀、菩薩たちと悟りを得られた師たちだ。本尊（イダム）、空行母《くうぎょうぼ》（カンドゥ、またはダキニ）、そのほかにも無明から解放され五智を完成した存在なら皆お招きする。そして、ひたすらご加護を請う。ほかの願いごとはしない。私たち人間の側からコントロールする対象ではないからだ。
最初の客は瞑想修行の際には必ずお招きする。五体投地によって礼拝・帰依する対象となる方々だ。ヒーリングにはエネルギーが必要だが、正しいエネルギー源とつながりあい、適切な関係を築くことが欠かせない。最良のエネルギーの源泉はこの最初の客である。

二番目の客

二番目の客は、完全な悟りを得てはいないものの、非常に強力な者たちだ。彼らは天界の住人で、法の見張り役や重要な神々の従者という役を担っている。強力な存在なら、界にこだわらず招く場合もある。西洋流に言えば、特殊な力を持ち、恐れられている天使たちがこれに相当すると考えてもよいだろう。さらに、惑星と関連した霊たちも含まれる。西洋では惑星を生きものとは考えないが、生命体であることは確かだ。ボン教では、月も太陽もその他の惑星もいのちを授かった生きものと見ている。

ヒーリングの修行の多くは、この二番目の位の客の力を借りておこなう。これらの存在に対し尊敬と信仰の念をもって接することが大切だ。

三番目の客

三番目の客は私たちとカルマの縁で結ばれている生きものたち、そして先に説明した八部衆の生きものたちを指す。つまり、今生や過去生で出会った友人や敵、この人生で今もカルマの縁でつながっている者たちすべてだ。これは、悪縁でつながっている者たちばかりではない、単純に、関係を清算し、完結させればそれですむ者たちかもしれない。とはいえこれは、ヒーリングのプラクティスなので、最も重要なのは、癒しを必要とする関係にある相手を招くことだ。カルマの負債とはカルマによる縁のことだ。たとえば、取り引き先の切るに切れない相手との関係がうまくいかなくなった、あるいは、意図的にこちら側の状況を悪化させる人がいるなどの場合、さらに、わけもなく相手に苛立ちを覚えるというようなことがある場合、こうした状況はカルマの負債を暗示している。

人生で出合うさまざまな障害、妨害は、カルマでつながっている客たちからの干渉と関係しているものだ。隣人や同僚と関係が悪化して、問題が生じるように、目に見えない生きものとも同じことが起きる。問題が起きたときは、相手が人であっても霊であっても、相手が悪いと決めつけるだけでは、解決にはならない。自分のほうからどうにかする必要がある、と改善策を考えてみるのが有効だろう。私たち人間と同じように、霊たちも自ら好んでトラブルには巻き込まれたくないはずだ。

儀式には、妨害をやめさせる意味がある。つまり、負債はここで支払われることになる。これがシャーマニズムの考え方だ。食べ物を燃やしたり煙を捧げる護摩供養、その他の儀式を通じて、カルマの関係を癒すことができる。その方法については次の項目で説明しよう。

四番目の客

四番目の客は、私たちよりも力が弱く、慈悲の対象となる客たちだ。彼らは私たちの援助に対しお返しをしてくれる。ボン教のシャーマニズムの伝統では、修行の基盤として、慈悲の心を育むことが何より大切となる。

シャーマニズムの修行に入る際、その動機が重要だ。霊的体験への好奇心や、特殊な能力を持つ人として認められたいという想いからでは、よい結果は期待できない。最近流行のシャーマニズムには、真の霊的成長を目指すものが少ないように見受けられる。「ドラミング」の類では、身体性を置き去りにした仮想体験に重きを置いているようだが、それだけのことだとするなら、生き生きとした身体感覚をもたらす体験のほうがずっと役に立つだろう。

他者を助けたい、苦しみを癒し軽くしてあげたい、という想いこそ慈悲の心に根ざした動機といえる。こうした意図でシャーマニズムの修行を始めれば、それは自ずと質の高い修行となって実を結ぶだろう。

私たちと関係する霊たちが幸せになればなるほど、私たちの幸せも増大する。どのような関係性においても、これはまぎれもない事実だ。まわりの人々――隣人、配偶者、友人、子どもたち、仕事仲間――が幸せであれば、私たちも幸せを感じる。身近な人々が不幸せな様子をしていれば、その人はおそらく、私たちに幸せを分けてもらいたがっているのだ。よくあることだが、どうしてあげてよいかわからない、あるいは、どうしてあげることもできない場合がある。そうしたときに、問題が生じる。

同じように、霊の世界に生きているものたちは、私たちの力を頼って何とかしてもらいたがっているのだが、人間の側は、どうすればよいのかその方法を知らない。何かを欲しがっているとしても、目に見えないものをいったいどうやって与えればよいかわからない。物質こそ価値があるとする西洋では、非物質的なものが贈り物になるとは、思いつかないかもしれない。贈る心こそ大切であると知ってはいても、物質ではない以上その価値をはかるのは難しいことだ。愛情、信頼、尊敬、誠実さ、友情といったものにはお金では買えないほど大きな価値があるのはいうまでもない。目に見えない存在である霊たちは、物質ではない供物をよろこぶ。そのなかでも、最も尊いのは、慈悲なのだ。

供養について

チベットではどの宗派でも、定期的に霊たちのための供養をおこなう。ボン教でもチベット仏教の四大宗派でも基礎的な前行のなかにマンダラ供養がある。これは一番目と二番目の客たちにおこなう。チューの修行は、四種類の客すべてにおこなうが、特にカルマの縁がある客たちのためのものだ。どの修行でも最後に回向するが、回向はまだ輪廻の世界から抜け出していない二番目以下の客たちのためのものだ。飲み物や食べ物も供物とする。人間界よりも上の住人には美しい物を捧げ、廃物をよろこぶ客には、残り物を捧げる。供物に制限はない。分相応の供物を捧げればよいのだ。原因の乗にはさまざまな供養のやり方が説明されている。なかには、儀式の準備に何日もかける手の込んだ供養もある。供物としては、何種類もの食べ物、トルマ（大麦の粉を煎って色を付けたものを練り、さまざまな形にこしらえたもの）、酒、特別に準備された経典、宝石や鉱物、祈祷文、マントラなどのほか、いろいろなものがある。また、食事の余り物を集めて供物用に整えることもある。すべての供物を観想のなかで捧げるというやり方もある。たいていの場合、観想のなかだけで捧げることが多いが、やはり実際の供物を用意するのが適切だろう。具体的な物があることで、心を儀式に集中させることができ、供養の意味も濃くなるからだ。

魂の回復のような修行では、失われたものを取り戻すこと、傷ついたものを癒すことが本来の目的だが、供養は目的達成のための手段のひとつとして修行に含まれている。しかし、すべてが順調でこれといった問題がないときにも、調和的な関係を保つために定期的に供養をする必要がある。これは、わるさをしかけてこないようになだめるため、問題となっている障害を取り除いてくれるよう頼むため、霊たちを利するため、現世的および霊的な事柄で助けとなってもらうため、守護霊や守護神、本尊からの恩恵に感謝の念をもって応えるため、加えて、自らの内に寛容さを育むためでもあるのだ。

ここでは供養の修行について詳しく述べることは差し控えるが、定期的に供養する際のいくつかの方法について紹介しよう。

「チャンブゥ」（指紋のトルマ）と呼ばれる供養の仕方がある。これは、自分のためにおこなっても、特定の誰かのためにおこなってもかまわない。トルマは大麦の粉に水を混ぜて作るが、他の粉で代用することもできる。水加減に気をつけながら、ほどよい粘りがあり、型崩れしない程度のちょうどよい固さに粉を練る。丸く太めの棒状に伸ばし、男性は右手に、女性は左手に持ちチューブを絞っていくように握る。掌にあらかじめ少量のオイルを塗っておけば、練粉が手にベタ付かない。絞る際に掌のしわや指と指の境目の線が練粉に印され、指のうねや節がそのまま形となって練粉に手の痕跡を残す。五指の形状の跡を五大元素の供物、折り曲げた指の線の写り込みを五感による供物と見立てる。

練粉を手で絞った形が出来上がれば、癒しを必要とする身体の部位に当てる。そこにあなたの意識が引き寄せられる。すると、意識といつも一緒に動いているプラナが集まってくる。意識がその一点に集中すると、その部分の感覚が活発化する。身体のどこかを触って意識を集中させれば、そこに何かしらの感覚を覚えるのは珍しいことではないが、チャンブゥを使う際には、病気、トラウマ（心に負った傷）など好ましくないものすべてが練粉に吸い込まれる、とイメージする。そのときにチャンブゥに触れている部分が楽になっていくのを感じる。楽になったら、チャンブゥを別の箇所に当てる。ヒーリングが終わると、エネルギーレベルで身体とつながったチャンブゥは病気を吸収したシンボルとなっている。これを、病気の原因と考えられる三番目と四番目の客に供物として捧げる。この供養の目的は、霊の影響を身体から追い払うだけではなく、供物を捧げることによって霊によろこびを与えることだ。供物には病気のエネルギーが吸い込まれているのだが、捧げる段階では、霊が満足する清らかな糧へと変化している。供物を受け取ると、霊はそれまで苦しめていた人から去っていく。霊は満足したのだ。

儀式が終わると、供物を外に運び出し、霊が取り憑いていた人の干支の方位とは反対の方角に捨てる。そのあたりに霊は発生するというのが通説だからだ（参考のため干支と方位の関係は本書の最後にチャートでまとめた）。古くから、こうした儀式の後には、これが成就したしるしを夢で見るという。虫や動物やその他の生きものや液体や悪いものが身体から出ていくような夢だ。

護法尊と守護神の供物としては、三角形と円形のトルマを別に作る。三角形は火の象徴で、トルマは赤く塗られ、ドルジェ・プルパ、イエシェ・ワルモなどの忿怒《ふんぬ》尊に捧げる。円形のトルマは白か黄色で色を付け、シェンラ・ウーカル、チャムマ、ターラなどの静寂尊に捧げる。エネルギー作用の異なった何種類もの供物を用意するのは、それぞれの存在の異なった特性を活性化するためだ。

「身代金を支払う」儀式の場合は、さらに手の込んだ供物を経典に述べられている通りに用意する。「身代金を支払う」のは、手ごわい霊に憑依されたとき、あるいはひどい苦しみから逃れられないときだ。これは文字通り、身代金なのだ。ある人が霊に身も心も乗っ取られてしまったようなとき、解放の代価として身代金を支払う。もちろん、一般社会での誘拐犯ではないから、現金を渡すわけにはいかない。目に見えない生きものにとって実際に役に立つもの、彼らの糧となるものを与えるのだ。

この供養では、先に説明したトルマのように、本人に見立てた人型を練粉で作る。そのまわりに、パン、チーズ、砂糖、塩、さまざまな味の食べ物、富の象徴として小額の現金、本人の衣服など、ありとあらゆる種類の供物を並べる。さらに、本人の自筆で取り除いて欲しい事柄を紙に書いて、この紙も供物とする。人型は大きくても小さくてもかまわない。近世以降、最も著名なボン教の師のひとり、シャーヅァ・リンポチェが重い病に臥せられたとき、弟子たちは練粉で等身大の師の彫像を作り、霊たちへの供物とした。しかし、シンボルが力を持つのは、修行そのものの強さによってであって、供物の大きさではない。

私の母は、ある時期、長い間病を患っていた。ほうぼうの医者を訪ねたが、いっこうに回復する気配がなかった。ただひとつ効き目があったのは、大がかりな「身代金」の供養だった。人形を作り、母の着物を着せ、「身代」として霊に与えた。彼女が長旅にでも出かけるかのように、たくさんのご馳走も用意した。そして、それを病気をもたらした霊たちに与えたのだ。普通、霊たちには秘密にしておく母の名前も人形と一緒に届けた。儀式の前まで、母は「ドルマ」と呼ばれていた。儀式を境に、母は「イェシェ・ラモ」として生まれ変わった。以前の母は「病人」だったが、儀式を契機に母は「健康な人」に変わった。ヒーリングとは、自分はこういう人間であると思い込んでいるアイデンティティを明け渡すことだ。「苦しみ」や「病気」というラベルの服を着たままのアイデンティティでは、ヒーリングの効果は生まれにくい。今までの「自分」という服を脱げば、「苦しみ」や「病気」も一緒に脱ぎ捨てることができる。霊もまた、特定のアイデンティティと結びついている。それを脱ぎ捨てれば、霊も一緒に去っていくのだ。

供養とは本来とてもシンプルな行為といえる。ロポン・テンジン・ナムダク・リンポチェがはじめてアメリカを訪問された折、私はリンポチェを大型食料店にお連れした。リンポチェは、山と積まれた品々にびっくりされたのだが、「供養をするのに最適の場所だ」と言われるやいなや、あちこちの売り場を歩きながら、四種類の客たちに棚の食品を供物として捧げたのだ。この例のように供物を「買う」ということすら必要ない。すべての供養に共通することは、観想の力を使ってこれを本当に意味あるものにする、ということだ。観想のレベルで捧げるのが真の供養であり、儀式という形式は、このエネルギーレベルでの真の供養を補助するためなのだ。

大多数の霊たちは儀式に参加して供物を受け取りたいはずだが、いかんせん怖がりで弱虫なので、招かれないかぎりやってこない。彼らのためにも「招く」という形をとる。

日常生活のなかで簡単にできる観想方法がある。自分たちが食事を始める前に、皿を頭上にかざし、一番目と二番目の客に捧げる。食事が終わったら、三番目と四番目の客に残りを自由に持っていってもらう。皿の中身が消えてなくなるわけではないが、エネルギーレベルでは、「与え受け取る」という関係が成り立っている。何かを燃やすときは、霊たちが何を望んでいるかを想像し、観想のなかでその煙を欲しがっているものに変容させて捧げる。

少量の食べ物を特別に用意し、それを燃やし、霊たちと死者の供養とすることもできる。身近な人が亡くなった場合、チベットでは再生までのバルドの期間、つまり四十九日間、煙による供養をおこなう。

四種類の客たちすべてを供養しなければならない。何かしらの負債を負っていると思える相手、あなたと縁のある者たち、カルマの客を忘れてはならない。いずれにしても、その者たちは、これからもあなたの人生に関わってくるのだから、招待しよう。心を開いて「ここに来て供物を受け取ってください」とお願いするのだ。そのとき、心を鎮め落ち着いていれば、その客たちと関連したイメージが見えるだろう。このイメージは夢にあらわれることもある。イメージが見えないとしても、ある感情があふれてくることがある。いずれにしても「誰が、何があらわれたのか」を感じなさい。夢に出てきた何者かが、あなたに何かを与えている様子だったら、それは、私たちが関心を払っている相手ではない。あなたから何かをもらおうとしている様子なら、それこそが応じるべき相手なのだ。彼らは、はっきりと要求するだろう。望んでいるものを与えればよいのだ。食べ物を燃やし、煙が立ちのぼったら、霊が欲しがっているものに変容させる。これで十分だ。供養は寛容さ、感受性、そして慈悲を育んでくれる。

転居して早々は、どんな夢を見るようになったかに注意を払いなさい。新しい隣人同様、その土地の霊とのつきあいが始まるわけだから、よい関係を結ぶに越したことはない。その土地の霊に供物の贈り物を捧げなさい。建物などを建て土地の景観を変えることになるような場合は、事前に彼らの了承が得られるよう供養しなさい。霊たちに建設予定地から退去して欲しい旨を申し出る必要があるかもしれない。穏やかに事を進めよう。それで効果がない場合は、怒ってみせなければならないこともある。

「身代金を支払う」儀式のような重要な法要の日取りは、新月の前の晩に設定すると効果がある。エネルギーの波が引いていく夜は、人のエネルギーも低下する分、取り憑いた霊も影響を受けやすくなるので、悪霊を追い出す時間帯として理にかなっている。

供養は、病気や死など、重要な局面を迎えたときには必ずおこなわなければならない。また、月に一度というように決め、定期的におこなうのもよいだろう。マンダラ供養と食べ物、飲み物による供養は毎日おこなってもよい。山にこもって修行する場合は、行者は土地の霊から力を借りるために、食べ物を燃やして、毎日供養する。

西洋では、病気などの原因を霊ではなく心理的な側面や細菌に由来すると考えるが、供養をして差し障りがあるということはない。あらゆる問題は心に原因があるという見方をする人なら、供養も心のレベルでおこなえば、効果が出る。

儀式が終わったら、供物を外に出す。供物が食べ物であれば、動物や虫たちが食べてくれるだろう。先に述べたように、供養で重要なのは、見えない生きものたちに目に見える実体のある物を用意して与えるということではなく、物質などの外的な要素を使って、内的な修行の力を強めていくことなのだ。その効果は、そこに込められた想いの深さと強い観想の力を伴ってこそ発揮される。

供養は心をしぐさであらわす方法であり、寛容な心のたとえようもなく美しい表現だ。この体験を積み重ねて寛容な心を育んでゆけば、人生は間違いなく豊かなものとなることだろう。

魂の喪失と元素エネルギーの回復

チベットの伝統には、シャーマニズムに共通する「魂の喪失」という考え方がある。これは五大元素の不調和から起きるのだが、その度合いは通常の苦しみよりもよほど深刻なものだ。不調和の限界と言ってもよいだろう。「魂の喪失」は、五大元素の危機的な喪失状態で、例外がないとは言いきれないが、トラウマとなるほどのショッキングな状況、または何がしかの生きものたちが原因だと考えられる。

魂が盗まれるのは、八部衆に属する者のうち、敵意を持っている生きものの仕業だとチベットでは考えられている。つまり、悪意のある生きものにせよ、自然界にせよ、外的な力は、人間らしく生きるための素質を奪い取ることができるということだ。こうした素質が失われたときは、「魂の回復」と呼ばれる修行によって正気を取り戻すことができる。これをチベット語では「ラ・ル」というが、私なりに「魂の回復」という訳語を当てている。この儀式は複雑なものだ。もし、真剣に学びたい人がいれば、資格のある師から、長い期間にわたって教えを受けなければならない。これから私が教えるのは、「魂の回復」と関連はあるが、「ラ・ル」そのものとは別の「元素エネルギーの回復」に相当するものだ。

スートラにもタントラにもシャーマニズムの教えにも、ポジティブな質と再びつながりあうための修行が含まれている。これは、心地よい感覚を味わえばそれでいいというものではない。それを超えていのちの深層にまでつながっていく体験を目的としている。究極的には善悪という二元論を超えるところまで到達しなければならないが、実際にそこに到達するまでは、ポジティブな質とのつながりを深める訓練をする。そしていよいよ二元論を超えたいのちの深層、存在の土台に目覚めるときがやってくるのだ。一方、ネガティブな質は私たちを混乱させ、存在の土台とはほど遠い概念的な思考へと陥れる。

五大元素の質が失われると、ほとんど無感覚、無感動となり人間的な豊かさが失われてしまう。これは、失恋の体験と似ている。突然、配偶者やパートナーから裏切られ、別離の悲しみに襲われると、そのショックで心は閉ざされてしまう。二度と傷つくまいとして人を愛することができなくなる。小説や映画ではよく取り上げられるテーマだ。こうした内面的な危機は、子どもを亡くす、レイプ、残虐な行為を目撃する、無理やり残虐な行為に従わされる、戦争、交通事故、家を失うなど、災難や大惨事が身に振りかかったときに起こる。そのショックは魂を恐怖で打ちのめし、心は喪失感や深い悲しみに占拠され、その結果、ポジティブな質が失われ、生きる力と活力、よろこびと共感も凍てついてしまうのだ。同時に、身体も衰弱し、感覚も空ろとなることがある。

大異変に襲われ、一挙に喪失感に陥ることもあれば、長期にわたって非人間的な環境を強いられ徐々に損傷が深まることもある。シャーマニズムの観点では、どちらの場合にも悪霊が関係していると見る。西洋では、身心の不調があれば、バクテリアやウイルスのせいではないか、とまず疑うが、チベットでは、霊のせいではないかと考えるのが普通だ。悪霊の力であっても、事故や病気であっても、五大元素の喪失、健康な力の喪失というダメージは同じだ。どちらも「魂の喪失」と呼ぶことができる。

たとえば、事故に遭遇した後では、倦怠感がつのり、何もやる気がなく、精気も失われる。こうした状態は自然に回復することもあるが、この状態が長く続くようであれば、火のエネルギーが失われたままになっている可能性もある。もしそうなら慢性化するおそれもある。このまま放置すれば、仕事や人間関係にも支障をきたし、身体的な病と認知障害を引き起こす。見た目には事故が火の元素喪失の要因だとしても、実際は、隠れていたトラウマが作用したのかもしれないし、敵意のある霊が弱っているスキを狙って入り込んだためかもしれない。いずれにしても、ダメージは、魂を蝕んでいく。

たとえば、胸のチャクラに意識を集中させたとしよう。最初はおそらく何も感じないだろう。しかし、その状態を保っていると、何かしら奇異な感覚を覚えるはずだ。痛みに似た感覚かもしれない。痛みが持続すると、魂がダメージを受け、チャクラが閉じられてしまう。こうなるまでには相当の長い時間がかかる。自己防衛の本能として閉じるのだが、程度によっては、慢性化し、人間的能力の喪失をもたらす深刻な事態となりかねない。

魂の喪失は、うつ状態をもたらす。もし、地の元素がなくなっていれば不安感を、火の元素がなくなっていれば倦怠感をもたらす。このように、どの元素が失われたかによって、症状は違ってくる。魂の喪失の兆候には次のようなことがあげられる。顔色が悪い、血の気が失せる、活力が湧かない、集中することができない、そして、ふらふらして歩けない、などだ。身体、感情、言葉、心、すべてがおぼつかない。以前のように機能しないのだ。時間通りに仕事に出かけられず、以前のようにうまくこなせず、ぼんやりとしか考えられない。この状態が続き、ついにははっきりとした病気となって表面化する。

チベットでは、こうした状態で苦しんでいる人がいると、伝統的に占いでお伺いをたてる。占いは、エネルギーの障害となっている原因を探りあて、どうすれば障害を取り除くことができるかを知る重要な手だてと考えられている。占いでは、「魂の回復をはからなくてはいけない」と指示されることもある。占いに頼らない場合でも、チベット人は、「魂の回復」は当然おこなわなくてはいけない事柄だと感じている。そして、ラマやヨーガ行者に儀式をおこなってくれるよう頼むか、やり方を知っている場合は、自分たちでおこなっている。

癒しのシンボル〈弓矢、トルコ石、魂の鹿〉

魂の回復の儀式では、修行者は特別な法具を使う。ここで説明をするのは、この儀式についての全貌をつかんでもらうためであって、皆さんがこの儀式を勝手におこなってはならない。通常、ダタルと呼ばれる儀式用の弓矢を使う。竹製のもので、竹の節はそれぞれ、ラ、イー、セムをあらわす。この矢は元素のエネルギーと関係を結ぶためのものだ。シャーマンはまず四種の客に呼びかけ、力を貸してもらうために請願する。矢は力の源に接触しているワイヤーのような役割を果たす。この儀式の場合、力の源は四種の客とその住処だ。女神たちが元素の力の回復を目指してこちらにやってくる間、行者は、矢の先を下に向けて持ち、もう一方の先をゆっくりと時計と反対まわりに頭上で円を描くようにまわす。矢が外側にまわされると、そこに元素のエネルギーが集まる。矢が行者の方向に戻されると、集まったエネルギーが行者に入っていく。寿命のエネルギーは、矢の先に結ばれた五大元素の象徴である白、緑、赤、青、黄の五色の幡《はた》を通して取り戻される。矢自体も寿命のエネルギーが貯蔵されたシンボルとなる。

矢のほかにもヒーリング・エネルギーの器となるシンボルがある。ボン教徒なら必ずと言っていいほど、どの人もトルコ石のネックレスを身につけている。トルコ石はチベット語でラ・

ギュ、「魂の石」という意味で、魂を支えてくれるシンボルなのだ。ヒーリングを受ける人（俗人で行をしていない場合に限る）が身につけているトルコ石は、儀式の最中、行者の前に置かれ、矢からエネルギーを注入する。

三番目の器となるシンボルは「魂の鹿」。チベット語でシャワという。練粉で作った鹿の心臓の部分に「ニィ」という文字を書いた布か紙を入れておく。「ニィ」は人間の魂の種子を象徴している。鹿の心臓に入れたこの文字に生命力が注ぎ込まれる。儀式の最後に、鹿はヒーリングを受けた本人が持ち帰り、家の祭壇に祀られることになる。

法具の準備や使い方について教えを受けるのは行の成功のために大事なことだが、必須条件ではない。一番大事なことは、行者が揺るぎない慈悲をもって集中し、観想の力を発揮し、そこではっきりとした手応えを得ることなのだ。

元素エネルギー回復の修行

この項では、「元素のエッセンスを取り戻す行」の解説をする。先に述べたように「魂の回復」は師から直接学ばなければならない膨大にして複雑な儀式だ。ここで解説するのは「魂の回復」

とは異なり、自分でできる「元素のエッセンスを取り戻す行」だ。他者へのヒーリングがそもそもの目的ではないが、もちろん、回向することで他者を助けることにもなる。

　私自身の体験に照らし合わせ、修行のやり方を多少変えた部分がある。たとえば、元素の順番は経典通りではない。また、経典には、火の元素の修行をする場合は、足首は交差させたまま、膝を腕で引き寄せるとあるが、これは多量の熱を起こすのが目的なので、とりたててこの通りにおこなう必要はない。種字《しゅじ》についていえば、経典では胸の種字から変容させると指示されているが、私のやり方では、無限の宇宙の広がりから、種字が修行者に向かってくるという観想法に変えてある。前者は、地、または水に支配されている人々に適しているやり方で、エネルギーを外に放出するのがよいからだ。後者は火と風に支配されている人々に最適で、エネルギーを内に取り込むことが回復に役立つ。両方を実践してみて、どちらが自分に適しているかを見つけるのがよいだろう（チベット語がわかる読者のために巻末にチベット語の経典を付け加えた）。

　皆さんが修行しやすいように、修行の順序を〈　〉でくくり、その後に説明を加えた。まず、頭に入るまで何度か通して読み、全体の流れをつかみなさい。そうすれば、実際にやってみるときには〈　〉内の項目だけ見ればできるだろう。何度かやって馴れれば、冒頭にまとめた概要を追うだけで十分だろう。

修行の概要

〈前行〉

九回の浄化の呼吸法。

グル・ヨーガ。

四種の客を招来し、関係を持つ。

〈本行〉

種字のマントラを、三回、ないし五回または七回唱える。

自分自身を元素の女神に変容させる。

女神のマントラを唱える。

女神と結びつきのある元素のマントラを唱える。

身体の器官に元素の女神を呼び入れる。

三種のマントラを唱える。

女神は失われた元素の質を取り戻すため旅する。

元素エネルギーで身体の内部は満たされる。

種字のマントラを唱える。

器官の女神が中央脈管を元素のエッセンスで満たす。

女神のマントラを唱えると、元素の質とエネルギーはあなた自身の深層のレベル、最も微細な感覚のレベルへと溶け込んでいく。それを感じたら、元素と結びついたマントラを唱える。覚醒の境地に留まる。


五大元素のすべてにおいて同じ順序で繰り返す。


〈長寿のマントラを唱える〉

この修行によって積んだ功徳をすべての生きもののために回向する。

九回の浄化の呼吸法

〈前行〉の最初にある九回の浄化の呼吸法をおこなう。やり方は、本書の117～119頁を参照のこと。

グル・ヨーガ

グル・ヨーガをおこなう。

グル・ヨーガは、宗派を問わずチベットの霊性の伝統のなかで重要な修行だ。グル・ヨーガについて学んでいない人は、今まで関係のあった覚醒した存在と師たちを観想し、その方たちに祈りなさい。リラックスして、心を開く。感謝と信頼の気持ちを起こそう。霊性の修行、とりわけ今から始めようとする修行に力を貸してください、と真剣にお願いしなさい。

観想をするとき、イメージの中心にお呼びするのは仏陀でもあなたの師でもよい。すでに伝授か観頂《かんじょう》（イニシエーション）を受けていれば、男性性、女性性どちらかの本尊を観想する。そして順を追って次のようにイメージしなさい。

中心にお呼びした師の胸から大いなる智慧の炎が燃え上がり、あなたのネガティブなカルマの痕跡と障害を焼き尽くしてしまう。炎が鎮まると、次に強力な智慧の風が師の胸から勢いよく吹き出し、燃えかすとなって残った障害を吹き飛ばす。最後に、清らかな水が師の胸から奔流となってほとばしり、残っていたいっさいのネガティブなものを洗い流し、あなたは完全に清められた。ここであなたは聖なる教えを受けるのにふさわしい清らかな器となった。

さあ、いよいよ、師より観頂を授かるのだ。師の眉間の奥のチャクラから、清らかな白い光線が放たれ、あなたの眉間のチャクラへと吸い込まれていく。これで身体の灌頂と加持を受けたことになる。全身がリラックスしているのを感じなさい。次に師の喉のチャクラから清らかな赤い光が放たれ、あなたの喉のチャクラに入る。これによって、エネルギーの灌頂と加持を受けた。さらに深くリラックスする。次に、師の胸のチャクラから、清らかな青い光が輝きあふれ、あなたの胸に入る。これによって、心の灌頂と加持を受けたことになる。さらに微細なレベルまでリラックスする。次に、師と師を取り巻く悟った存在が光に変容し、あなたの頭頂のチャクラから入って、あなたの胸へと降り、光となった存在はあなたの胸にあると感じなさい。そのとき、観想も想念も消え、意図的にどうこうしようという努力もなく、ただ澄みわたった境地に安らいでいる。すでに心の本性への導き入れを受けているなら、そこに留まりつづけなさい。もし受けていないなら、できるかぎり、あるがままの状態で覚醒を保つようにしなさい。

四種の客

四種の客を招来しもてなす。

四種の客を招き、頭上と、四方の虚空にあなたを取り巻くように来られたと観想する。客たちと交流しよう。垣根を作らず、心を開き気持ちとエネルギーの交流を感じなさい。つながりのなかで、硬さが癒され、生気がみなぎる。とても軽くなった自分を感じるだろう。ネガティブなものが消えていく。このような霊性の修行は自ら積極的に関わることが大事で、受け身では成り立たない。心を開いて積極的な姿勢を示せば、高次の存在は応えてくれる。教えられたことをただ機械的におこなっても、ほとんど効果はないだろう。

〈一番目の客を招く〉

最初の客は、仏陀、悟りを開いた守護神、菩薩、あなたが教えを受けた法脈の師たち、そして密教の伝統に従いあなたが帰依し誓約（サマヤ）を立てた本尊だ。元素の女神たちも含まれる。それぞれを観想し、今ここに来ておられるのを実感しなさい。その姿は美しく、完全に悟った存在。空の女神は白、風の女神は緑、火の女神は赤、水の女神は青、地の女神は黄色。女神たちに祈りを捧げ、内と外の障害を取り払い、傷ついた魂を回復させ、最も深いところの霊的な汚れも克服することができるように、とお願いする。力を貸してもらえるよう、導いてもらえるよう、加持をお願いする。お願いする事柄は明白でなければならない。相手は覚醒した存在で、彼ら自身は世俗的な関心を持っていないが、私たちの気持ちに応え願いを聞き届けてくれる。あなたをはじめ、癒しを必要とするすべての生きものたちに手を差しのべてくれるようお願いしなさい。

霊の存在を信じていない人たちは、高次の力につながるよう意識すればよい。信じる信じないにかかわらず、高次の力を誰もが体験しているはずだ。ここでは古代チベットの伝統と同じように、存在ひとつひとつに名前を付け、古代の人々が経験したのと同じように感じてみたい。高次の存在に心から祈願すれば、どのような名前で彼らを呼んでもつながることができ、ポジティブな質を受け取ることができる。

〈二番目の客を招く〉

二番目の客とつながる。彼らは、教えと法脈を守る力のある護法尊や守護神たちだ。また、恒星、惑星といった生命体も二番目の客に入る。自分とほかの生きものたちを癒してくれるようお願いする。障害を取り除き、問題を解決してくれるようお願いする。彼らが備えているよき質を受け取れるよう加持してください、とお願いする。

〈三番目の客を招く〉

三番目の客、八部衆とカルマの客たちとつながる。このなかには、山、水、樹木、野原という場所に関係した霊たちも含まれる。彼らは場の「気」を左右する力となって、そちこちに棲み分けている。いい気か悪い気か、場所によって私たちの感じ方が違うのはそのためだ。あなたの邪魔をせず、力を貸してくれるように頼みなさい。過去にエネルギーと質がダメージを受けた、または盗み取られた「時と場」へ案内してくれるように頼みなさい。あなたからエネルギーを奪い取った霊たちと関係し、すべて返してもらうように頼むのだ。彼らが健やかであるよう祈りを捧げなさい。

〈四番目の客を招く〉

四番目の客は慈悲の心で招く客だ。あなたよりも弱く、これらの生きものもあなたと同じように日々苦しんでいる。彼らが健康で幸せとなるために必要とするものすべてを捧げているとイメージする。施すことによって、寛容さを育てなさい。彼らが奪っていったエネルギーを戻してくれるよう、そして、魂と生命力を回復させてくれるよう頼むのだ。

身体の変容

「マ・カム」というマントラを三回、ないし五回または七回唱える。するとその瞬間、はるかなる広大無辺の虚空から「マ・カム」という無数の文字が黄金色の輝きを放ちながら、あなたに向かって降り注ぐ。文字は地の元素の黄色く純粋な輝きを放ち、それがあなたの内側を光の奔流となって洗い清める。文字は、頭頂のチャクラの上に集まり、そこから身体内に流れ落ちていく。文字が身体の内側へ入っていくとき、頭頂に生じる感覚に注意を向けなさい。光の文字が頭頂に触れた瞬間、自分自身が一瞬のうちに地の女神の姿になった、と観想しなさい。何より大切なのは、この変化を現実のものとしてありありと感じることだ。皮ふも肉も血も神経も脈管も骨も、細胞のひとつひとつが地の元素のエネルギーに変容した。あなたは、「地」そのもの！　左手には壺を持ち、壺のなかは地の元素から抽出された癒しの甘露で満ち満ちている。右手には、不変の真理をあらわす卍を持っている。地の女神のエネルギーと質に完全になりきるのだ。女神の存在、その愛と智慧を感じ、身体の病、痛み、苦しみをひとつ残らず取り除いてください、と祈りなさい。

地の女神のマントラ「カム・ラ・シ・キェ・レー・ドゥ」を唱える。その最中に、加持を受け、身体中に地の元素のポジティブな質がみなぎる。地に足が着いた落ち着き、強さ、自信を取り戻し、身体の病気や障害などはすべてなくなった、と感じよう。

この状態で、最後に五大元素すべてが統合されたマントラ「ア・ヤム・ラム・マム・カム・ドゥム・ドゥ」を唱える。これにより、行は、力と安定を保ったまま封印される。

以上が身体の変容だ。

行はひとつひとつの元素に対応しており、全部で五つのパートがある。いま述べた行は、地の女神に焦点を当てたものだ。ほかの元素とその女神の場合は180～185頁を参照し、順次、マントラ、色、法具、器官を入れ替えおこなう。大切なのは、それぞれの元素の質を感じとることだ。どの女神も覚醒した存在であり、愛と力に満ち、美しさに輝いていることを忘れないように。女神たちは元素エネルギーの清らかな顕現であり、覚醒した神格としてあなたに応えてくれるのだ。

一回にひとつだけの元素を取り上げて行じても、順次、五大元素すべてを行じてもかまわない。最初は地の女神から始め、水・火・風・空の順に、物質性の薄いエネルギーへと移っていくのがやりやすいだろう。

いずれの場合も、最初の種となるマントラは聖なる女性性をあらわす「マ」の種字で始まる。「マ」の音は、「マー」「ママ」「アマ」など、多様な文化圏で「お母さん」を意味する。「マ」は女神へと変容する。二番目に来るのは、それぞれの元素の種字の音だ。ここから、それぞれの特質を持った女神があらわれる。

経典によっては、たとえば「マム」が「バム」となっているなど、元素のマントラが異なっている場合がある。音が異なっていても混乱せず、修行の意図こそ重要なのだということをしっかり心に植えつけるのだ。

元素のポジティブな質が自分の内にもあふれてくるのを感じながら、女神の加持を受けている最中に、「カム・ラ・シ・キェ・レー・ドゥ」というマントラを唱える。唱える回数は特に指定されていないが、長く唱えることができればそれに越したことはない。これによって心が開かれ、穏やかになっていくのを感じとろう。最後に、変容したままの状態に留まりながら、元素を統合したマントラ、「ア・ヤム・ラム・マム・カム・ドゥム・ドゥ」を気持ちよさが続くかぎり唱える。

エネルギーの変容

あなたは女神に変容している。そのまま、「マ・カム」というマントラを三回、ないし五回または七回唱え、意識を脾臓《ひぞう》に置く（このとき、あなたは女神だ。女神の身体のなかの脾臓を感じるように。もしそれが難しければ、そのあたりに意識を集中させる）。そして、そこに地の女神の存在を感じなさい。姿は小さいが、女神となっているあなたと同じように黄金色に輝いている。エネルギーの障害を取り除き、あなたのなかに地のポジティブな質を高めてくれるよう祈る。

女神のマントラ「カム・ラ・シ・キェ・レー・ドゥ」を唱えながら、彼女の愛と智慧にしっかりと結びつくようイマジネーションを働かせよう。エネルギーレベルでのいっさいの障害が取り除かれ、あらゆる病気が癒され、心の混乱はすべてなくなった、と感じなさい。前回と同じように、左手には癒しの甘露がなみなみと注がれている壺を持ち、右手には卍を持っている。エネルギーレベルでの変容を感じなさい。

最後に、変容した状態のまま、元素が統合されたマントラ「ア・ヤム・ラム・マム・カム・ドゥム・ドゥ」を十分と思えるまで繰り返し唱える。

以上がエネルギーレベルの変容だ。


チベット医学では、元素は内臓器官と関連している。行は、まず身体の変容から始め、次に内臓器官に代表される微細なエネルギーレベルの変容へと進む。内臓器官を癒すのは行の重要なパートだが、この場合はエネルギーレベルに働きかけるので、臓器自体よりもそのエネルギーを重視することになる。脾臓、肝臓、肺などをはっきりとイメージすることができなければ、そのあたりの部位を意識し、どのような感覚が生じるかに気づくように。このことは、観想と同じくらい大切なことだ。

肺と肝臓のように二つの臓器に働きかける際には、それぞれの女神を観想する。地以外の元素では、臓器の女神が持っている法具は、あなたが女神となって持っているものとは異なる。

五大元素のマントラ

ཨ་སྨུ་ཡེ་ཨ་དཀར་ཨ་ནི་ཨ་	空	ア・ム・イェ・ア・カル・ア・ニ・ア
ཡཾ་ཡཾ་ནི་ལི་ཐུན་འདུ་	風	ヤム・ヤム・ニ・リ・トゥン・ドゥ
རཾ་ཚངས་སྟང་ནེ་རཾ་འདུ་	火	ラム・ツァン・タン・ネ・ラム・ドゥ
མཾ་དང་ར་མཾ་ཏིང་འདུ་	水	マム・タン・ラ・マム・ティン・ドゥ
ཁཾ་སླ་ཞི་སྐྱེ་སླས་འདུ་	地	カム・ラ・シ・キェ・レー・ドゥ

五大元素のマンダラのマントラ

དྲུཾ་དྲུང་ཟད་སྨུ་ཡེ་འདུ་　ドゥム・ドゥン・セー・ム・イェ・ドゥ

五大元素を統合したマントラ

ཨ་ཡཾ་རཾ་མཾ་ཁཾ་དྲུཾ་འདུ་　ア・ヤム・ラム・マム・カム・ドゥム・ドゥ

これについては、180～185頁を参照のこと。

元素のエネルギーを取り戻す

深くゆっくりと呼吸する。息を吐くごとに、脾臓のなかの女神は地の元素のエッセンスを取り戻しに行くために、女神自身の光の化身を数限りなく送り出す。化身たちは脈管を通って右の鼻孔より旅立つ。その際、あなたの身体のなかからネガティブなもの、不要なもの、毒などを運び去り、清らかな虚空へと解き放ち溶かしてしまう。

女神たちは時空を超えて旅をする。悟った者たちのもとへと飛び、あなたのために癒しを請い、元素のエッセンスが失われた場所にまで飛び、それを取り戻し、自然の力に満ちあふれている場、過去に偉大な師たちが行場とした強力なパワー・スポットへと旅し、地のエネルギーを集める。あなたからエネルギーを奪った生きものたちを訪ね、それを奪い返しもする。

元素のエネルギーは純粋な元素のエッセンスとして女神の左手の壺に取り戻され、あなたのもとへと運ばれる。あなたが吸う息とともに、女神たちは左の鼻孔からあなたの身体に入り込む。まるで、そちこちの花々から花粉を集めて戻ってくるミツバチのようだ。女神たちは脾臓に入り込み、取り戻したエネルギーを脾臓と脾臓のなかの女神が手にしている壺に注ぎ込み、癒しを与える。臓器が癒されていくに従い、エネルギーの障害はすべて消えた、とイメージしなさい。息を吸い数秒間息を保ったまま、元素のエネルギーがあらゆる感覚に浸透していくのを感じなさい。そして息を吐くとともに、女神たちは右の鼻孔から再び旅に出るのだ。息を吐くたびに女神たちは出てゆき、息を吸うごとに元素のエッセンスとともにあなたのもとへと戻ってくる。深くゆっくりとした呼吸を繰り返しなさい。吐くときには脾臓からネガティブなものが出てゆき、吸うときには、ポジティブな地のエネルギーが蓄えられていく。女神の愛と智慧と力、その実在を感じなさい。身体、エネルギー、心が変化しているのを感じとりなさい。

脾臓のなかの女神たちが、女神に変容しているあなたの右の鼻孔から出ていくと、自由自在に旅をする。覚醒した者たちのもとに飛び、あなたのために癒しの力を授けてもらう。過去に、ある出来事で元素のポジティブな質を失ったのだとしたら、その時空間にまで旅をする。地の元素でいえば、あなたが安定感、強さ、不動心、自信、豊かさ、適応力を失った「時と場所」にまで旅をするのだ。いつ、どんなとき、どんな出来事だったかを、あなたが女神たちに示す必要はない。女神たちにまかせておけば、今生や過去生で、ショックや戦慄を覚えた場面、喪失やトラウマの原因となったドラマのなかへと入っていく。女神たちは六道《りくどう》の界をくまなく訪ねる。大いなる自然の力が蓄えられた場にも行き、野山や緑の草原や砂漠から地のエネルギーを持ち帰ってくるのだ。

以上が行の主要な部分だ。時間が許せば、このパートだけに三十分から一時間かけておこなうとよい。ゆっくりと深く呼吸し、臓器から息を吐き、臓器へと息を吸い込むように。ネガティブなものを息とともに吐き出し、息を吸うとともに元素のポジティブな質を吸い込むのだ。

訪ねたその先々で、女神たちは元素のエッセンスを左手の壺のなかへと集め、癒しの甘露へと変容させる。地の元素のエッセンスの場合は、黄金色に輝く甘露となる。この仕事を終えた女神たちは、女神の姿であるあなたが息を吸い込むとともに、左の鼻孔から、あなたのなかへと入る。そして、元素のエッセンスの光を、臓器と、そこにいる女神の壺のなかへと注ぎ込む。この光の甘露は、あなたの最も微細なレベルをも癒す霊的な妙薬として作用する。

呼吸の際、指で鼻孔を交互に押さえる方法もあるが、その必要はない。女神が右の鼻孔から出てゆき、左の鼻孔へと戻ってくる、と観想するだけで十分だ。意識を集中して、深く呼吸する。気を散らさないよう。吸うときは、ゆっくりと深く、吐くときは、少し強めに。臓器そのものが呼吸し、呼吸とともに癒されていくのを感じなさい。元素の質は臓器のなかばかりでなく全身に輝き満ち、身体もエネルギーも心も癒されていく、と感じなさい。息を吐くごとに、元素を取り戻しに行く女神の数がどんどん増えていく。息を吸うごとに、戻ってきた女神たちは取り戻した元素の光を臓器に注ぎ込む。

女神たちは、あなたの知らない場所へと行くかもしれない。女神たちが旅している最中、イメージや記憶が甦ってくる可能性もある。西洋では、トラウマの表出を奨励するようだが、もしトラウマが刺激されるようなことがこの間に起きれば、女神たちにまかせよう。その出来事が起きた過去の時点まで行ってもらい、そこで失われたポジティブな質を清らかな元素のエネルギーとして取り戻してもらうのだ。何かしらの感情が噴き上げてきても、それにとらわれないように。そして、あなたが女神になっていることを忘れないように。女神ならではの力と覚醒を保ち、聖なる元素のバランスのなかに留まるように。トラウマの原因となった過去の出来事が再び浮上してきた場合には、あなたは女神なのだから女神らしく動じずに強い精神力と寛容さで受けとめ、癒しが起きるのを待つのだ。

　女神たちは、霊たちがあなたから奪ったものを取り戻すために、彼らのもとに直行することもあるだろう。伝統的に、元素の質を回復させるプロセスとしては、これが最も一般的だ。それ以外にも、元素のエネルギーが強力な自然界に飛ぶこともある。水なら海へ、火なら火山へ、風なら山の頂上へ、地ならむきだしの大地へ、空《くう》なら空《そら》へ、というように。女神たちは元素と関連する霊たちのもとへも、神々のもとへも行く。あなたがあれこれ考える必要はない。女神たちに一任しなさい。自由に行ってもらおう。女神たちが働いている間、あなたはイメージが湧きあがるままにまかせてよい。それらのイメージは特定の質とあなたを結びつけるため役に立つ。だが、そのイメージに固執しないように。消えていくままに、あるいは次のイメージへと変わっていくままにまかせなさい。十分に癒された、と納得がいくまで行を続けなさい。

心の変容

完全に息を吐き出し、深々と息を吸い込む。吸い込んだ息とともに女神たちが皆戻ってきた、とイメージしなさい。女神たちは臓器に入り、取り戻してきた元素のエッセンスをあふれんばかりになみなみと注ぎ込むと、臓器のなかにすでに存在していた女神のなかへと溶け込んでしまう。数秒間息を保ち、元素のエネルギーが全身へと、全感覚へと浸透していくのを感じなさい。これを数回繰り返す。

「マ・カム」のマントラを三回、ないし五回または七回唱える。そうすると、臓器の女神はどんどん活気づき、歓喜する。女神は左手の壺から、地の元素のエッセンスを清らかな黄金色の光の甘露に変え、あなたの頭頂のチャクラから青い色をした中央脈管へと注ぎ込み、地のエネルギーの輝きで満たす。

癒しの甘露が頭頂のチャクラから中央脈管のなかを臍の下指幅四本の部位にあるチャクラまで流れたのを感じなさい。甘露の流れが中央脈管を上下しながら、最も微細な障害や滞りまで取り除いてしまったのを感じ、安らぎが深まり感覚的なよろこびが強まるのをそのまま受けとめなさい。甘露はゆっくりと胸の中心へと集まり、意識、さらに生命の奥深く魂へと統合される。「カム・ラ・シ・キェ・レー・ドゥ」と女神のマントラを唱えながら、起きてくる感覚を十分に味わいなさい。胸の中心と感覚の深層レベルに光を感じなさい。その光は意識とひとつになる。最後には元素の質と意識が完全に溶け合う。癒しを求めていたところはすべて癒され、弱かったところはたちどころに回復した、と感じなさい。無明に取って代わって、智慧が湧きあがってくる。とりわけ、地と関連した平等性智が強まる。霊性と心に関する微細な障害は消えてしまうのだ。深い呼吸とともに、イマジネーションを働かせ、そのようになった、と実感しなさい。

女神に変容したまま、五大元素を統合したマントラ「ア・ヤム・ラム・マム・カム・ドゥム・ドゥ」を気持ちよさが続くかぎりできるだけ長く唱えなさい。もはや心は疑いで曇ることはまったくなく晴れわたった、と感じなさい。そして心の本性のなかに留まる。始まりもなく、終わりもなく、澄みわたり、すがすがしく、生き生きとした本性、その不変の心のなかに留まるのだ。

あなたの胸のなかで地の女神は壺を手にしている。そこに集められたポジティブな質が、地の元素の清らかな甘露となった、とイメージする。女神の種字の音節を三度唱えると、女神はあなたの胸から立ち上がり、あなたの頭頂のチャクラに黄金の甘露を注ぎ込む。中央の脈管に甘露が流れ落ちていくのを感じなさい。中央脈管を流れる甘露は、最も微細なレベルの癒しとなる。

かすかに残っていた疑いすらも消えてしまった、と感じなさい。このとき心の本性を発見する。それは、やむことなく生き生きと明るく輝き、すがすがしく、不変だ。この広大無辺に開かれた境地に心を溶かし込む。あなたの心が本来の自然な境地に溶け入ると、観想したイメージは虚空に消えていく。生き生きとした感覚が鈍らない間は、できるだけ長くこの状態に安らいでいなさい。

本来の自然な境地と深くつながったまま、マントラが女神そのものから自ずと湧き起こってきたかのように唱える。三昧の境地を妨げるような微細な障害も疑いも、マントラの力と女神の加持によってこれですべて癒され消えてしまった。長寿のマントラを唱え、瞑想の力を増幅させなさい。

最後は、リラックスした覚醒の状態が続くかぎり、そこに静かに留まっているように。行の成果を見つめなさい。覚醒のなかに居つづけるのだ。

五大元素を回復する行においては、癒しは外から始まり内へと向かう。まず身体が癒され、エネルギー、臓器、中央脈管、胸の中心、そして魂へと向かうのだ。シャーマニズムでは、魂は、中央脈管の胸の中心にあると考えられている。エネルギーが感覚の最も微細なレベルに入り込む時点でようやく魂の癒しが起きる。あなたのいのち、その全体によい影響があれば、行の成果があったということだ。修行中に生じる体験を強めれば強めるほど、行の成果は深まるのだ。

長寿のマントラ

単一の元素の行でも五大元素すべての行でも、最後には以下の長寿のマントラを三回、ないし五回または七回唱える。もっと長く唱えたいなら、そうしてもよい。

ソ・ドゥム・ア　カー・ム　ラ・ティン　ナム・ウー　ドゥ・ム　イェ・ツェ・ニィ・ザ

このマントラは、癒しの力を強め、寿命を延ばすためのものだ。行の最後に唱えることで、甲冑の働きをし、行のポジティブな成果を保護する。マントラは、厳密には翻訳不可能なものだが、一音一音に象徴的な意味がある。長寿のマントラのそれぞれの音には、次のような意味がある。

長寿のマントラ

བསྭོ་དྲུཾ་ཨ་དཀར་སྨུ་ལ་ཏིང་ནམ་འོད་འདུ་སྨུ་ཡེ་ཚེ་ཉི་ཛཿ

ソ・ドゥム・ア カー・ム ラ・ティン ナム・ウー ドゥ・ム イェ・ツェ・ニィ・ザ

ソ　空なる虚空
ドゥム　長寿の本尊の城
アカー　いまだ生まれていない（不生の）智慧
ムラ　修行者をあらわす種字
ティン ナム　甘露
ウー ドゥ　長寿の力を受ける
ム イェ　繁栄
ツェ　長寿
ニィ　人間界をあらわす種字
ザ　ポジティブな質の触媒となる光

回向

行の終わりには、すべての生きものを利するために必ず回向する。他の生きものを助けるという動機をいつも持っていなければならない。

自らを癒す場合も、健康であれば今以上に他を助けることができるのだから、という気持ちを持つことが肝心だ。

元素の女神の行（地の女神以外の場合）

ほかの元素の女神の行においても、それぞれの質と姿を変えるだけでやり方は同じだ。色、マントラ、法具、臓器と関連する質を180～185頁に示した通りに変えればよい。女神が手にしている法具については、右手、左手の順で示した。また、イメージは、それぞれの元素を象徴するものとして加えておいた。

最初は、法具などの細かな点に気を取られる必要はない。それよりも、湧き起こってくる感覚に集中しなさい。元素のポジティブな質を自分のなかに生み出し、この感覚が身体、エネルギー、心にできるだけ強く染みわたるように集中しなさい。行の成果に注意を払いなさい。感覚の強い変化を味わうことができたなら、次の段階として、細かな部分を補足していく。ディテールを正確にイメージすることよりも、内的な体験を得ることこそが重要なのだ。

空《くう》の女神の行の際には、関連する臓器である心臓に、女神ではなく、ཨ（ア）の文字を置くことに注意するように。白く輝くཨが五色（黄・青・赤・緑・白）の光を放っている。ཨの文字は、もともと胸の中心にあるので、中央脈管に甘露は注がなくてよい。女神たちがスペースの元素エネルギーで壺を満たし、持ち帰ってくると、その甘露は直接胸のチャクラに集められる。

すでに述べたように、この行で最も大切なのは、元素の質を自分のなかに生み出し、その質と一体となる感覚を養うことだ。これには、身体・エネルギー・心の三つの変容の段階がある。それぞれの段階で、元素の質を自分のなかで高めるように。マントラの文字があなたの頭頂に触れる瞬間、あなた自身が女神に変容する。このとき、元素と関連した女神の質を身体内に感じる。臓器のなかに女神のイメージを喚起するとき、元素エネルギーの質が、あなたのエネルギーとなって浸透するのを感じなさい。そして、元素のエッセンスが中央脈管に注ぎ込まれる瞬間、最も微細な感覚の次元、光の次元で元素エッセンスと一体となった、と感じなさい。このとき、意識の質にも変化が起きたのを感じとりなさい。

自然界の元素を自分の内部に取り込むやり方については最初に説明したが、その際には、粗大なレベルから微細なレベルへと行を進めていく。まず、身体を変容させ、次に、元素と関連する臓器を意識する。元素の純粋なエネルギーによって臓器が癒された段階で、中央脈管にもエネルギーを注ぎ込む。すると、元素エネルギーは胸の中心に集まり、意識と統合される。元素の質そのものは、行のどの段階でも同じだが、感覚のより微細なレベルへとどんどん浸透させていくことで経験の質が変化する。そして最終的には、純粋な意識とひとつに溶け合う。

たとえば、人間関係や仕事など日常生活の悩みをどうにかしたいと思っている場合は、身体の変容の段階に特に力を注ぎ、元素の粗大な質を強化するようにしなさい。また、感情面、健康面といったエネルギーの障害がある場合は、臓器のなかの女神をありありと想起しなさい。エネルギーレベルでの元素の質を強めていくためだ。もし、瞑想修行や精神的・霊的な面での問題を感じているなら、元素エネルギーが中央脈管へと注がれる際に、よりいっそう強いイメージで、元素の質と意識の統合を強化しなさい。

中央脈管に元素のエッセンスが注ぎ込まれる際には、その元素と関連するネガティブな感情や障害がすべて消え、ポジティブな質だけが満ち満ちている、と感じなさい。五大元素は、五智と対応している。元素が完全に清められた状態で意識と統合されるとき、五智は、霧が晴れたようににわかに明らかなものとなる。

◉元素の女神の修行

［地］

＊変容のマントラ――マ・カム

＊女神のマントラ――カム・ラ・シ・キェ・レー・ドゥ
＊五大元素を統合したマントラ――ア・ヤム・ラム・マム・カム・ドゥム・ドゥ
＊女神と文字の色――黄金色
＊臓器――脾臓
＊法具――右手　逆まんじ
　　　　左手　癒しの壺
＊臓器の女神が手にしている法具――右手　逆まんじ
　　　　　　　　　　　　　　　　　左手　癒しの壺
＊質――強さ・落ち着き・安心感・安定性・集中力・関係性
＊心の効用――無明を克服・智慧の増加
＊智慧――平等性智
＊イメージ――堂々とした不動の山

〔水〕
＊変容のマントラ――ア・マム
＊女神のマントラ――マム・タン・ラ・マム・ティン・ドゥ

*五大元素を統合したマントラ――ア・ヤム・ラム・マム・カム・ドゥム・ドゥ
*女神と文字の色――輝く青
*臓器――腎臓（左右に女神）
*法具――右手　ワニの模様の勝利の旗
左手　癒しの壺
*臓器の女神が手にしている法具――右手　宝珠
左手　癒しの壺
*質――安らぎ・快適さ・感覚的・リラックス・静けさ・流動性
*心の効用――嫉妬からの解放・こだわりのなさ
*智慧――大円鏡智
*イメージ――どこまでも広がる静かな湖

【火】

*変容のマントラ――ア・ラム
*女神のマントラ――ラム・ツァン・タン・ネ・ラム・ドゥ
*五大元素を統合したマントラ――ア・ヤム・ラム・マム・カム・ドゥム・ドゥ

＊女神と文字の色――輝く赤
＊臟器――肝臓
＊法具――右手　稲妻
　左手　頭蓋骨
＊臓器の女神が手にしている法具――右手　炎
　左手　癒しの壺
＊質――エネルギー・あたたかさ・強い意志・インスピレーション・創造性・至福感
＊心の効用――内なる火、欲望の克服・寛容な心
＊智慧――妙観察智
＊イメージ――燃えさかる火山

〔風〕
＊変容のマントラ――マ・ヤム
＊女神のマントラ――ヤム・ヤム・ニ・リ・トゥン・ドゥ
＊五大元素を統合したマントラ――ア・ヤム・ラム・マム・カム・ドゥム・ドゥ
＊女神と文字の色――輝く緑

＊臓器——肺（左右に女神）
＊法具——右手　風にはためく旗
　　　　左手　癒しの壺
＊臓器の女神が手にしている法具——右手　緑の風車
　　　　　　　　　　　　　　　　左手　癒しの壺
＊質——順応性・活発さ・新鮮さ・俊敏さ
＊心の効用——高慢さの克服・平安を得る
＊智慧——成所作智
＊イメージ——深山幽谷をわたるさわやかな風

［空］
＊変容のマントラ——マ・ア
＊女神のマントラ——ア・ム・イェ・ア・カル・ア・ニ・ア
＊五大元素を統合したマントラ——ア・ヤム・ラム・マム・カム・ドゥム・ドゥ
＊女神と文字の色——輝く白・清らかな白
＊臓器——心臓

＊法具——右手　宝珠
　　左手　赤と白の精滴（赤は女性性、白は男性性をあらわす）で満たされた頭蓋骨
＊臓器の女神が手にしている法具——女神ではなく「ア」の文字。中央脈管の心臓の位置に白く輝く「ア」が五色の清らかな光を放っている。この光から女神たちが生じ、旅から持ち帰った甘露を心臓に注ぐ
＊質——広々とした感覚・安らぎ・明晰さ・ゆったりとした感覚・広大さ
＊心の効用——怒りの克服・愛の深まり
＊智慧——法界体性智
＊イメージ——砂漠や平原の上空に広がる広大な空

日常生活での実践

　地から空までの五大元素を順次行じるのが理想だが、そこまでできなければ、自分のなかで最も強めたい元素に取り組むとよい。女神とのつながりを深めるよう努めなさい。観想やマントラがいかに完璧であっても、行の効力が発揮されるとはかぎらない。肝心なのは、元素のポ

ジティブな質を感得し、癒しに役立てるよう実践することだ。元素の質を取り戻すに従い、身体に活力が満ち、エネルギーが強まり、心も強化され、この三つがよりいっそう調和していくのを感じなさい。

行は、毎日のスケジュールのなかに組み入れて規則的におこなっても、そのつど、必要だと思えるときにおこなっても、また、一人でも何人かで集まっておこなってもかまわない。経典では二十一日、十四日、あるいは七日間、こもって集中的におこなうよう指示している。

また、経典によれば、個々の元素は昼夜の時間帯によって強弱があるとされている。行の効果をあげるためには、それぞれの元素が最も強い力を発揮している時間帯を選ぶのがよいだろう。

空　夜明けから朝日が昇るまで
火　朝日が昇ってから、午前中の半ばまで
地　午前中の半ばから正午まで
風　正午から夕日が沈むまで
水　夕暮れから夜空に星が輝いている間

修行の道で直面する最大の障害とは、何かと忙しがらずにはいられないことだ、と古いチベットの経典にある。書類の山に囲まれ、Ｅメールだ、電話だ、ファクスだと仕事に忙殺され、車もあれば、テレビも新聞もあり、ショッピング・センターもある現代人の生活から見れば、昔のチベットでヤクを追う放牧の民が「忙しい」とは考えにくいことだが、空白の時間を埋めることにやっきになり、あげくの果てに「何て忙しいのだ！」と不平をもらすのが、今も昔も、人というものの姿なのだ。「スケジュールが一杯なのにこのうえ、修行の時間を作るなんて、とんでもない」と思う人がいるかもしれない。しかし、特別に時間をとる必要はないのだ。

誰もが呼吸をしている。それが行になる。呼吸を使えばよいのだ。普段から、息を吸うと同時にポジティブな質を吸い込み、吐くときには、害となるものを吐き出すよう心がける。常に気づきを保つことさえできれば、思いやりと慈悲の心を訓練によって育てていくことができる。これなら、ほかのことを犠牲にして時間を作る必要もないだろう。元素の行も、同じように、いつでも、どこでもできる。

もし、バランスを失っているなら、不足している元素のエネルギーを呼び込み、バランスの回復をはかりなさい。食事時には、自分たちが食べる前に一番目と二番目の客たちに捧げなさい。残り物は三番目と四番目の客への供物とすればよい。そのときどきの状態に応じて、あるときは大地とつながる感覚を意識し、あるときは空の広がりのなかに生きてみる。あるいは、水の心地よさや風の自在さ、火の創造性といった質に、一週間なら一週間と期間を決めて、つながりあってみるのもよい。

自然とじかに触れ合い、五大元素と親しむこともできれば、元素の女神の観想を通して、つながりを深めることもできる。五大元素とのつながりが揺るぎないものとなり、その体験が生き生きとしたものとなれば、障害を乗り越え、ポジティブな質を生み出す癒しの可能性はやむことなく続く。霊性の進化にもまた、終わりはない。

第三章　タントラにおける五大元素

タントラが注目するのは、身体に宿る生命エネルギーとしての五大元素である。生物学的、心霊的エネルギーも五大元素のあらわれであることに変わりはないが、タントラではそこに焦点を当てない。

五大元素は個のエネルギーレベルに見出される存在の根源的エネルギーであり、神聖なものとされている。元素エネルギーは、シャーマニズムにおいて考えられているように、むきだしの自然界や見えざる存在との関係を通して取り入れられるものではなく、修行者自身の身体内のエネルギーレベル、すなわち脈管、プラナのエネルギー、精滴、聖なる種字といったものの内に見出され、それらに働きかけ増強させるのだ。タントラの、こうした修行は自らを神聖な身体として完成させるためのものだ。これはシャーマニズムの目指すところとは違う。

だからといって、シャーマニズムの見解をタントラが締め出しているわけではない。たとえば、『母タントラ』では、自分ではどうすることもできないようなある種の強い感情に常にとりつかれているような場合は、その人は魔の力につきまとわれているといい、また、断続的に否定的な感情を体験する場合は、エネルギーのアンバランスに原因があるという。感情に乱れがなく安定している人は、五大元素のエネルギーバランスがとれていると考える。このようにチベットの伝統では、シャーマニズムとタントラは何ら違和感なく、共存している。

タントラは変容の道である。五つの煩悩は五大元素のどれかに対応しているが、そのひとつひとつが五つのよき質に変容される。怒りは愛に、欲望は寛容さに、嫉妬は広い心に、慢心は安らぎの心に、そして無知は智慧へと変えていくことができる。サムサーラという苦海に溺れる生きものは悟りの境地を体現した仏陀へと変容する。この物質としての身体も光の身体であるサンボガカーヤ（報身）へと変容するのだ。

タントラは、段階を踏む生起次第と一挙に変容を成し遂げる究境次第の二つのレベルに大きく分けられる。私がここで説明するのは後者であり、特別なヨーガ修行によって身体を開発しておくことが欠かせない。この修行を理解するためには、エネルギーレベルでの身体の構造を知っておく必要がある。

エネルギーレベルの四つの象徴〈馬と道と騎手と鎧兜〉

実際の修行の内容を理解するには、『母タントラ』で述べられている「馬」と「道」と「騎手」と「鎧兜」の喩えを使った説明が役立つだろう。エネルギーレベルでの身体のありようはこの四つで象徴され、それぞれは深い関係にある。馬とは、プラナ（ルン）であり、道とは身体の脈管（ツァ）であり、騎手はサンスクリット語でビンドゥ、チベット語でティクレと呼ぶ意識の球である。そして鎧兜とは、シンボルとしての文字（イゲ）のことだ。

馬〈プラナ〉

生命エネルギーのことをチベット語ではルンというが、サンスクリット語のプラナのほうが広く知られており通りがよいので、プラナと呼ぶことにする。プラナとはエネルギー活性化の素であり、物質、非物質すべてに含まれている。プラナとは、すべてのものが生起するエネルギーの根源であり、存在の土台となるエネルギーである。存在の土台をチベット語ではクンシと呼ぶ。プラナはその最も微細なレベルでは、識別されず、限定されず、一元的である。五大元素の純粋な光となってあらわれたときにはじめて識別の領域に入るが、あまりにも微細で、私たちの通常の意識ではとらえることができない。しかし、粗大なレベルのプラナは呼吸を通してダイレクトに感じることができる。身体のなかにプラナが流れているのを感じることもできる。プラナの動きとその影響がともども感じとれるこの粗大なレベルをタントラでは取り扱う。意識、想像力、呼吸、身体の動きと姿勢を総動員して、気づきを深め、プラナの流れに熟達していく。プラナの粗大なあらわれを意識的に導くことによって、微細なレベルにまで影響を及ぼすことができるようになる。感受力が磨かれてゆけば、より微細なレベルでも直接プラナを感じることができるようになるのだ。

プラナは、通常、風の元素と関連している。風は空に最も近い元素だ。空から最初に生起するのも風なら、死に際して土台のなかへと最後に消えていくのも風だ。

プラナはあらゆる物、あらゆる場所へと浸透する。五大元素を五大プラナと言うとき、それはそれぞれの元素の火と風の性質を指している。先にも述べたように、身体の五大元素の成り立ちは、肉が地、血が水、体温が火、息が風、意識が空である。これは五大元素を地に近い視点で見たときの身体のとらえ方で、五大元素の物質化が進んだ状態といえる。一方、五大プラナのエネルギーは、これよりも実体に乏しい風のようなあらわれである。

五大プラナの機能

身体内には五つの原初のエネルギーが流れていて、それぞれが五大元素に対応している。上昇プラナは地、生命力のプラナは空、燃焼のプラナは火、浸透するプラナは風、下降プラナは水である。

上昇プラナ

上昇プラナは感覚を活性化する。見る、聞く、嗅ぐ、味わう、触って感じる。こうした機能が働くのは上昇プラナのおかげだ。思考や認識の元となっているエネルギーもこのプラナだ。感覚に欠陥がある場合はおおかた上昇プラナが弱い場合が多い。上昇プラナ強化の訓練をした人々からは、記憶力と洞察力が向上したとの話を聞いた。上昇プラナが地の元素と関連しているのは、地の性質から見れば一見逆のことに思えるかもしれないが、上昇プラナは五感を鋭くするうえに脳をも活性化する。これは、感覚と認知器官を構成する五大元素のうち、地の性質が上昇プラナによって刺激されるからだ。五大元素はあらゆる存在の根底をなすので、そのあらわれ方はひとつに限られているわけではなく、まったく逆の性質も見てとれる。

五つのタイプのプラナにはそれぞれに特性がある。身体内のどこに集まりどのように流れていくエネルギーか、また、プラナそのものの質はどのようなものか、というイメージを伴った特性だ。上昇プラナの特性はそのイメージとしては、傘のような形をしている。プラナのエネルギーは喉のチャクラに強く保たれ、そこから傘を広げた形をとって脳のなかを通って昇っている。色は黄色で、地の元素を象徴している。

上昇プラナは喉と頭頂のチャクラおよび中央脈管を開く。このため、上昇プラナは霊的体験と特に関係が深い。上部のチャクラと中央脈管が開いていなければ、高次の霊的体験は肉体では支えきれない。頭頂のチャクラが開かれることは、至福の大楽の体験と結びついている。喉のチャクラが開かれることは、安らぎの体験と結びついている。上昇プラナがうまく統合されている場合、外から見てわかる究極のサインとしては、非常に高く跳びあがる能力と、飛ぶ能力が開発されるといわれている。完全な統合がされている内的なサインとしては、煩悩を超えて、高次の次元へと入っていくことがあげられる。

生命力のプラナ

生命力のプラナは心臓に集まる。これはその人の精気をあらわす。生命力のプラナが弱まると人も虚弱になる。それが完全になくなると、死が訪れる。強ければ、人は精力的で、意志も強く、体験も鮮明なものとなる。

生命力のプラナのイメージは白、または透明な宝珠で胸の中心にある。チベットの昔話では、宝珠への祈りは願望成就を招来し、胸の宝珠そのものが今生で顕現するという。胸と生命力のプラナは空の元素と関係している。生命力のプラナが強まり胸のチャクラが開くと、澄みわたった活力あふれる感覚がやってくる。このプラナが衰えると、記憶力が弱まり意識は朦朧となる。生命力のプラナがネガティブにあらわれると怒りや憎しみとなり、ポジティブにあらわれると、幸福感やよろこびを呼び、智慧も増す。生命力のプラナは人生に生き生きとした風を送り込み、認知力と知覚力を強める。

伝統的には、空の元素と統合が起きたときの最高のしるしは、意識をほかの身体に転移させることができることだ。この能力は、多くの覚者の伝記のなかでも語られている。自分が死を迎えた際、ほかの生きものたちの救済を放棄するわけにはいかないという意志を持った行者は、死んでまだ間もない若者がどこにいるかを見定め、その身体に意識を移し変えるのだ。そして若者の身体を死から蘇らせ、自らの老いた肉体は捨て去り、今まで培ってきた自らの記憶を失うことなく働きつづける。

燃焼のプラナ

燃焼のプラナは新陳代謝のエネルギーだ。食物が消化吸収されることでさらに強まる。食べたものから栄養を吸収するというプロセスを司るのだ。燃焼のプラナは臍のチャクラに位置し、身体の熱をコントロールする。そのイメージは上向きの赤い三角形であらわされる。臍のチャクラの火は「トゥムモ」と呼ばれる内なる火のヨーガによっても強めることができる。燃焼のプラナは純化されれば微細にして霊的な熱のもととなり、至福のよろこびを伴う。一口に至福といっても幅があるが、燃焼のプラナは、特に瞑想のよろこび、生きることのよろこびと関連している。このよろこびは何ものにも依存しない。仕事を失っても消え去ることはないし、昇進したからといって強まる種類のものでもない。それは、意識の、感覚の、存在のよろこびである。

燃焼のプラナが不足すると、無知、眠気、だるさ、もの忘れ、消化不良やエネルギーの欠落となってあらわれる。火と最良の状態で結合しているときのサインは、ともすると五大元素によって破壊的な影響を受けやすいような場合もまったく傷つくことがなく、夢のなかで覚醒を保つ夢ヨーガの能力が高まり、光明の修行がうまくいくことがあげられる。

浸透のプラナ

浸透のプラナは身体をくまなく巡る。これは風の元素と関係しているからだ。浸透のプラナは身体にくまなく遍在しているので、プラナが特定の位置に集まっているときのイメージというものはない。

浸透のプラナは身体の異なった部位をエネルギーレベルでつなげるという身体内の有機的連携を司っている。養分は腸から吸収され、身体内へ運ばれる。血は流れる。神経は情報を運ぶ。皮ふのどこかを触れれば感覚が伝わる。さらに微細なレベルでいえば、身体の特定の部分を意識すれば、そこに感覚が生じる。こうしたことすべてが浸透のプラナの働きだ。

浸透のプラナが強力であれば、好ましい感覚であれ、嫌な感覚であれ、それを広げる作用をする。美しい花を見てよろこびの感覚が全身に広がってゆけば、それは浸透のプラナの働きだ。愛する気持ちが表情にもあらわれるとき、それは胸と顔とを結び合う浸透のプラナの働きだ。何かよいことを感じ友人たちと分かち合ったとするなら、それはプラナのよい面だ。気分の悪さを他人にぶつけ、その人の感情を害することがあれば、それはプラナのネガティブなあらわれだ。浸透のプラナが悪い方向に働くと嫉妬や他人を害したいという想いにとらわれ、よい方向に作用すると頭の回転が速くなり知性も研ぎ澄まされる。

浸透のプラナの働きがあるからこそ、瞑想や霊的な修行の効果は生涯を通して続く。プラナの働きがなければ、すばらしい体験をしたとしても、いっときだけのことに留まり、相乗的な効果や持続は期待できない。このプラナが最も効果を発揮するとき、時間と空間への橋渡しがなされる。たとえば、熟達した修行者が、死んだのち思い通りに生まれ変わることを意識的に選んだ場合、今生から次の生へと縁をつくるのは、この浸透のプラナの力によるものだ。

風の元素との結合がなされた場合の究極のしるしは、身体を変容させる能力、同時に二か所以上の場所に存在することができる分離の能力、さらに千里眼や透視力となってあらわれる。浸透のプラナが開発されれば空性を直接悟ることができるようになり、同時にこれは至福のよろこび、大楽の土台ともなる。

下降のプラナ

下降のプラナは水と関係している。日常的なレベルでは、オーガズム、放尿、便通、勃起のエネルギーを司り、不足するとこうした機能が衰える。また、これ以外にも、健康維持のため不必要なものを排出できるのは下降のプラナのおかげだ。このプラナはエネルギーを下に向かって押すふいごのような役割を果たし、性器の裏側にある秘密のチャクラに集まってくる。

下降のプラナのネガティブな面があらわれてくると、執着、欲望が強まり、よい面があらわれると、落ち着きと安定感が出る。このプラナの機能が高まると、セックスの最中の快感を生み出す。さらに、開発され統合力が増すと、タントラでいうところの男性原理と女性原理の合体を通してヨーガ修行の力を増大させることができる。この修行によって、タントラ修行の基盤となる大楽と空の統合を得ることができる。

道〈脈管〉

プラナは身体のなかの脈管を通して移動する。身体を走る脈管は、その数八万四千とも、また別の数え方では三万六千ともいうが、いずれにしてもこれらは粗大な脈管、微細、さらに超微細な脈管に分類される。粗大な脈管は、血管、神経系、リンパ系に当たる。微細な脈管は実体としてはとらえがたいが、針療法で認識されているエネルギー循環システム経路のようなエネルギーの経路、超微細な脈管は超微細プラナが通る道だ。超微細な脈管は感知測定できないが、生まれつき感受力の鋭い者や感受力を開発したヨーガ行者たちは、直接感じとることができる。

プラナと脈管の関係を家の喩えを使って説明しよう。ここでいう家とは身体のことだ。脈管は家に張りめぐらされた電線で電流がプラナだ。電球が感覚器に当たる。電気器具は身体の機能といえる。もしプラナが行きわたらなければ、電球に明かりは灯らない。灯ったとしても光は鈍いだろう。感覚器は十分に機能せず、身体機能は弱く、思考も不鮮明となる。脈管に障害があっても同じことが起きる。

家の喩えで話しているが、プラナが流れる微細・超微細な脈管を目に見えるような物質的な管と思うのは間違いだ。実際の性質に引き寄せてイメージしてもらいたい。光の道として、細胞のすみずみまで張りめぐらされた光のネットワークとしてイメージしなさい。脈管には強く明るい光のものもあれば、弱く鈍い光のものもある。

ヨーガ行において意識しなければならない重要な脈管は三つある。中央脈管とその両脇の二つの脈管だ。シャーマニズムの章で浄化の呼吸法の説明をしたときに三つの脈管については述べているが、プラナが流れている通路としてこれを観想する。この観想は象徴としてのイメージにすぎないが、身体のなかに実在するエネルギーに意識を向けるためだ。

もう一度、三つの脈管について説明しておこう。中央脈管の色は青、臍の下指幅四本分の位置から身体の中心を通ってまっすぐに昇っている。直径は太めの万年筆くらいで、胸から頭頂の開孔部に向かって、わずかに広がっている。左右の脈管は、鉛筆ほどの直径で、臍の下の身体の中心で中央脈管とつながっている。左右とも中央脈管の両脇からまっすぐに昇り、頭蓋骨の下でカーブして交差し、目の裏側を通り、鼻孔へとつながっている。女性は、右の脈管が赤、左が白、男性は右の脈管が白、左が赤い色であらわされる。

通常、プラナは左右両側の脈管に強力に流れ込む。これは通常の二元的な経験の根底にあるカルマのプラナだ。このプラナは経験の質によってポジティブにもネガティブにも、またニュートラルにもなりうる。カルマのプラナは多種多様だが、本書ではすでに説明した原初の五大プラナに関心を払いたい。

中央脈管はきわめて微細だ。ここを流れるのは不二の意識であるリクパのエネルギーだ。リアリティの本来の性質は不分離の二つの面、すなわち、形（色《しき》）と空、大楽と空、または覚醒の意識と空として便宜的に説明されるが、二元的に映るリアリティのこの二つの面は実は分けられないものなのだ。このリアリティ不分離の体験は中央脈管で起きる。

微細なプラナと脈管を意識するヨーガ行の目的は、主要なチャクラを開き、プラナを左右の脈管から中央脈管へと集めることにある。のちほど詳しく説明するが、このとき同時に、心は二元的に世界をとらえる誤ったものの見方から解放され、リクパの境地に安らぐ。これは五大元素が完全さを取り戻すと、エネルギーは充実し、それが中央脈管に注がれるのと同じ原理だ。プラナが中央脈管に留まることによって、修行者は心の本性のなかに留まることができる。プラナと心は常に一体となって動く。プラナなくして心はない。

騎手〈ティクレ〉

タントラ修行では、多くの場合ティクレを観想する。ティクレとは「球」または「円」を意味し、まさにこの光の球がチャクラの上に乗っている状態、あるいは脈管のなかを移動している状態を観想するのだ。ティクレは意識化された心をあらわしている。そして、プラナという馬に乗っている。心とプラナの関係について、教えのなかでは次のような喩えが使われる。心は足の不自由な騎手、プラナは盲目の馬。心が乗っていなければ、プラナはどこに向かうこともできない。また、プラナなしでは、心は動くことができない。この二つはユニットとなってはじめて機能する。

観想のなかでは、ティクレは意識そのもの、もしくは意識の質、あるいはその両方の場合がある。たとえば、胸のティクレは慈悲を、中央脈管を上昇するティクレは不二の意識を、頭頂から飛びだすティクレは死に際して身体を離れる人をあらわすことがある。このようにさまざまなケースがある。もうひとつ例をあげるなら、夢ヨーガでは、五つのティクレを胸に観想する。この場合のティクレは、元素の純粋なエッセンスである五仏、その五つの純粋な光をあらわしている。この修行で観想する光の球は、意識の質だけをあらわしているティクレだ。

鎧兜〈文字〉

チベットの修行では、文字の観想はごく普通におこなわれる。文字はティクレの純粋な光に比べれば、より具体的な形というものがあり、それぞれの文字ごとの特質もはっきりしている。

文字、仏陀、本尊、神々などのイメージは、ティクレの内側に観想することが多い。それらは意味と働きにおいて同一であり、タントラにおいては、それぞれの本尊は特定の種字とつながりがある。本尊はその種字から顕現し、またそのなかへと溶け込んでいく。たとえば、「ア」という文字はクンツサンポ、つまりダルマカーヤ（法身）の仏陀をあらわす。「オーム」または「フーム」の文字はシェンラ・ウーカルのようなサンボガカーヤ（報身）の仏陀、「フン」はニルマナカーヤ（応身）の仏陀をあらわす。たとえばトンパ・シェンラプやイェシェ・ワルモがそうだ。こうした諸仏はそれぞれ特別な資質を備え独自の目的に応じて顕現する。この特性を象徴的にあらわしているのがそれぞれの文字なのだ。つまり、種字とその本尊とは同質のエネルギーを持っているということなのだ。

文字は騎手を守る装具、つまり心の鎧兜だ。ある特定の文字に心を集中させることによって、その文字が内包する質を呼び覚まし、それを感覚のなかに取り込む。これにより、心に潜んでいた文字と同質の力が顕在化し、心が道に迷わないよう守ってくれる。観想する力が強まり、文字があらわしている質がありありと感じとれると、文字はにわかに力を帯び、観想中にあらわれる悪霊からエネルギーレベルで修行者を守ってくれる。これは非物質的な力の世界だ。霊たちはこの力に出くわすと近づくまいとする。ネガティブな力が私たちにわるさをするのは、つけこむ余地のある弱さ、脆さを見つけたときだけに限られる。活性化した文字やシンボルは、その強力な質を私たちのなかへと浸透させ、弱さや脆さを押しのけてしまう。

西洋の心理学の表現を借りれば、文字とそれが内包する質に完全に同化していれば、落ち込みや不安などのネガティブな状態から守られるということになるだろう。説明はどうであれ、文字は、無知という力に引きずられる戦場で、マイナスの感情から身を守る鎧兜の役割を果たす。無知との戦いにおいては、鎧兜なくしては人は勝者となる見込みがない。そればかりか、自分自身が戦場と化し、永遠に戦いの泥沼に巻き込まれる。輪廻の戦いでは、この泥沼に巻き込まれてしまったら最後、そこで負けが確定してしまうのだ。

タントラの特徴

チャクラ

チャクラとは「輪」を意味する。生体エネルギーの分野ではチャクラは西洋で最もよく知られた言葉だろう。心の成長を語る際に暗喩として使われることがよくあるようだ。しかし、チャクラは暗喩に留まらず、身体に実際に存在するエネルギーセンターであり、脈管が交差する場を示すのだ。何千もの脈管が存在するわけだから、チャクラも数多くある。しかし、ヨーガや瞑想においては、主要な脈管もしくは多数の脈管が交差する重要なチャクラに焦点を当てる。たくさんの脈管が交差しているところを想像してみれば——この交差する場の脈管が光を放っているわけだが——なぜチャクラが蓮の花びらを型どった輪や車輪としてあらわされるのかが理解できるだろう。

タントラの修行では、特定のチャクラに意識を向ける必要があると教えられる。そのわけは、プラナと心はいつも一体となって動き、意識を向けた場にプラナが導かれるからだ。プラナの動きは、常に何かしらの感覚を伴う。プラナがチャクラに集まると、——六つの主要なチャクラの場合は特に——ある感覚が生じる。六つのチャクラはそれぞれ、六道の生きものの経験の質と関連している。

コンピュータに喩えれば、主要なチャクラはハード・ディスクのようなものだ。それぞれが六道の体験に対応している。それぞれのハード・ディスクには、いくつものファイルがある。チャクラが機能しているかぎり——チャクラは「閉じている」場合でも、少なからず機能している——少なくともひとつのファイルは開いている。このファイルより表示された情報が体験を形づくる。たとえば、眠りのなかで覚醒を保っていなければ、心とプラナはカルマの癖に支配され、どこか特定のチャクラへと集まってくる。つまり、カルマの癖に従って身体内のエネルギー集中点のいずれかへと向かい、そこに根づいてしまう。そうなると、夢の性質を決定づけるある特定の体験が生じる。また、意識の焦点が別のチャクラへと移動すると、夢にも変化が起きる。夢見の技法を習得し、思うがままに夢を導いていくことができるようになるまでは、こうしたことは通常無意識のうちに起きている。

プラナが自由に動けるように脈管を開くのが、脈管とプラナのヨーガ修行だ。チャクラを開き、そのチャクラと関連しているポジティブな経験を呼び起こす。ハード・ディスクの喩えでいえば、スクリーンを「クリア」にし、修行がうまくいくための支えとなるポジティブな質を含んだファイルを呼び出す。ティクレは、意識の焦点がそこに当てられた心的象徴として、水晶の玉が下に敷かれている布の色を映し出すのにも似て、チャクラから呼び起こされたその質を映し込む。

文字は、その質を呼び起こすパスワードとしての、またその質を保守する鎧兜としての二つの役割を担っている。

ポジティブとネガティブ

五大元素のポジティブ・ネガティブ両面のあらわれは、まず、身体で感じる。快と不快、倦怠と興奮、疲労と活力、緊張と弛緩《しかん》、よろこびと悲しみ……。こうした体験は、常に身体感覚に根ざしている。しかし、これは何も心が身体の状態によって完全にコントロールされるものだとか、心がネガティブな要素を変容させることができない、というわけではまったくない。そうではなく、ネガティブからポジティブへ、あるいはポジティブからネガティブへという体験の変化は、どんな場合でも身体的感覚を伴う、ということなのだ。タントラが霊的成長の土台として身体にフォーカスする理由はここにある。また、だからこそ修行が進むにつれ、健康増進、心地よさや満足感の増大など、人生の質を高めてくれる幸運な恵みを授かることになるのだ。

スートラでは、リアリティの本性は空と形、あるいは空と顕現の不分離の結合として語られる。ゾクチェンでは、覚醒の意識と空として語られる。タントラでは、それは大楽と空である。大楽は、身体的感覚だけに集約できるものではないが、土台となっているのは感覚なのだ。

タントラには、性的な感覚のよろこびを活用するプラクティスもある。このことは、西洋人の間で、タントラとは性的なプラクティスであるという誤解を生むこととなった。しかし、タントラは性的なプラクティスをはるかに超えたものだ。タントラは、すべての現象の本源の性質である空性を悟ることの上に成り立つ。「大楽は空である」との理解なしに大楽に関与する修行をしても、それはタントラとは呼べない。また、こうしたプラクティスに、「タントラ」

というラベルを貼るのは誤りである。

事実、タントラに性的修行が必要なわけではない。タントラの修行の意味するところは、いっさいの感覚を大楽に変容させてしまうことにある。身体感覚すべてをよろこびに、外の世界を至福に満ちた浄土のあらわれに、いっさいの目に映る生きものを仏陀に、いっさいの音を聖なるマントラに変えてしまうことにある。変容のプラクティスとは単にそう装うことではない。知覚と認識をコントロールできる力を身につけることによりネガティブな状況から自由の境地へと入っていくためのものなのだ。事象の真の状態はイマジネーションを通してモデリングされ、訓練によってさらにしっかりしたものとなり、知覚と認識の過ちを克服することができるようになる。真の状態は、私たちが心の本性を不動のものとしたときにはじめて明らかとなる。胸のチャクラでは、慈悲と愛に満ちた悟りの仏陀も顕現しうるし、怒りと嫉妬の魔も顕現しうる。私たちの誰もが、ポジティブとネガティブの両方の体験をする。問題は、あなたがどちらに向かうか、そのどちらに親しみを覚えるか、だ。無自覚なまま、何に魅了されてしまうか、どんな想いが支配的か、だ。ひょっとすると、ポジティブな世界にいるのに、それを見ようとしないだけかもしれない。そのかわりに、落ち込んだり、怒ったり、失望したりする理由だけはしっかりと見つける。あなたの生きる世界はあなたの見方ひとつで決まってしまうのだ。

タントラは、ネガティブな感情が起きてくる際には特に優れた修行法となる。この場合は、ネガティブな習性を活性化させても支えてもいけない。もし、怒りがこみあげてきたときに「まあ、なんとひどい考えだ」と強く押さえ込むように反応してしまえば、何の解決にもならない。しかし、もしネガティブな想いが起きても、押しのけることも、引き寄せることもせず、そのまま意識のなかに消えていくままにまかせれば、あるいはこの出来事をきっかけに何かしらの修行——三昧、声明《しょうみょう》、観想など——をしようと思い立って実行すれば、そうすればネガティブな想いを生み出す条件は支えをなくす。私たちは、その根を絶つことで、ネガティブなカルマが育つ力を弱めていることになる。

　ネガティブな感情が湧き起こったとしても、その本来の性質は清浄なものである。これはエネルギーであり、身体と心に起きた変化にすぎない。それ以外の何ものでもない。実体すらない。これを維持しようとする力が働かなければ、自ずと消えていく。それは今にも消えてゆこうとするかすかな光にすぎず、放っておいても変容する。混乱すらもその本来の性質は清らかなものだ。問題があると思ってそのことにとらわれてしまっている態度——それに執着しようが押しのけようと戦っていようが——こそがネガティブなものを支えているのだ。放っておけば、自ずと消えてなくなってしまう。

ポジティブな質を支える

プラクティスをすれば、実際にチャクラは開き、脈管は清らかになる。そして、チャクラが開かれるそのときに、ポジティブな質を生み出せばよい。もし、チャクラのスペースをどう守り、どのようにしてポジティブな質を生み出せばよいかを知らなければ、習慣によってパターン化されてしまった癖がまた戻ってきてしまう。

ただし、不二の意識に居つづけることができれば、何も守る必要はない。なぜなら、そのとき私たちは、善と悪、ポジティブとネガティブという二元論を超えているからだ。しかし、もし二元論のなかに留まっていれば、今まで通りの習慣に従って、経験する質はポジティブであったりネガティブであったりする。敵とは、私たちのなかで習慣化された二元的なものの見方によって、私たち自身が創り出している心の産物なのだ。

私たちの人生は周囲からどれほど助けられて成り立っているか、ということに目を向ければ、いろいろなことが見えてくるだろう。隣人を疎うのは自由だが、隣人がいてこそ共同体の利益と安全が守られているという見方もできる。私たちを支えてくれるものは山のようにあるが、私たちはそのことを見過ごしがちだ。衣食住はいうに及ばず、医療、建物、道、教育まで社会全体のおかげをこうむっている。そのすべてを好きにはなれないだろうが、その恩恵を見ずに、問題だけを見てしまえば、問題はどこにでもある。私たちはあたかもメディアのような態度をとりはじめる。つまり、悪いニュースだけがニュース価値があるかのように思う世界に入り込んでしまうのだ。

もしこのような影響を受けているとするなら、それは、私たちが無防備だからだ。ポジティブなシンボルは心を守ってくれる。たとえば、家のなかに飾った神聖なイメージ、肌身離さず持ち歩くお数珠、お祈りやマントラなどは、神聖なものへと心を向けさせてくれる。守るということは、こういう意味なのだ。

亡くなった身内の方の写真を身につけている人をよく見かける。文字や本尊のイメージに頼るように、その写真はお守りともいえるだろう。この場合、写真は深い悲しみの追憶でもある。もちろん、悲しんではならないということでは決してない。悲しんでよいのだ。それは自然だし、人生のある時期には大切なことでもある。しかし、過去の経験をいつまでも保っているのはよくない。死は人生で避けることのできない出来事である。そうであるとわかっていても、残された人々は、いつまでも遠い昔の死の悲しみから回復できないことがある。

私たちはネガティブなことを保ちつづけるのには熟達している。嫌なことが起きると、繰り返しその話をしつづける。ゴシップもスキャンダルも何度も何度も繰り返す。スキャンダル、このわいろ、戦争といったことに興味が向くのは、この世のこととしてあたりまえのことだ。この世の苦しみには目をつむって、ここは天国だというふりをしよう、と言っているのではない。私たちは、サムサーラという苦しみの世界に生きている。それはまぎれもない事実だ。しかしそうであっても、ネガティブなことにではなく、聖なるものに心を向けるようにするためにシンボルを使うことを提案したいのだ。弱さを感じたり、気が散ったり、疲れているとき、内的にも外的にもネガティブな攻撃のターゲットになりやすい。誰かのひと言で、怒りや悲しみのなかを堂々巡りすることもあるし、病気、憂いなどネガティブな力に負けやすくもなる。プラナが弱っていたり、心がネガティブなシンボルに固執しているとそうなりやすい。「すべて無意味だ」と心のなかで繰り返し思っているかもしれない。「世の中はめちゃくちゃで、そのせいで自分もそうなった」と。つい最近の残虐行為について読んだのかもしれない。連続殺人鬼を描いた最新の映画を見ているのかもしれない。あるいは、先の週末に他人から受けた悪意をことごとく思い出しているのかもしれない。ネガティブなシンボル、イメージ、想いは、こうして根づいていくのだ。これをやってしまうと、純粋な心の本来の状態から遠ざかってしまう。自ら苦しみの戦いをやらかしているのだ。

プラナと脈管のヨーガ修行はよろこびの感覚、明晰さ、安らぎ、心地よさをもたらす。それが私たちを守ってくれる。エネルギーが身体内をスムーズに流れ、チャクラが開いていれば、すべてがうまく機能するからだ。そのことによって、自然にポジティブになれる。障害を乗り越えるためのエネルギーも湧く。余裕も出てくる。健康を保つこと、それ自体が私たちを守る作用をする。現代医学では、ストレスが多くの病気を誘発するという。同じ理屈で、身体がよろこんでいれば、病気を防ぐことになる。そして、霊的な修行はネガティブな力の内的・外的な攻撃から私たちを守ってくれる。

ここに紹介するのはチャクラ、ティクレ、そして文字を使った略式の修行法だ。いつどこでやってもかまわない。

ボン教および仏教では六道輪廻について語る。私たちは、六つの界（ロカ）のそれぞれの種を自らの内側に可能性――カルマの根跡――として宿していて、条件が整ったときに開花する、という。カルマの根跡は、それぞれ特定のネガティブな感情と特定のチャクラに対応している。地獄界は憎しみと怒りの感情に対応し、そのチャクラは足裏の中心にある。餓鬼界は欲望に対応し、性器の裏側の秘密のチャクラに相当する。畜生界は無知、そのチャクラは臍にある。人間界は嫉妬、そして胸のチャクラに対応する。阿修羅界はプライド、傲慢、そして喉のチャクラに対応する。天界は快楽、そして頭頂のチャクラに対応する。これについては217頁の表をご覧いただきたい。

六道の修行のように、六つの界に再生する因となるカルマの痕跡を、浄化によって滅してしまう複雑なプラクティスもあるが、ここではそれぞれのチャクラに対応するネガティブな感情を浄化し、そのチャクラと関係するポジティブな感情を育てるプラクティスをおこなってみよう。

チャクラはそれぞれ異なった感覚と関連している。特別な準備をしなくても、それぞれの場所に意識を集中させることで、ある程度こうした感覚を味わうことができる。頭頂に意識を集中させてみよう。それから、性器の裏側の秘密のチャクラ、喉、臍、胸のあたりへと順番に意識を集中させる場所を変えてゆこう。体験する感覚の違いに注意を払ってみよう。

今度はそれぞれのチャクラにཨ（ア）という文字を観想してみよう。仏陀は最も低次の地獄界を含め、六道のいずれの界にも顕現するが、同様に憎しみや欲望といったネガティブな感情を体験するなかにさえも、清らかな仏性は備わっている。ཨはすべての感覚の清らかな土台、すなわち空性と輝きの不二をあらわしている。六つの主要なチャクラにཨの文字を観想するのは、どの次元の体験であっても、それが仏性とつながっているということを忘れないためである。

チャクラに意識を集中させるとき、光の球であるティクレを観想するのが一般的だ。ティクレは、私たちが育てようとしている意識の質をあらわしている。たとえば、頭頂のチャクラのティクレは慈悲をあらわす。ティクレの内側に観想するཨは鎧兜の役割を果たす。そうするこ

チャクラと資質、六界の相関関係

チャクラ	ネガティブな感情(煩悩)	ポジティブな資質	界
頭頂	快楽	慈悲	天(神・デヴァ)
喉	プライド	安らぎ・謙虚	阿修羅(半神半人)
胸	嫉妬	開放性	人間
臍	無明	智慧・明晰さ	畜生
会陰部	欲望	寛容	餓鬼(プレタ)
足の裏	憎しみ・怒り	愛	地獄

とによって、感覚を立ち上げるスペースを確保できる。それればかりではなく、最も重要なのはཨによって象徴される究極のリアリティそのものと感覚を結合することができるのだ。ཨは、私たちが心の本性につながって、そこから離れないようにすることを想い起こさせてくれる。そうやって、守ってくれるのだ。ཨをチャクラに保つようしっかりと自覚し、意識が本性の心という土台に結びついているかぎり、ネガティブな心が顔をのぞかせることはない。

チャクラと密接に関連するその資質にあなたがつながっているとき、チャクラのなかに文字を保ちつづけるように自覚すれば、その資質をさらに揺るぎないものとすることができる。そうすることで、あなたが育て、高めようとしている資質は、どんな場合にでも安定した堅固なものとなる。

このプラクティスをおこなっている間は、想像力を全開にしなさい。感覚の変化に注意を払いなさい。脈管のつまりがほどけていくのを、チャクラが開かれていくのを、そしてプラナがスムーズに全身に流れていくのを感じなさい。

プラクティスをしている最中に、ネガティブな感情が頭をもたげることもあるだろう。それはそれでよい。起きるがままにまかせていれば消えていく。それに執着したり、抑圧してはいけない。感情が消えた段階で、感情が溶け込んで消えていったスペースと意識を統合しなさい。

そこには何がある？　スペースだ。空のエッセンスだ。すべての土台だ。スペースと意識は統合され、不分離のものとなったという事実をありありと感じとりなさい。しかし、知的に理解しただけではだめだ。空と覚醒意識の一体性そのものとなりきるのだ。冴えざえとした自覚の意識のなかに留まり、スペースに立ちのぼる何ものにも執着しなければ、とてつもなく広々とした空間感覚がそこにはある。これがいわゆる開くということ、開かれた体験だ。開放のスペースで、ポジティブな資質を高めてゆきなさい。

217頁の表を、プラクティスの基本として使うとよい。もし、あなたが、特定の質を高めたいとしているなら、仮に明晰さを育てようと取り組んでいるなら、関連する臍のチャクラに焦点を当てればよい。逆に、ネガティブな質を克服したい場合も同様だ。仮に、それがプライド、傲慢であるなら、喉のチャクラを観想すればよい。対応するチャクラの一点に、明るい光の球体を観想し、そのなかに光輝くཨ（ア）の文字を観想する。一度に全部のチャクラを観想してもよいし、順番にやっていってもよい。あるいは、ひとつのチャクラだけに数日なり数週間なり時間をかけて取り組んでもよい。どのやり方が自分に最も適しているか、効果的か、探究してみることが必要だ。試してみなさい。

ツァ・ルン（脈管と身体内の風）のプラクティス

次のプラクティスは難しいものではないが、正確におこなう必要がある。正しい姿勢と呼吸法が重要だ。動き自体は簡単だが、なぜそうするのかについて理解することも必要だ。理由がわかれば、ほかのプラクティスにも応用できるからだ。

姿勢

ほとんどの人は瞑想とは両脚を組んだ姿勢で床に坐っておこなうものだと考えている。チベット人もそうするし、禅も小乗仏教もヒンドゥー教でも同じだ。でもなぜだろう？　椅子の文化ではないから、という理由ばかりではない。この坐法にはそれ相応のわけがあるのだ。

この姿勢には、五つの注意すべき点がある。一つ目は、両脚を組むのは、プラナのエネルギーを胴体の裏側、会陰《えいん》部のチャクラに循環させるためだ。これにより、微細な内なる熱が起きやすくなる。二番目。片方の掌にもう一方の手を重ねて置き、均衡を保ち印を結ぶ。私たちチベットの伝統では、両掌は上を向け、右手の上に左手をのせる。両手は、下腹部に引き寄せる。

その位置は、臍から指幅四本分下のチャクラのところだ。こうすることで、エネルギーが拡散するのを防ぐ。結跏趺坐《けっかふざ》も同じ原理だ。三番目は、背骨をまっすぐに保つこと。極端にそったり、肩を張ったり前かがみになったり、猫背になってもいけない。背骨をまっすぐにすると、三本の主要な脈管も開いた状態で、まっすぐに保て、プラナはスムーズに流れやすくなる。四番目は、顎をわずかに引くこと。こうすると、首の後ろが伸び、思考を鎮める。五番目は、胸部を開いておくこと。呼吸が楽にでき、胸のチャクラも開きやすくなる。この五つを「なるほど、そうか」と納得できるまで、自分の体験に注意を払いなさい。正しい瞑想の姿勢をとると、どんな変化が起きるだろうか？　背骨をまっすぐにすると、思考や感情はどう変化するだろうか？　瞑想中に目線を上に向けているときと下に向けているときでは、何か違いがあるだろうか？　何が内側で起きているかに気づくこと。そうすれば体験は深まり、プラクティスが糧となるだろう。

呼吸とプラナ

霊的な修行においてもヨーガにおいても、伝統的な修行では呼吸を使う。呼吸は生きるために必要な酸素を取り込み、代謝作用による余剰を放出するだけではなく、微細なプラナのエネルギーを活発にする。呼吸は、さまざまな修行の伝統で重要視されており、ヨーガ修行においての呼吸法は多岐にわたる。身体が光の粗大なあらわれであるのと同様に、息は身体内へ取り入れたプラナの粗大なあらわれだ。呼吸の訓練をすることによって、私たちは吸い込む息の深層部で躍動している微細なレベルのプラナを導き入れることができるようになる。

次の呼吸法では、息を吸う、再び吸う、保つ、吐く、の四つの段階に分けておこなう。

吸う

吸うときには、十分に身体を開きなさい。入ってくるものを歓迎し、よろこびをもって受け入れる気持ちを持ちなさい。誰よりも愛している人が長旅から帰ってきて、あなたの家の玄関口に立っていると想像しなさい。その人を迎え入れる気持ちで息を吸うのだ。招き入れ、歓迎し、感謝とともによろこぶこと。

再び吸う

吸った後、一瞬息を保ち、それから再び吸い込む。つまり、最初息を吸った後、吐かずにそのまま吸い込むのだ。そうすれば、一回目の呼吸で息が行きわたらなかった肺のすみずみまで満たすことができる。普通、肺の全許容量まで吸い込むことはまれだが、再び吸うことでこれが可能になる。再び吸うときには、身体が霊的な甘露と加持、そして吸い込む息のきらきらとしたよろこびの光で満ちてゆき、それが身体中に広がっていく感覚を味わうようにしなさい。

保つ

息を吸った後、息を保つ練習をする。息を保つのは、内なる熱、内なるエネルギー、内なる火をおこすためだ。この火を感じなさい。それが身体中へと広がるのをイメージしなさい。

この後で説明する外なるツァ・ルンの修行の五つの練習のうち、四つはある特定の場に息を保つ。息を特定の場に保つのは、そこに意識を集中させるためだ。意識した場へとプラナは運ばれ、そこにあるチャクラのなかにプラナが集まってくる。それぞれのチャクラは、それぞれに異なった体験の質を伴っている。チャクラの位置する場にしばらく息を保ちつづけた後、解き放つと、そのチャクラと関連する体験の質が活性化する。つまり、呼吸によってチャクラが開かれ、チャクラと関連した質はエネルギーを増すのだ。

吐く

吐く息とともに、そのとき感じているストレスやネガティブなエネルギーすべてを解き放つようにしなさい。そうしたものは、あなたの身体、心、そしてエネルギーから抜け出していく。

あなたを痛めつけるもの、これ以上抱え込んでいてもあなたのためにならないものは、何でも吐き出しなさい。

主たる修行に入る前の予備の修行として、ある一定の時間、ほかには何もせずに、次の要領で、呼吸法だけをやるのもよい。

息を吸うときは、身体も、エネルギーも心も開いていく感覚をもって、よろこんで招き入れる気持ちになろう。からだ中によろこびが浸透していく気持ちで再び吸う。息を保つ。このとき、内なる火をおこす。その火はよろこびの感覚を持続させ、障害や汚れは燃え尽きる。息を吐くとともに、すべてのネガティブなもの、曖昧なものは、煙のような色となって吐き出され、浄化される。

呼吸に意識を集中させれば、効果は増し、プラクティスの習得も文句なしの域に達するだろう。

保ち解き放つときの変容について

からだは絶え間なく、取り入れ、保ち、解き放つという働きをする。これは、食物、空気、プラナ、知識、経験に関してもいえることだ。

何かしらの物質が身体から解き放たれるときには、緩みと間が生まれる。涙をこらえきれずに泣けば、リラックスする。からだが開けば、悲しみであれ、どんな感情であれ、解き放たれる。そこに間《ま》ができる。このことを見過ごさなければ、プラクティスに役立てることができる。悲しみが流れた後の解放感のなかにはかすかなよろこびがある。そのよろこびを見過ごさずに保っていなさい。

トイレに行くときでさえ、普段は考えないだろうが、ポジティブな影響がある。たとえば、街の雑踏のなかにいて、どうにも我慢できないほどトイレに駆け込みたくなったときのことを思い出してみるといい。やっとトイレを見つけたはいいが、のろのろとしか進まない長蛇の列。ようやく、順番がまわってきて、事を終えたときの解放感。まさに、緊張からの解放を味わうささやかな体験だ。排泄という生理作用にすら、体験の質の変化、すなわち、緊張からの解放と緩みへと向かう変化がある。日常のすべての体験を、どのように瞑想修行に応用すればよいかを理解していれば、ちょっとした出来事でも活用できる。体験ひとつひとつに気づいていなさい。そこから学び、そして応用するのだ。

タントラの性的修行では、保つことと解き放つこと、緊張と弛緩、昂《たか》まりとオーガズムを、先の例と同じように応用する。深い解放感がやってきたとき、それは大楽を体験するいい機会だ。緊張はほぐれ、身体はリラックスする。心もリラックスさせよう。眠気のなかに引き込まれるのではなく、純粋な意識のなかに溶け込ませるのだ。

多くの人々は緊張を解きほぐすために瞑想するようだが、このプラクティスは、リラクゼーションのためだけではない。リラックスするのもよいが、それは瞑想の表層的な使い方だ。さらに深いところまで行くには、解放の後にやってくるスペースを感じとりなさい。そして、覚醒した意識で、そこに十全に居つづけるのだ。この原理が体得できたなら、ひと呼吸ごとにこれを応用できる。息を吐く、そのひと息ひと息が心の本性へと入っていく道となる。息を吸う、そのひと呼吸ひと呼吸は、ポジティブな質を高めるよい機会となる。

日常生活では、解放はときとして、暴力的かつ破壊的なエネルギーとなる。怒りは、グラスを割る、叫ぶ、争う、憎まれ口をたたくなどの行為によって発散されるかもしれない。怒りのテンションは解放されるかもしれないが、賢いやり方とはいえない。このようなふるまいは怒りを再び強め、新たに怒りを爆発させる条件をも強化する。

ネガティブな体験を修行の道に変容させること。それが修行のやり方を本当に知っているということの意味だ。ネガティブな体験はどのようなものであれ、ある種の解放感をもたらしてくれるが、そこに生まれる間を感じとり、スペースの体験を深めていくことが大切だ。このことを知り、うまく活用しなさい。

ツァ・ルンのプラクティスの概略

ツァ・ルン（脈管とプラナ）のプラクティスには、外・内・秘密の三つのレベルがある。外なるレベルは粗大なレベルで、激しい身体の動きを伴い、したがって呼吸も荒くなる。内なるレベルから秘密のレベルへと進むほど動きは緩やかになる。外なるプラクティスは主に身体に、内なるプラクティスはエネルギーとプラナに、秘密のプラクティスは心・意識に主眼を置く。

いずれの場合も、プラクティスを始める前には、シャーマニズムの章で説明した九回の浄化の呼吸法をおこなう。また、すでにグル・ヨーガのやり方を知っている場合は、帰依と一切衆生を利するためという発菩提心の行をする。最後に修行から生じたよいエネルギーと功徳を一切衆生に捧げる回向をおこなう。この一連の流れで修行することが、悟りを開く道へとつながる。

このプラクティスをするのは朝がよい。それぞれ五回か三回ずつおこなうのがよい。一回でもよい。目は開いていても閉じていてもよい。試してみることだ。最終的には、不二の覚醒の境地で、このプラクティスができるようになるのが理想だ。

外なるツァ・ルンの五つの動き

呼吸

よろこんで迎え入れる気持ちで息を吸う。癒しとなるポジティブな質、特に自分に欠けていると思われるよき質を、吸い込みなさい。一瞬、息を保ち、再び肺がいっぱいになるまで吸い込む。そして息を保つ。息を吐くとともに、ネガティブな質、病などが一緒に吐き出される。

上昇のプラナ

このプラクティスは地の元素と関係している。

（1）左手、右手とも指四本は前で握り、親指は後ろにして腰に当てる。息を吸い、喉のチャクラを意識してそこに息を保つようにする。保っている息で喉が自然にふくらむにまかせなさい。息を吸ったまま、続けて今度は肺いっぱいまで吸う。

〈上昇のプラナ〉

（1）

（2）息を保ちながら、次の動きをひと呼吸でおこなう。頭をゆっくりと前に傾け、時計と反対まわりに左肩、後ろ、右肩、前へと五回まわす。首に力を入れたり伸ばしすぎないよう注意しなさい。もし痛みを覚えたら、顎を正面に向けたままゆっくりと小さな円を描くようにまわす。新鮮な風が喉のチャクラから頭部へと螺旋《らせん》状に上昇し、脳、感覚器官に生気がみなぎり、頭頂のチャクラが活性化してくるのを感じなさい。タントラの修行では、頭頂のチャクラは白いティクレを伴い、よろこびと関連している。よろこびの感覚が強まっていくのに意識を向けなさい。

（3）さらに息を保ったまま、今度は時計まわりに五回頭をまわす。左右に五回ず

（2）

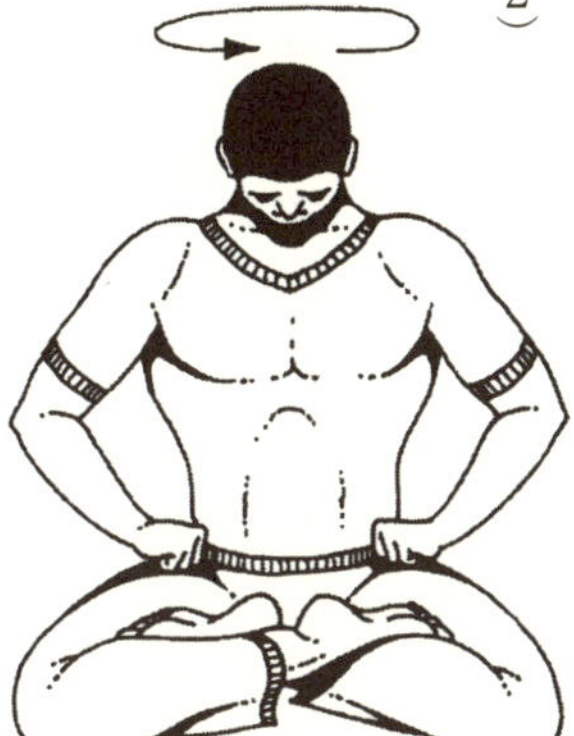

（3）

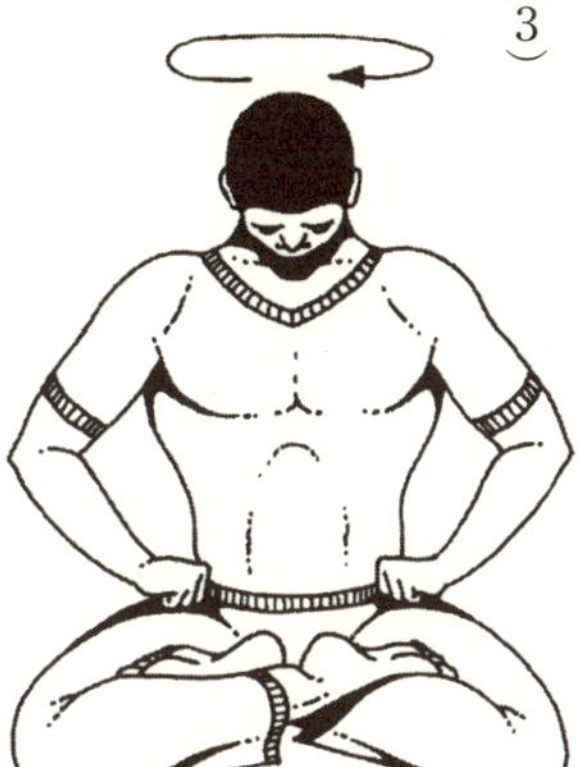

つ、つまり一回の呼吸で十回まわすことになる。

（4）まわし終えたら、息を吐きながら、息とエネルギーが喉から中央脈管を通って、脳全体まで広がり、頭頂から出ていくのをイメージする。息が脳へとまわっていくとき、感覚器官と脳の機能が癒され活力を帯び、喉と頭頂のチャクラに結びついている霊的能力が活性化していくのをイメージしなさい。これ以外の身体技法では、鼻と口から息を吐き出すが、唯一、最初におこなうこれに限り、息は頭頂のチャクラから出すようにイメージする。

（4）

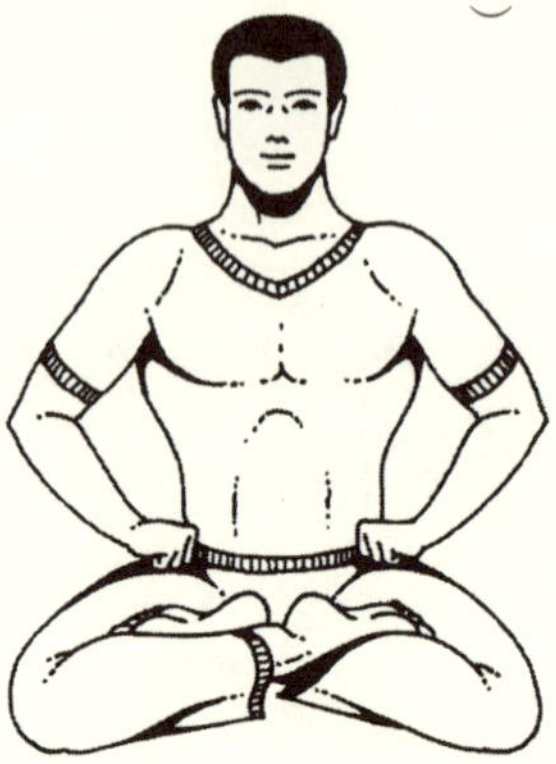

吸った息は練習中、ずっと保ちつづけ、最後に吐く。この間に呼吸が苦しくなったら、途中で短く息を吸う。それでも息が続かなければ、頭まわしは左右三回転に留め、徐々に馴らして、五回転までできるようにするとよい。

上昇プラナの練習をすると元気になる。プラナを押し上げるので落ち込むのとは逆だ。「気分が下向き」、「気分が上向き」という言い方があるが、それと同じで、これは上向きなのだ。

どう転んでも、憂うつになどなれない。このプラクティスをすれば、丘の頂上に登り、あたりを見わたしているような澄みわたった感覚が強まる。感覚が生き返り、光の明るさが増し、冴えざえとした意識が広がっていく感じに気づいていなさい。練習がひとつ終わるごとに、広々とリラックスした心で休息しなさい。目は開け、視線はわずかに前方上へと向ける。考えを追いかけてもまた無理に押しのけてもいけない。心の本性の体験があれば、そのなかにリラックスしていなさい。体験がない場合は、全身がひとつにまとまっているのを感じ、あるがままに留まりなさい。プラクティスの結果、感じ方がどう変わったかに気づき、その感覚の変化を保つようにしなさい。生き生きとした感覚と開放感が続くかぎり、そのままに留まりなさい。それから、また同じ動きを繰り返しても、次の動きへと移ってもよい。

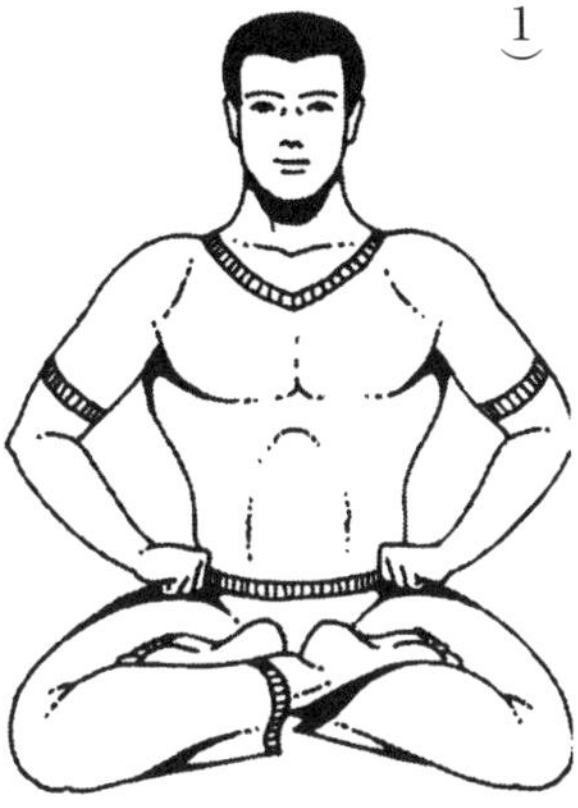
〈生命力のプラナ（1）〉

生命力のプラナ

このプラクティスは空の元素と関連している。

（1）息を吸い、息を胸に保ちながら、胸

のチャクラに意識を集中する。胸のチャクラに意識を置いたまま、再び息を吸い、胸をできるかぎり広げる。息はプラクティスの間、ずっと保ちつづける。

（2）左手は左腰に当てたまま、右手は指を開いた状態で腕をまっすぐ横に伸ばして肩から斜め上四十五度の角度のあたりまで上げる（時計の短針で説明しよう。十二時は真上、六時は真下とすれば、短針が一時三十分の針位置を指すように腕をまっすぐに伸ばす）。

（3）～（4）息を保ったまま、親指を内側に、順次ひとさし指から親指にかぶせて折り曲げ、緩めに握りこぶしを作りつつ、高さを変えずに腕を前に持ってくる。

（4）～（5）次に頭上の空間に腕で円を

（2）

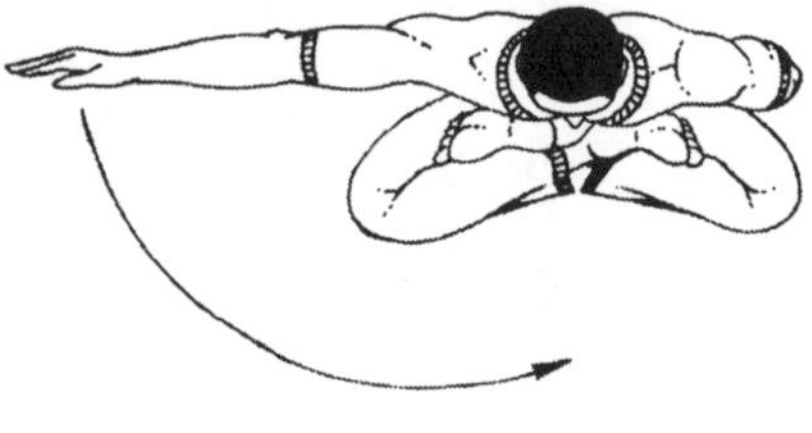
（3）

描く（頭上で投げなわをまわしているつもりになれば、腕の動きは正確なものになる）。手が頭頂を越えたところで、ひとさし指からこぶしを開いていく。

そのまま続けて手を後ろから横へとまわしながら指をいっぱいに広げ、はじめの位置まで腕を戻す。これで一回転と数える。右手を五回転させなさい。
（6）五回まわし終わったら、右手を下げて、右腰に置き、左手を上げる。
（7）〜（9）今度は左手を回転させるが方向は右手をまわしたときと反対になる。横に伸ばし、前に持ってきて、頭頂を越え後ろにまわし、再び横に伸ばす。これも五回やりなさい。
腕をまわしているとき、胸を広げ大胸筋

（4）

（5）

（6）
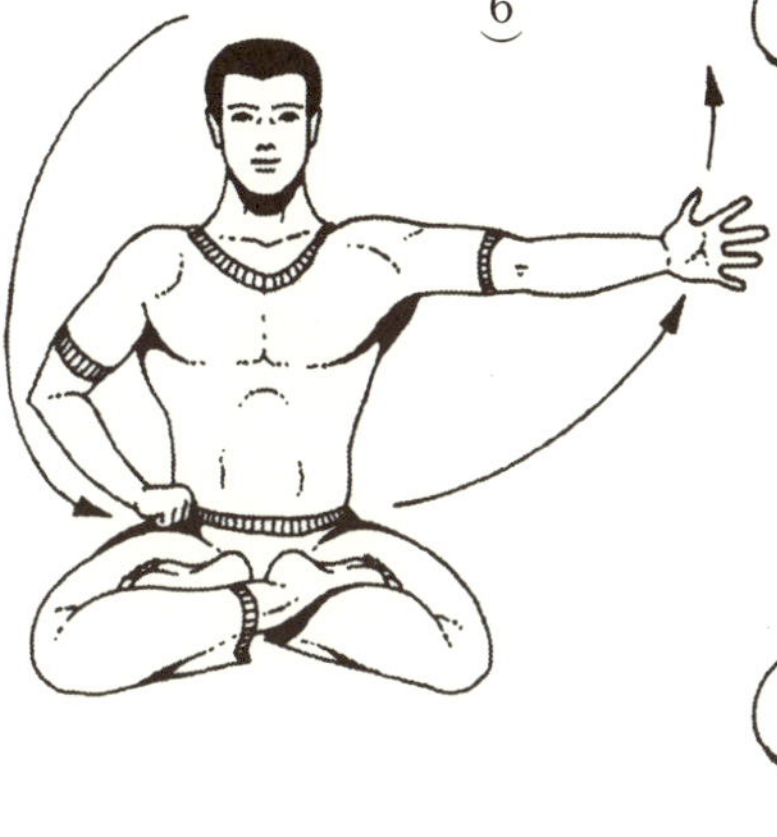

と上部背筋をくまなく動かすようにする。手を横に伸ばすときは、肩も手の伸びに従って十分に伸ばす。手を前から頭の上へと動かすときは、肘は張る。胸部を開いたまま保つためだ。

（10）そのまま息を保ちつづけ、左手を左腰に置く。四本の指は前、親指は後ろにして両手で腰を支え、今度は胸を回転させる。胸のチャクラで円を描くよう意識すれば、胴体はその動きについてくる。胸は床に対してできるだけ垂直のまま、左右に五回ずつまわす。胸の回転は、下、右、上、左そしてまた下へと五回の円を描く運動となる。

（11）次に、反対方向に五回、同じように円を描く。胸を前傾させずにまっすぐのま

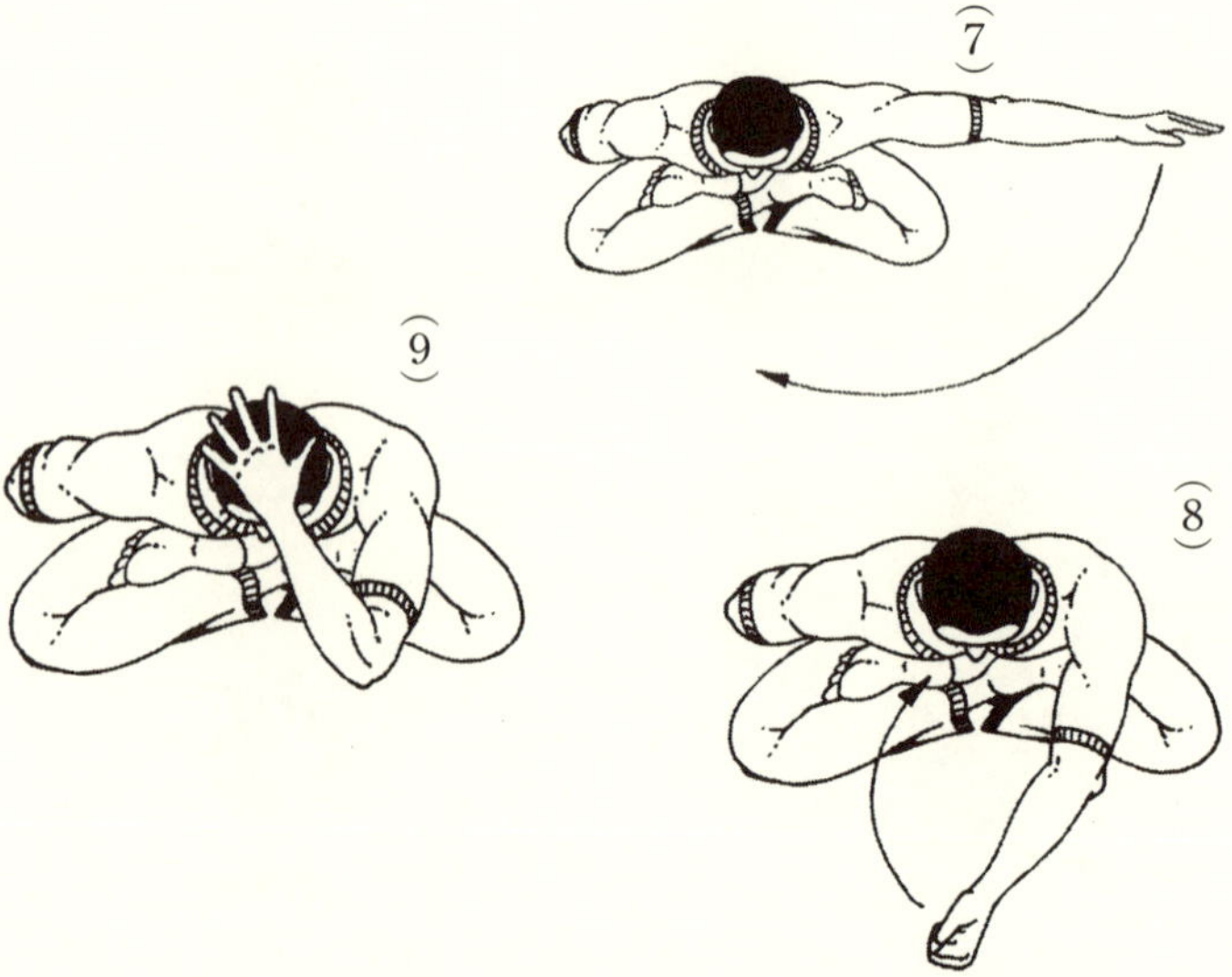

ま、胸のチャクラをできるだけ床に近づけるよう下へとおろすようにイメージしなさい。さらに、中心線からできるだけ遠く横へと、そしてできるだけ高く上へと、またできるだけ横へとイメージして動かす。最後に下へと戻す。大胸筋と背筋を伸ばす。できるだけ動きを大きくして、あたかも胸の中心が自動的に回転して、からだはそれに従っているだけのような感覚をつかみなさい。

(12) 十回転が終わったところで鼻と口から息を吐き、プラナが身体に浸透するのを感じとりなさい。楽な姿勢で坐りなさい。心が純粋な境地へと溶け込むにまかせればよい。澄みわたった感覚が薄れていくまでその状態に安らいでいなさい。次に再度同

⑩

⑪

じ動きを繰り返すのもよいし、次の動きに移ってもよい。

燃焼のプラナ

　このプラクティスは火の元素と関係している。臍の裏側のあたりは消化と代謝熱を司り、常に熱を持っている。臍のチャクラは臍の裏側の身体の中心に位置し、ここは燃焼のプラナの坐となっている。

（1）息を吸い腹部に息を保つ。この状態をクンバカ（「壷に保存する」の意）という。これをおこなっている間、臍のチャクラに意識を集中する。こうすると、会陰部とアヌスが引き締まり、骨盤が上がる。同時に、肋骨の下の薄い横隔膜もピンと張って下にずれる。息は骨盤とこの横隔膜の間

（12）

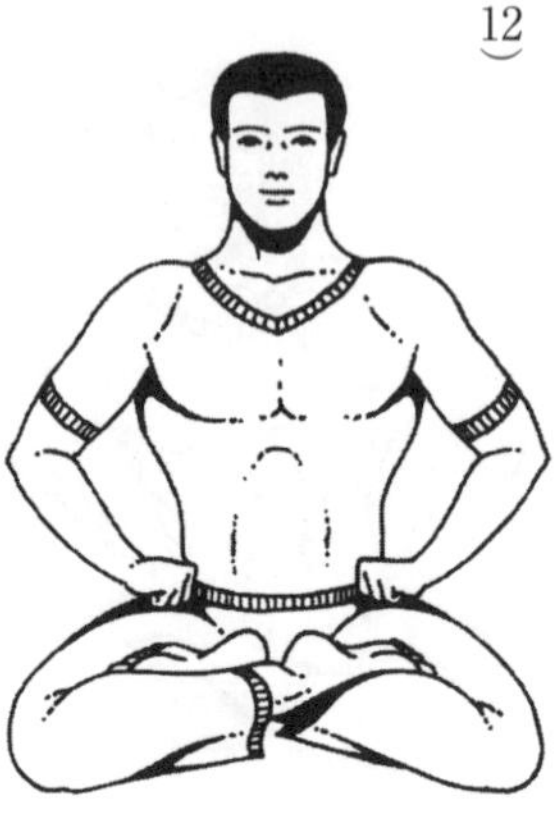

〈燃焼のプラナ〉

（1）

に、あたかも臍のチャクラに圧縮されているかのように保たれている。喉を締めつけてはいけない。再び息を吸い、臍を意識しながらクンバカをおこない、精気に満ちた風が、身体の中心部全体を活力で満たすかのように内部に広がっていくのを感じなさい。

（2）息を保ったまま、腹部を左まわりに五回まわしなさい。このときは、レコードがプレーヤーの上をまわるような感じで、床に対して水平にまわす。息を保っていることに意識を集中し、胴体の下部全体を時計と反対まわりに大きくまわす。

（3）次に右まわりに五回まわす。腹部の動きに焦点を当てなさい。まず横に、それから背骨に触れるように後ろに引き、横

（2）

（3）

に、そしてできるだけ前へと動かす。

（4）まわし終わったら息を吐き、純粋な意識のなかに留まりなさい。臍のあたりの開放感と熱を感じてみよう。内的な脈動感がなくなるまでこの状態のなかに安らいでいなさい。それから同じ動きを繰り返しても、次の動きに移ってもよい。

浸透のプラナ

このプラクティスは風の元素と関係する。浸透のプラナは身体にくまなく存在する。プラクティスでは息は保つが、それに関して特定の場所の指定はない。喉や骨盤の筋肉を締めつけないように、からだは開いていなさい。プラナが細胞ひとつひとつにまで浸透し、指先やつま先、一本一本の

（4）

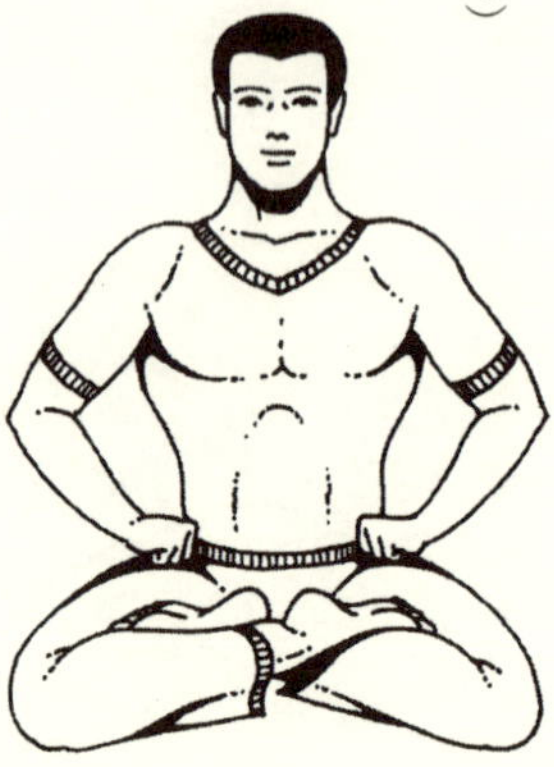

〈浸透のプラナ〉

（1）

髪の先端にまで流れていくのを感じなさい。
（1）腰に手を当て、（2）息を吸いながら両手の指を開き、肘から両手を左右に開き、下ろす。掌は上向き。
（3）両腕を水平に上げ、息を保ったまま頭上で両手をパンと打ち合わせる。勢いよく擦り合わせて掌を温める。
（4）〜（5）全身をマッサージする。特に凝っている部分は念入りに、細胞のひとつひとつに目覚めを促すように頭から腕、胸、背中、脚とすばやくマッサージする。
（6）〜（7）息はまだ保ったまま、大きな弓を持っているように右サイドいっぱいに右腕を伸ばす。左手はピンと張った弓の糸を左後ろに引くようにして、上半身を広げ胸を開く。顔は伸ばした腕の方向に向け

（2）

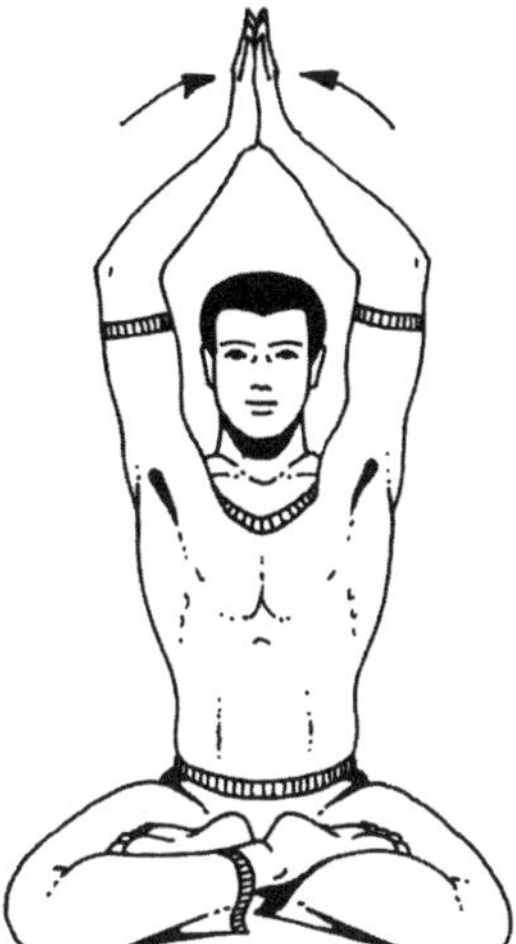
（3）

ておこなう。これを勢いをつけてすばやく五回繰り返す。このとき、右腕は右サイドいっぱいに伸ばすと同時に、左手は左サイドいっぱいに後ろに引き、胸が広がるのを感じなさい。

(8) 両手を胸の前で触れ合う寸前まで持ってくる。

(9) 次に左腕をいっぱいに伸ばし、同じ動きを繰り返す。今度は右手で糸を引く動きをする。これを五回おこなう。

ここまでの動きは最初に吸った息を保ったままおこなう。五回繰り返すのが無理なら回数を減らしてもよい。息は身体に浸透するにまかせ、どこにも滞らせてはいけない。

(10) 最後に息を吐く。身体に広がってい

(5)

(4)

⑥

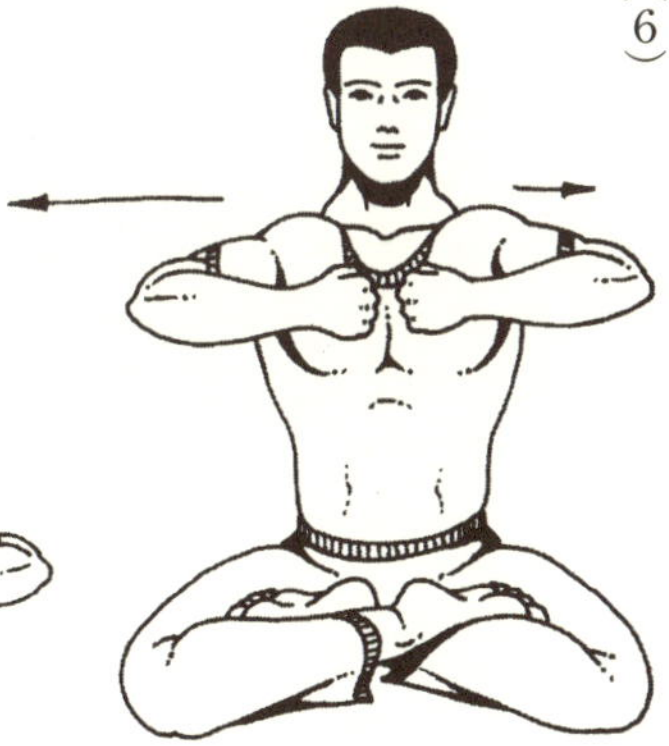

⑦

⑧

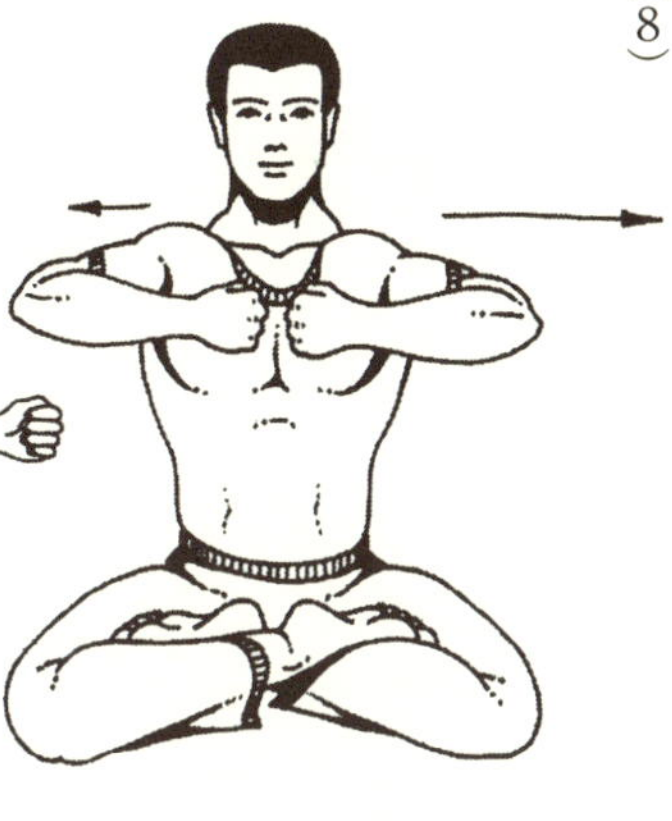

⑨

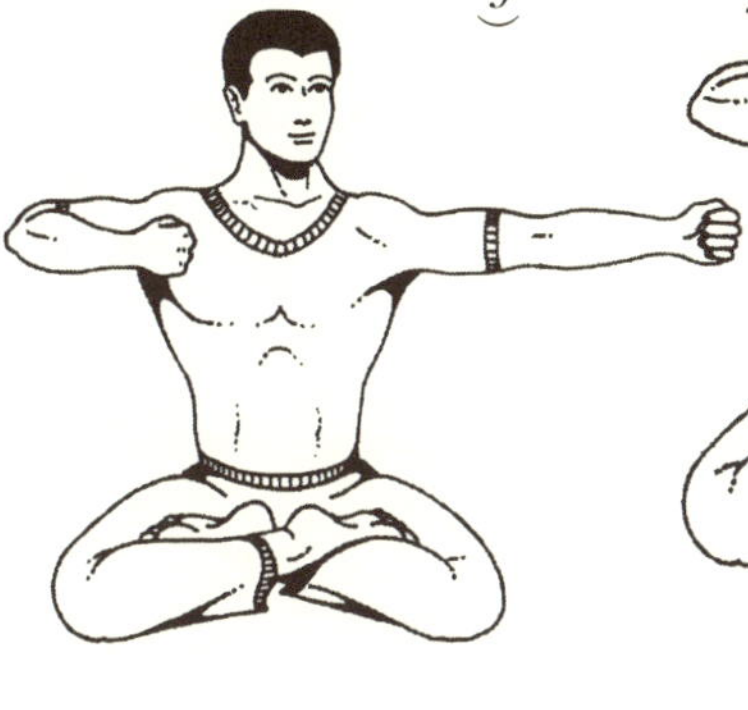

く感覚に注意を払いなさい。浸透するエネルギーの感覚がなくなるまで、その体験のなかに安らいでいなさい。それから、このプラクティスを繰り返してもよいし、次に移ってもよい。

　この練習を終えた後は、澄みわたった明るさを感じるだろう。身体は生き生きとし、全細胞は目覚める。よろこびと澄みわたった感覚がある。この体験を持続させるように意識してみることだ。自然な境地のままにリラックスしなさい。

下降のプラナ

　このエクササイズは水の元素と関連している。

　息を吸い、息をアヌスと生殖器の間の会

(10)

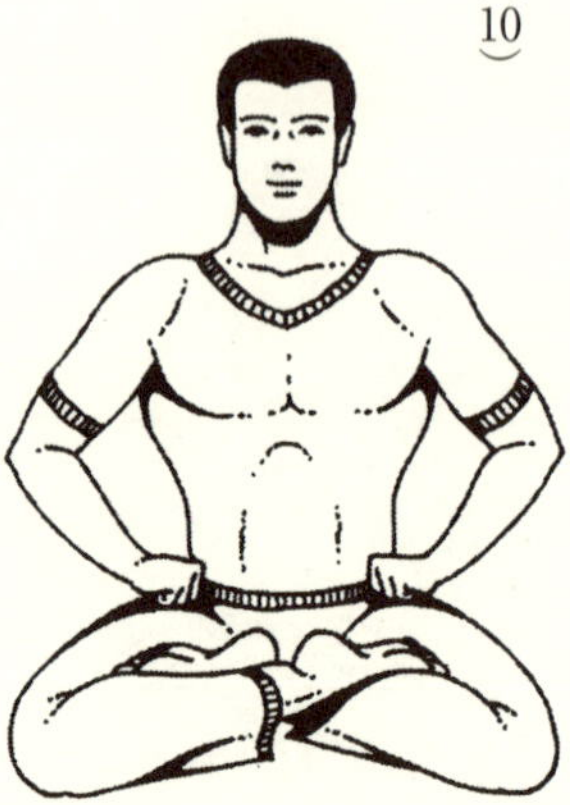

〈下降のプラナ〉

(1)

陰部あたりに保ちなさい。このとき、性器の裏側の秘密のチャクラに意識を集中する。骨盤の底部をわずかに引き上げるようにして会陰部とアヌスを締める。この場合、横隔膜を緊張させ押し下げてはいけない。引き上げるのだ。このままの状態を保ちながら再び息を吸い、秘密のチャクラのプラナに意識を集中する。

（1）右足首を左足首の前にして交差させると、膝が浮く。両腕を伸ばし右膝を抱える。骨盤を右脚の方向から後ろに向かって右まわりにゆっくりと五回まわす。

（2）次に左膝を抱え骨盤を左まわりに五回まわす。

（3）最後に、両膝に手を当て、腹部を左右五回ずつまわす。これをおこなっている

（2）

（3）

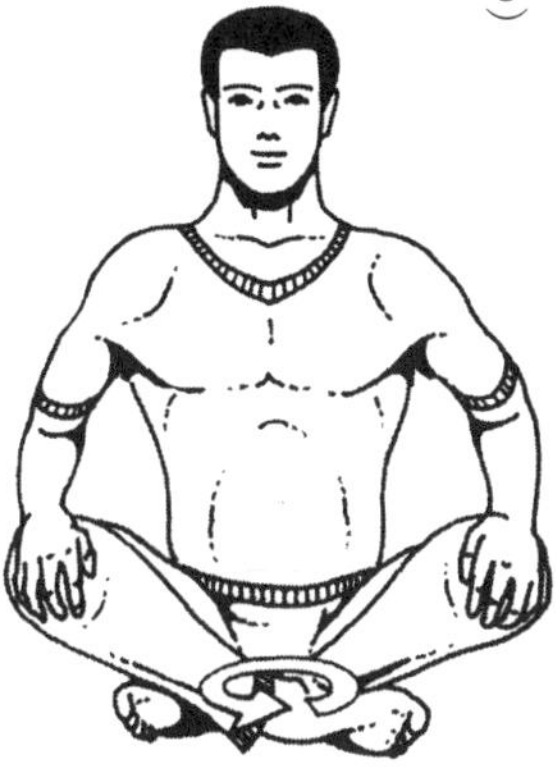

最中は、息を保ちつづけ、秘密のチャクラを意識する。チャクラそのものに働きかけるためにまわしているのだと感じなさい。

終わったら息を吐く。プラナを下に導き、からだから外に出したプラナが大地に沈んでいくのを感じなさい。目は開いたまま視線は前方斜め上に向けリラックスする。感覚が生き生きとしている間はこの体験のなかに安らいでいなさい。何度か繰り返してもよい。最後の回のときは、三昧の境地のなかに長めに留まるようにする。一連の動きを終えた後には回向をしてプラクティスを締めくくりなさい。

日々のプラクティス

プラクティスには健康を増進させ、人生の質を高めてくれる効果もあるが、その真の目的は心の本性の体験を深め、そしてその体験を保ちつづけることにある。シャーマニズムのプラクティス同様、タントラのプラクティスは、自分に欠けているものを補ってバランスを整えてくれる。

しかし、タントラの場合はシャーマニズムのように、ある特別の状況に対応しておこなうのではなく、日々の生活のなかでプラクティスする。規則正しくプラクティスすることで身体のエネルギーは滞ることなく流れる。そうすると、落ち込むことも興奮しすぎることもなく、生気を失うこともイライラすることもない。このようにバランスがとれた状態にあれば、瞑想修行も格段にやりやすくなる。心は澄みわたり、身体は活力にあふれ、心の本性に気づき、それに親しみ、そのなかに留まりつづけることを可能にしてくれるのだ。

内なるツァ・ルンの五つのプラクティス

ツァ・ルンも、またどのような霊的修行でも、まず、最も簡単な外側の形から学ぶ。その後は、内側の体験をどう開発し深めていくかを学ばなければならない。気が散ったまま修行を続けても、ほとんど効果はない。それゆえ、それぞれのプラクティスは何のためにやっているのか、その目的と方法をよく理解しなさい。そして、集中しておこなうのだ。

次の一連のプラクティスの目的は外なる修行とまったく同じだ。これらのプラクティスは「内なる」と呼ばれている。外なるプラクティスほどではないにしても、やはり身体の動きを伴う。働きかけるチャクラとプラナも外なるプラクティスと同じだ。

上昇のプラナ

このプラクティスは中央脈管の先端と喉と頭頂のチャクラを開く。

息を吸う。この後、口は閉じ、鼻をつまんでふさぎ、ダイビングや飛行中に耳抜きをするときのように、ゆっくりゆっくりやさしく空気を出していく。耳を傷めないようにやさしくやさしく。このとき注意すべきは、空気を出すことではなく、ここで生じた圧力を使って、意識を頭頂のチャクラに向けることだ。頭頂の感覚の変化をできるかぎり感じとりなさい。中央脈管に気の圧力を集めるように想像し、そのプレッシャーでチャクラが開くのを感じなさい。

たとえ何も感じなくても、頭頂に意識を集中させるだけでよい。内側に保っている息でわずかなプレッシャーをかけなさい。

何かしらの感覚の変化を感じたら、そのときは、その感覚から気をそらさないように。呼吸は自然に戻す。頭頂に焦点を当てているが、そうしながらも意識はのびやかに開かれ、広大無辺であるように。

息を吐くときはプラナがチャクラを通って上昇するのを意識する。

このプラクティスはいつおこなってもよいが、特に落ち込んでいるとき、憂うつなとき、気力がないときにするのがよい。やるべき仕事が手に負えないと感じるほど弱っているようなとき、明晰さや覚醒感に欠けるとき、気が散って混乱しているようなときにするのがよい。

生命力のプラナ

生命力のプラナは胸のチャクラにある。心臓の鼓動を感じなさい。手を当ててみるとよい。深呼吸をして、リラックスしなさい。それから、息を吸い、吸った息とともにポジティブなエネルギーの奔流と光があらゆる方向から胸のチャクラに流れ込み、生命力のプラナを活性化した、とイメージしなさい。リラックスしたまま息を保ち、胸のチャクラに意識を集中してそのエネルギーを高めなさい。胸を広げ、皮ふと筋肉が伸びるとともに起きる感覚の変化に心を添わせ、胸に意識を集中させるのだ。ゆっくりと静かに息を吐き、完全にリラックスする。中央脈管に位置する胸のチャクラに意識を置いたまま、これを繰り返し、最後の回を終えたら、生き生きとした感覚が失われるまでその体験のなかに安らいでいるように。

このプラクティスは、上昇のプラナで述べたのと同じような状態のときに有効だ。また、精魂尽きたとき、フラストレーションや不幸に襲われたときにおこなうと力が湧いてくる。安定した自己を取り戻す助けとなるのだ。

燃焼のプラナ

燃焼のプラナは臍のチャクラに集中している。腹部は波打つ大海、背骨は波打ち際の岩に喩えられる。波は岩に巻き付くように打ち寄せ砕け、岩を舐めるように引いていく。このイメージを持ちなさい。息を吸い、息を保ちながら背骨に向かって腹部を引き寄せ、息を吐きながら緩め、そのまま純粋な意識のなかに安らぎなさい。これを繰り返す。

このプラクティスは、心が散漫になっているときにおこなうとよい。臍のあたりが熱くなってくる感覚に注意を払いなさい。イメージの力を使い、全身に燃焼のプラナを巡らせなさい。

浸透のプラナ

浸透のプラナは全身に満ちている。

横になるか、瞑想の姿勢で坐りなさい。息を吐きながら、身体をできるかぎり縮めて小さくなりなさい。これ以上小さくなれない極限まで小さくなり、あらゆる筋肉を緊張させる。次に、息を吸いながら、ゆっくりと指を開き、両腕、両脚、上半身を伸ばす。全身が四方八方へ最大限に伸びきったらリラックスする。伸ばす際には、浸透のプラナが身体の中心から指先、つま先に至るまで全身に流れていくのを感じなさい。息を吐き、プラナが全身にくまなく満ち、自分を取り巻くスペースにも満ちているのを感じながら、あるがままの境地に安らぎなさい。

このプラクティスは、朝、目覚めたばかりのときにおこなうと気持ちがいい。しかし、もちろん、いつおこなってもよい。

下降のプラナ

このプラクティスでは、焦点は性器の裏側の秘密のチャクラに当てる。骨盤底部の筋肉、会陰部とアヌスの筋肉を収縮させ、そのまま数秒間保ってから緩める。これを繰り返す。また、息を保ったまま筋肉の収縮と弛緩を数回繰り返してもよい。最後に緩めるときに息を吐きながら、プラナを下方に流し出し、緩めると同時にやってくる解放感のなかに溶け込みなさい。このプラクティスはリラックスできるので、心配事があるとき、心が安定しないときに効果的だ。

秘密のツァ・ルンの五つの行法

一般的なプラクティス

以下の秘密のレベルのプラクティスも前述の内なるプラクティス同様、五つのプラナを扱う。しかし、最初から最後まで心のなかだけでおこなうところが違っている。心だけを使い、動きを使わずにチャクラを活性化する。それゆえ、これは「秘密の」と呼ばれるのだ。いわば、場所を選ばずにできるツァ・ルン・プラクティスの簡略版といえる。

それぞれのチャクラは形と色を伴う。形はチャクラそのものの形というよりは、その位置に集まっている脈管エネルギーのパターンによるものだ。色は、そのチャクラで活性化される五大元素の質と関わっている。それぞれのチャクラと関連する体験をより堅固なものとし、持続させるためにཨ（ア）という文字をそれぞれのチャクラの内部に観想する。

それぞれのチャクラのプラクティスは三回ずつおこなう。または、これでよし、と納得できるまでおこなう。それから、慈悲、安らぎ、愛、とらわれのない心、智慧、寛容など高めてゆきたい資質をチャクラの内部に呼び起こす。修行で、また日常生活で自分が特に必要だと思える資質を開発しなさい。このプラクティスは、修行の場をつくるために、部屋を清め、祭壇を整え、神聖な図像を飾り、お香を焚く行為に似ている。

まず、頭頂のチャクラを意識する。喉のチャクラから傘を広げた形状の脈管が、脳を突き抜けて頭頂まで上に向かって広がっていると観想する。色は淡い黄色か金色をしている。地の元素と関連する上昇プラナは喉のチャクラから脳を通り、頭頂のチャクラへと昇っていく。

神聖かつ善なる資質である五智がここで目覚め、その資質が強まり活性化するよう祈りなさい。頭頂のチャクラが開いているのを感じ、最も高い霊的次元とのつながりを意識しなさい。頭頂のチャクラに光輝く白いཨを観想しなさい。その光を強めなさい。これは慈悲の象徴だ。慈悲と輝きとよろこびが、感覚のすべて、あなたの全身、すべての生きもの、すべての場所にまで広がり浸透するよう心を解き放つ。豊かさのままにあふれでる慈悲は、センチメンタルなわざとらしい感情とは無縁である。これは、覚醒の深みから自ずと湧きあがってくる慈悲そのものなのだ。

次に、喉のチャクラを意識する。そこを開きリラックスしなさい。安らぎを象徴する光輝く白いཨの文字がチャクラの内部にある。ཨはすべての方向に安らぎの光を放ち、この光は細胞のひとつひとつにまで浸透していく。すべての生きもの、環境全体へも広がり浸透していく。

次に胸のチャクラに意識を移す。ここはスペースの元素と関連する生命力のプラナのセンターだ。胸の中心にスペースの広がりがあり、宝珠の形をした白い光を湛えている。胸のチャクラを開きリラックスする。胸の感覚をありありと感じ、その感覚とひとつになる。そのものになりきりなさい。光輝く白いཨを胸に観想しなさい。愛と開かれた心の質を呼び起こし、それが清らかな白い光となって時空のすべてを満たしていくかのように、あらゆる場に広がり浸透していくにまかせなさい。

臍のチャクラに意識を置く。これはお腹の表面ではなく、胴体の奥の中心にある。赤い色をしている。ここには燃焼のプラナが集まっている。脈管は車輪の輻《や》のように光を放って輝いている。チャクラから放たれる熱を感じなさい。緊張をすべて解き放ちなさい。チャクラの内部に輝く白いཨを観想しなさい。明晰さ、智慧、心の本性の資質を呼び起こし保ちつづけなさい。いっさいはあるがままで清らかであり、いっさいの存在は純粋な智慧のあらわれなのだ。

臍と秘密のチャクラの中間、臍から指幅四本分下のところにあるチャクラに意識を置きなさい。ここで中央脈管とその両側の脈管とはつながっている。風の元素と関連する浸透のプラナはここに集まっている。風の質を感じなさい。光輝く白いཨを観想しなさい。適応力、明晰さ、知性など風のポジティブな質が生まれていると感じなさい。このポジティブな質が緑の光線となってチャクラから全宇宙に向かって放たれるように意識しなさい。

秘密のチャクラに意識を置きなさい。ここには水の元素と関連した下降のプラナが集まっている。エネルギーはふいごのような形をして集まっており、その先は下を向いている。水の元素がそこにある、とはっきり感じなさい。白いཨを観想しなさい。寛容な心を呼び起こし、執着と欲望の結び目をほどきなさい。自己中心的なこだわりを手放し、喪失への恐れを溶かしなさい。とらわれのない心、分かち合う心、利他心のエネルギーを光として放ちなさい。

体験を深め、体験の変化を自覚し、ポジティブな質を発展させ持続させるために想像力を駆使するのだ。ひとつのチャクラに対し、それに対応する質をひとつだけ取り上げてやってみてもよいし、あわせて取り組んでもよい。チャクラごとにどのような体験の変化があるかにしっかりと気づいていなさい。実験してみることだ。このプラクティスはいつもの瞑想の時間帯を使ってやってもよいし、自分を取り戻したいときにやってもよい。いつおこなってもかまわない。

エネルギーを強めたいときには、身体を動かすプラクティスがよい。生き生きとした感覚が甦ってくるだろう。これを習得した後に微細なプラクティスに移るのがよい。秘密のプラクティスは、何らかの理由で身体的な動きができないときに適している。歩きながらでも坐ったままでもできる。

ポジティブな質が自分のなかに生まれているのを感じたら、あらゆる生きものや、外的環境の元素によい影響を与えるよう、この経験を光に変えて外に送り出す。タントラでは、こうした世界のとらえ方が習慣として身につくまでこの種の変容を訓練する。善は、真実この世に存在する。私たちは、それぞれのカルマに引きずられてゆがんだ見方に馴れ、この真理を素手でとらえることができなくなっているにすぎない。だからこそ、変容のプラクティスが必要なのだ。

頭痛がしたら、痛みのなかに広がっている静けさを感じなさい。人々の怒りや騒乱に出くわしたら、あるいは嵐に巻き込まれたら、怒りの底には静けさがあり、嵐が通り過ぎていくその道には虚空が湛えている静かな気配があることに気づいていなさい。それぞれの質を高めていく訓練をするときは、好ましからざる体験のなかにさえ静けさの広がりを見出すことができるようになりなさい。それはあたかも、最大級の音のその底に流れる沈黙を聴き取る耳を持つのにも似ている。

チャクラを開く

これまで述べてきた行法では、それぞれ異なったチャクラを開く。だが、なぜ、チャクラを開くことが重要なのだろうか？　中央脈管を樹の幹に喩えてみよう。チャクラは枝、プラナのエネルギーは花である。そして、チャクラと関連した資質は実である。実が熟するのは資質が完全に目覚めたときだ。チャクラが閉じていると、資質は十分には発揮できない。たとえば、チャクラが閉じている場合、慈悲の心が生まれたとしても、それはかすかな体験でしかない。しかし、チャクラが完全に開いていればその心もさらに深く豊かなものとなり、仏たちのなかから自然にあふれでる慈悲、普遍的で全宇宙を満たすような慈悲に近いものとなる。

脈管とプラナのプラクティスは、脈管とチャクラの詰まりを取り除く。このプロセスは、パイプに詰まった氷の塊をシェイクして砕いたり、熱で溶かしたりして流し出すのに似ている。身体的運動は、パイプをシェイクするようなものだ。息を保ち、プラナを意識にのせて導いていくのは、氷を熱するようなものだ。息を吐くのは、脈管とチャクラから余分なものを流し出して、きれいにするようなものだ。この結果、広々としたこだわりのない心と解放感がやってくる。

前にも述べたように、身体の動きだけを追うのではなく想像力を駆使し、気づきとともにおこなえば、感覚は冴えエネルギーレベルでのより深い体験が訪れ、意識の質が変わるだろう。そうすれば、胸のなかには、慈悲の仏陀が顕現していることに気づく。頭頂には、大楽の仏陀、喉には安らぎの仏陀、臍には智慧の仏陀、そして秘密のチャクラには寛容の仏陀を見出すだろう。

チャクラが開くときに、特殊な体験をする人たちがいる。というのも西洋の人々は、身体のエネルギーブロックを、身体的、またはエネルギーレベルとしてではなく、むしろ、感情のレベルと関連づける文化のなかで育っているため、ブロックが解きほぐされる際に感情的なカタルシスを覚えるのだ。チベットの文化では、ブロックの解放は、身体的現象、あるいはエネルギーレベルの現象としてあらわれる。震え、揺れ、ひきつけ、発汗、めまいなどが起きる。また、チャクラに意識を集中すると、さまざまなイメージがあらわれることがある。こうしたイメージはブロックや緊張がチャクラを通るプラナの流れを圧縮している結果出てくるのだと考えられる。いわゆるトラウマやネガティブな記憶が出てくるのだ。一方、チャクラが開く際には、霊的なシンボル、本尊、仏陀、女神たちというようなポジティブなイメージがあらわれることもある。

しかし、チャクラが開く際に必ずしも何かしらの体験が起こるわけではない。特別なことが起こらないのが普通だ。チャクラを深いレベルで開くということは、感情やイメージと取り組むためではない。この認識のうえで、何か特別な体験が生じた場合は、それが起きるにまかせ、そのことに執着しないようにしなさい。起きるにまかせ、消えていくにまかせなさい。何かが起きるということは浄化の体験にほかならず、それにしがみつく必要はまったくない。

無感覚なチャクラがあるとすれば、そこはたぶんブロックされている。その場合は、そのあたりを意識的にリラックスさせなさい。マッサージするのもよいし、そこに向かって息を吸い込む気持ちで呼吸するのもよい。気づきがあれば意識的にそこに心を向かわせることができる。そうすれば、心がプラナをその部分に運んでくれる。こうしたやり方が効果的だ。

身体的な変化や、イメージの顕現、あるいは感情の解放といった体験があろうがなかろうが、最終的には空の体験とともに伝統の教えが伝える智慧のさまざまな面が体現されるのだ。空の体験とともにこだわりのない広々とした心やポジティブな質があなたを満たす。

人間というものは、自らのアイデンティティを支えるために弱さや悩みに依存しがちだ。このため、こうした支えがなくなると、一見よりどころなく思える空の体験は、恐怖ですらある。そうすると、今までの古い習慣が頭をもたげ、それこそ普段の生活を埋めていたありとあらゆる思い込みという名の白昼夢、感情、行為が再びスペースを満杯にしてしまうだろう。

そうならないよう、スペースを守るために鎧兜を役立てることができる。それは、聖なる文字（種字）、本尊、そしてあなたの師を観想することであり、マントラを唱えることでもある。カルマに支配された癖や習慣が戻ってこないように、チャクラのなかにポジティブなシンボルを生起させるのだ。

タントラでは、この身体を罪深いもの、穢れたものとは決して考えない。身体は神聖さを宿すマンダラであり、神殿である。タントラの経典のなかには、両手、頭、感覚器官、内臓器官にいたるまで、身体のどの部分にどのような神々が住しているか、その数を一覧表にして列挙したものがある。タントラでは身体を、神聖なエネルギーとその潜在力のネットワークとして見るのだ。私たちは、この身体を聖なるものと認識し、この神聖な質を生かすべく生きなければならない。

第四章　ゾクチェンにおける五大元素

ゾクチェンについて語らなければ、本書の目的は果たせない。ゾクチェンの教えは五大元素の考え方と統合されたものだからだ。しかし、シャーマニズムやタントラの章で触れたような特別な行法というものはない。ゾクチェンの経典には予備的な行法についての記述はあるが、ゾクチェンそのものの修行は、心の本性に触れてからでないと意味をなさない。何かしらの体験を得て、「そうか、これが心の本性か」と早とちりすることもままある。この点を見誤ることなく、ゾクチェンの核心をきちんと把握するための最もよい方法は、心の本性をすでに体得し、なおかつそれを指し示すことができる師について学ぶことだ。

第四章は主としてゾクチェンの教えをすでに受けている修行者を対象にしている。このため、読者のなかには、耳慣れない用語に出合う人もいるだろう。

ゾクチェン〈大いなる完成〉

ボン教の伝統では、最も高い教えはゾクチェンだ。これは、「大いなる完成」を意味している。ゾクチェンではすべての現象や個の基盤は空性と光明の分かちがたく統合された状態だと説く。空性は、すべての本質である。つまり、物体にしろ生きものにしろ、その根本のありようを見ていけば、本来的な固有性を備えているものなど何ひとつないという真実に行き着く。物事は世俗的な通念に従って概念上の名称として存在してはいるが、このように名づけられた実体は本来的なものではない。それは、たまたま状況によってそうであるにすぎず、一時的なものなのだ。アイデンティティを支えていたさまざまな条件が失われ、新たな条件と取って代われば、アイデンティティも変化する。薪を焚きつければ、炎となって燃え、灰へと変化する。最終的には薪の痕跡はかけらもないだろう。薪はどこに消えてしまったのだろうか？　私たちが「自分」だと思い込んでいるアイデンティティでさえ、諸条件によって生み出された結果に概念的な名称を付与したものにすぎず、時間の経過とともに変

化しつづける。つまり無常なのだ。

この空性という考え方は、存在の欠落としての「無」、あるいは意味の不在といった虚無的なものではない。何もないわけではなく、明らかに私たち誰もが感覚の絶え間ない変化を体験している。この絶え間なく立ちあらわれる現象と覚醒の意識とがともにある状態、これが、根源的なリアリティのもうひとつの側面、つまり意識の輝きであり澄みわたった明るさなのだ。輝きとは、覚醒意識の性質と覚醒のなかでの感覚的な体験のその両方をあらわす最もふさわしい言葉といえる。これは「光明」とも呼ばれるように、しばしば光によって象徴される。私たちの内側が覚醒の光で照らし出されたとき、現象すべては輝きとなる。

空性と光明は不可分のものだ。空性は輝きであり、また輝きも空である。ゾクチェンでは、この根源的リアリティは、現象がやむことなくあらわれる力、つまりエネルギー（ツァル）を保持しており、すべての現象――数限りない宇宙の層、またそこに生きる無数の生きものたち、その無限の輝きの世界があらわれては消える果てしない繰り返し――は本質的に空であるが、通り過ぎていく光の戯れとしてあらわれている、という。現象は、いっさいの存在の土台（クンシ）から生じ、土台の性質そのままに空なる輝きという一元的で未分化なあらわれとして立ちのぼる。

本書の文脈においては、空性と輝きはスペースと光に象徴される。ゾクチェンとは、スペースと光の大いなる智慧なのだ。スペースとは、そこからすべてのものが光の戯れとして立ちあらわれ、そこに存在し、またそこへと消えていく大いなる空性の母そのものだ。輝く光の現出とは、五大元素の本質である五つの純粋な光の戯れにほかならない。すべての物、すべての生きもの、すべての元素はことごとくこうした現象として認識される。これがゾクチェンの見解の基盤である。

苦しみが生まれるわけ

生きとし生けるものの本性は仏性であり、いっさいのあらわれは、もともと清らかなものだ。「私」という主観的想いも外的な姿形も空であり、元素エネルギーの戯れとして自ずと生起しているにすぎない。汚物、病、さらには悪魔としか思えない生きものさえ、もともとは清らかなのだ。

本性が仏性であるにもかかわらず、私たちは苦しみのなかにいる。

心の本性のなかに実際に留まっていないかぎり、原初の純粋な心や無分別の境地についていくら語っても、それは体験に根ざしていない概念だけの絵空ごとにしかすぎない。ゾクチェンを実践せずに、理屈の世界に留めておくだけなら誰でもできる。私の師であるロポン・テンジン・ナムダク・リンポチェは一元不二であるゾクチェンの見解を、サムサーラの二元論の世界で格闘しているゾクチェンの修行者その人と混同して考えることは間違いである、とたびたび指摘された。なぜなら、ゾクチェンの見解は一元不二であっても、実際の生活には、清らかなものと清らかでないもの、ポジティブとネガティブ、有益なものと有害なものが存在するのは否めない。そこで私たちは、見解と現実の違いを知り、臨機応変に行動する必要がある。

本書のはじめのほうで、五つの純粋な光と元素エネルギーの純粋さが実体のあるものとして、私たちを取り囲む二元的世界として知覚されるに至るプロセスについて述べた。私たちは自らの心の本性に目覚めていないため、「自分」と「自分以外」を区別して考えるのがあたりまえだと錯覚している。私たちが「自分」だと枠づけしているあり方は偏狭で、現象すべてを自分とは切り離されたものとして見てしまう。これは根深く植えつけられた誤った見方に由来する。つまり物体も生きものも何にも依存することなく独立して存在しているという思い込みのせいなのだ。自らの心の混迷がそのまま外のあらわれとなってしまう。

これとは反対に、外側の世界も自分自身も空なる輝きだ、との認識を深めるにつれ、私たちを苦しみの輪廻に縛りつける原因となっていた生来の無知は薄められていく。葛藤という苦しみとも無縁となる。五大元素はごく自然にバランスのとれた関係に落ち着く。心の本性を体得し、そこに留まることによって、二元的体験はその土台である空性の輝きのなかへと溶け込んでいくのだ。

見解を正すということは、決して信念を変えるということではない。そうではなく、見方を変えることから始めるのだ。つまり、習慣化した知覚作用を変えて、主体と客体という二元性を溶かしてしまうことから始めなくてはならない。こうして自らの本性――仏性――を直接、ダイレクトに体験してこそ道は開かれる。

六つの灯明

『シャンシュン・ニェンギュ』という古い一連の詩群があるが、これはボン教のゾクチェンの教えである。ここには、深遠なる教えの真髄とともに、ゾクチェンに関連するプラクティスが含まれている。この『シャンシュン・ニェンギュ』のなかに『六つの灯明』という経典がある。これは根本経典とその解説で構成されており、かなり長いものだ。五つの純粋な光についての経典もそうだが、これも原初の純粋なエッセンスと二元的な心の誤りについて説いた教えである。ここで簡単にこの経典について触れておこう。

『六つの灯明』には次のような一節がある。

サムサーラとニルヴァーナはどのようにして区別されるのか
原初仏サマンタバドラとはいかなる存在か
生きとし生けるものはそのカルマによっていかにしてサムサーラに迷うのか
サマンタバドラとは悟りによって仏陀となった存在
生きとし生けるものは、悟ることなくサムサーラをさまよう存在
空なる土台（クンシ）と生得の意識（リクパ）は迷いの土台とも悟りの土台ともなりうる
移りゆく心は、迷いの因とも悟りの因ともなりうる
音、光、光線の三種の顕現は迷いと悟りの副次的な因
クンシとリクパのなかには迷いもなければ悟りもない
クンシとリクパのなかにはサムサーラとニルヴァーナの区別はない
移りゆく心のなかには迷いもあれば悟りもある
サムサーラとニルヴァーナの区別が生まれるのは移りゆく心のなかのこと

サムサーラもニルヴァーナも、無明も悟りも、迷える生きものも仏陀も、いっさいは同じ源、

クンシから生じる。クンシは純・不純、実在・非実在といった二元的世界を超えている。移ろう心もまた、クンシからカルマの結果として生じたものにほかならない。

サマンタバドラこそが原初仏。なぜなら本性の状態から片時も離れたことも迷ったこともないからだ。サマンタバドラは、現象は空の輝きそのもの、という確信のなかに居つづけた。私たち凡夫が錯覚しているのだ。私たちは、不安定な移ろう心を主体として現象を客体化している。自他という二元論的見方にとらわれ、それに惑わされ、サムサーラをさまようばかりだ。

先にも述べたように、ゾクチェンの教えでは空性と輝き（光明）のまるごと分かちがたくある状態が、いっさいの現象の真の姿だと説く。そして、教えのなかでは、この根源のリアリティは、純粋な光の単一の球体として象徴的にあらわされることがある。これが単体であるのは、一元性そのものをあらわしているからだ。これであってあれではないという相対的な意味での単体ではない。そこには、境界もなければ区別もなく、内もなければ外もない。一元的世界ではあっても、元素エネルギーは絶え間なく顕現している。五大元素の五色の光の虹でこの球体が描かれているのはそのためだ。

光が象徴として使われるのは、感覚を通して知覚しうるもののなかでは最も実体性に乏しいものだからだ。また、心の本性は、光のように輝き澄んでいるからでもある。ロウソクの光のように、覚醒の意識は、それ自体明るく輝き、その光のもとにあるものすべてを照らし出している。

チベットの教えでは「ナンワ」という言葉がある。これは「ヴィジョン」、または「あらわれ」「顕現」と訳されることが多い。しかし、ナンワは、目に見える現象だけを指すものではない。ここでいう「ヴィジョン」とは実際には「体験」を意味し、肉体の眼と心の眼で見たことすべてを含むのだ。つまり、聞く、嗅ぐ、味わう、触る体験も、心のなかに生じたこと、想像したことも含まれる。こうしたことすべてを「ヴィジョン」と呼ぶのはなぜか？　それは、意識の光のなか、すなわち、本源の清らかな光のなかで生じるものだからだ。あえて、言葉で表現するとすれば、これが体験そのものに近い説明だといえる。輝きとは、意識の「光」であり、同時に意識に立ちのぼるすべての事象の「光」でもある。輝きのないものはひとつとしてない。

『六つの灯明』はあらゆる事象の基盤について、またそれらが顕現する五つのレベルの体験について言及している。項目は六つに分かれ、それぞれ一番目から六番目まで「灯明」という題が付いているが、灯明が六つあるのではない。内容は異なるものの、同じ光について言及しているのだ。

第一の灯明　基盤の灯明（*gnas-pa gzhi-yi sgron-ma*）

第一の灯明は、存在の土台となる輝き、すなわち原初の一元的なあり方の輝きだ。これはどこにも、誰にも属さず、個別的なもので相対化されるものでもなく、普遍的なものだ。これは、空性と不分離の輝きであり、すべての体験の基盤となっている。修行者がこの第一の灯明をそれと知れば——知的に認識するのではなく、生得の不二の意識に留まることによって体得すれば——すべての土台となるこれは、どのような体験、どのような条件においても、その人とともにあり、またほかの五つの灯明においても自明のものとなる。

第一の灯明の要点は、クンシの「光」を認識することにある。

第二の灯明　肉の心臓の灯明（*tsi-ta sha-yi sgron-ma*）

第二の灯明は「肉の心臓の灯明」と呼ばれる。これは、リクパ、すなわち個人の次元で自ずと生じる生得の意識の灯明だ。これが個人的なのは、この純粋な意識は移ろいゆく心と「我」という主観的意識の底に存在する、という意味あいからだ。第二の灯明はダルマカーヤ（法身）に関係している。これは個人の覚醒意識を指している。しかし、はっきりとした個別性によって縛られているわけではない。そうではないが、分別という二元的なものの見方によってこれを個人に属するものと錯覚してしまう結果となっているのだ。

リクパは、実際にはどこかに宿っているという性質のものではないにもかかわらず、胸の中心で感じとる修行者が多いのも事実だ。『六つの灯明』では、このことを、心臓の奥にあるスペースという視点から明確にしている。西洋の人々はこういう言い方に馴染めないようだが、これは、生命個体それぞれのなかに心の本性は宿っているという言い方と同じだと思ってよい。心の本性は、個人的なものでも、どこかに限定されたものでもない。むしろ、次のようにいったほうがより真実に近いだろう。心の本性が私たちの内に宿っているというよりも、私たちが心の本性の内にいるのだ、と。けれども、私たちの経験では、心の本性との出合いは、自分のなか、自分の一番深いところ、つまり胸の奥へと入り込んでいったときに起きることが多い。このため、リクパは胸に宿るといい、心臓は、生命力のプラナのセンターであるといい、愛は胸とつながっているという。「胸の光」という言い方にはこうした意味が込められている。

第二の灯明の要点は、自らの内にある生得の意識の光を認識する、ということにある。

第三の灯明　白く柔らかい脈管の灯明（*dkar-'jam tsa-yi sgron-ma*）

第三の灯明は「白く柔らかい脈管の灯明」と呼ばれる。これは、リクパとリクパのプラナが身体の脈管、とりわけ、心臓と両眼をつないでいる脈管のなかを動くときの灯明のことだ。これは、サンボガカーヤ（報身）と関係している。

第三の灯明はリクパが身体内に浸透する際に胸の中心から流れていくように感じるが、その浸みわたるリクパのことだ。リクパは本来、動くということもなく物質でもない。リクパは胸に宿り、ダルマカーヤ（法身）のごとく不動である。しかし、ここでは、動きとしてとらえている。第三の灯明で説かれているこの動きとは、リクパの軽やかな活力のことだ。これは生命力のプラナだ。これはリクパの智慧であり、くまなく浸透していく特性がある。リクパは不動だが、リクパ内には運動性があり、動きを通じてリクパを感じとることができるのだ。心の本性に安らぐことなく迷いのなかにいる人は、リクパからとてつもなく遠く離れているように見えるが、誰ひとりとして、持って生まれた本性と隔たっている人はいないのだ。それなのに、私たちはリクパを認識することができないという。リクパは、それを探そうとする人、探すという行為、探しても見出せないという状態のすぐその下に横たわっているにもかかわらずだ。

私たちは、純粋な意識とつながっているのを見失いがちだ。だからこそ再び自分自身の内へと還ること、胸の奥深くへ、自分の中心へと還ることが必要なのだ。もし、修行者が第一の灯明の本質を認識しているなら、あるいは、第二の灯明のリクパのなかに留まりつづけるなら、第三の灯明の動きのただなかにあっても、純粋な意識のなかに留まりつづけ、動きは心の本性と統合されるだろう。

第三の灯明の要点は、脈管のなかを浸透する智慧の光が動いていくとき、それを認識することにある。

第四の灯明　遠くを照らす水の灯明（*rgyang-zhag chu-yi sgron-ma*）

第四の灯明は「遠くを照らす水の灯明」と呼ばれる。感覚器官、とりわけ眼（水の灯明）を通して体験される生得の意識をこう呼ぶ。教えでは第四の灯明はニルマナカーヤ（応身）に関係するという。この灯明は、修行者なら知覚作用が起きるやいなや感じとることができる。これは、感覚が受けとめた生のデータを具体的な実体や物として概念化する以前の段階のことだ。移ろう心とともに生きる人々にとって、この最初の感受の瞬間は、空白の一瞬にしかすぎない。しかし、心の本性に導かれた修行者にとっては、どのような感覚の体験であっても、その最初の瞬間は、生得のリクパの一元的無分別の意識にダイレクトに触れる体験となりうるのだ。第四の灯明の要点は、感覚の体験がある特定の形や実体へと分離してしまう前に、むきだしの裸の意識の光を見るということにある。

第五の灯明　浄土へと導く灯明（*zhing khams ngo-sprod sgron-ma*）

第五の灯明は「浄土へと導く灯明」と呼ばれる。これは、リクパの輝きが、見た目にはあたかも外側の対象やヴィジョンであるかのように外側に顕現するときの光である。修行者が第一の灯明の原初の意識のなかに留まっていれば、感覚に生起する対象は分別されることなく、清らかなまま、一元的世界のなかに留まりつづける。これは、「三つのカーヤ（法身・報身・応身）における疑いを断ち切ること」として知られている。

ゾクチェンの教えのなかで喩えとして使われるシンボルのひとつに、空洞の人形というものがある。空《から》の貝殻を人に見立てて、しかるべき部分に目、耳、口、鼻の穴をあけたものだ。真っ暗な部屋で、この人形のなかに火を灯したロウソクを立てる。人形の中心に灯る光は人形の内側全体に広がり、人形の外側をも照らし出す。内の光も外の光も、その源は同じひとつの光だ。『六つの灯明』のなかで説かれているように、原初の意識の輝きは異なったあらわれ方をしてもその源はひとつ、ということを示すものだ。

人形の内側からの光は外側を照らし出す。これは、外の世界は感覚を通して私たちの内側に映り込むと考えられている西洋とは逆の考え方といえる。チベットの伝統では、内なる意識の状態によって映り込む世界は変わる、と考えられている。外のあらわれは、実際は意識のなかに生起している現象なのだ、ということを忘れてはならない。知覚体験とは無分別の一元性であり、主体と客体は同時に生起するのだ。この二つは概念によって内なる我と外なる対象に分けられているにすぎない。つまり、光そのものは、内と外の二つには区別できない。本源のリアリティにおいては、内と外、主体と客体という二元性の両極は心の本性のなかに生起する空なる光の現象なのだ。

五番目の灯明の要点とはこういうことだ。不二の裸の意識、その光は主体と客体とへ分離してしまう見かけ上の現象の根っこに横たわっている。

第六の灯明　バルドの灯明（*bar-do dus-kyi-sgron-ma*）

六番目の灯明は、「バルド（中有）の灯明」と呼ばれる。この場合のバルドとは死後から再生するまでの間の状態をいう。バルドにあらわれるヴィジョンや体験は、生きている間の体験と同様、それぞれのカルマによって心のあらわれとして生じるものだ。心の本性をすでに見出している修行者にとっては、このときが解脱のときだ。ヴィジョンを自らの内に自性する（相互に依存して顕現するのではなく、自ずと顕現する）ものとして認識できない人は、ある特定のヴィジョンによって最終的に支配され、そのヴィジョンに導かれるままに次の生で六道輪廻のどこに、またどのような状態で再生するかが決まってしまう。

六番目の灯明の要点は、サムサーラとニルヴァーナの光を認識することにある。

『六つの灯明』の核となる教えは、体験も、思考も、個体も、それがどのようなものであろうが、いっさいは清らかで光輝く存在の土台から顕現している、という点にある。このことをよく理解し、その自覚から片時も離れてはならない。

『六つの灯明』では五つの光について特に言及はしていないが、このなかで述べられている輝きこそが、元素の純粋な光、五大元素の光なのだ。大切なのは、このことを身をもって理解し、この自覚に基づいた生を実践することなのだ。

第一の灯明での光の輝きは、解き放たれた純粋な意識だ。続いて、胸に住する根源的な純粋意識が個人的体験として生起し、感覚に作用し、現象となってあらわれ、最終的にバルドのヴィジョンとなってあらわれる。輝きの元となっている光も、それぞれの段階での多様な光の体験も同一の聖なる光、すなわち生得の不二なる意識から生じたものなのだ。

ゾクチェンの教えでは、すべてのヴィジョンは、粗大であろうが、微細であろうが——山や建物のように外側に見える幻影であろうが、瞑想中に生じる内なる幻影であろうが——、五つの純粋な光から生じると説く。五つの純粋な光を内的に体験するためには助けが必要となる。その助けとは教えであり、その実践だ。外側の粗大なヴィジョンを通して、微細なヴィジョンがつかめるように訓練を積む。さらに、微細なヴィジョンの体験を通して、純粋な輝きである五つの純粋な光を外側のあらゆるヴィジョンのなかにも見てとるように訓練する。

ゾクチェンのプラクティスにおいては、どのような体験をしているときでも、一番目の灯明である覚醒のなかに居つづけることができるように修練しなくてはならない。祭壇をしつらえた部屋で瞑想し、空性と明晰さ、そして大楽の体験を得たとしよう。ところが、ひとたび外出して買物か何かをし、他人と関わると、それまでの自分を失ってしまう。本来なら、瞑想中であろうが日常生活の煩雑さのなかであろうが、常に自分の根底にある純粋な意識状態に気づいていて、それを保ちつづけるべきなのだ。リクパのなかに居つづければ、実体と思い込んでいたものが稀薄になるのがわかる。外側の体験は、さほど重要なことではなくなってくる。自分というアイデンティティもさほど堅固なものではなくなってくる。私たちが抱えている問題も、執着するほどのものではなくなる。どこでもいつでも、リクパを体験することができる。もはや、自分の内側のこと、外側のことといった区別はない。瞑想中であろうがなかろうが、区別はない。意識を通してリクパを体験しているのだ。リクパの体験は感覚によるものではない。なぜなら感覚による体験は対象からの作用だからだ。意識を通してのリクパの体験は、感受する対象とは無関係なのだ。つまり、内なる光につながっていることであり——リクパのなかに留まること——、どのような感覚的変化のなかでも、内なる光とのつながりを失わないことなのだ。

ゾクチェンは本当のところ個人的なことに関心を払わない。ゾクチェンは個人の資質の開発よりも、スペースと光、空性と一元的意識に関与している。真の意味で、ゾクチェンの道が始まるのは、第一の灯明が認識できたときだ。さらにいえば、ゾクチェンという宝はチベットに限ったものでもなければ、東洋や西洋、人間である、ない、という枠をすら超えたものだ。いっさいの存在の本性を悟る、ということに尽きる。

現象とは〈音、光、光線〉

『六つの灯明』ではいっさいの現象を音、光、光線に分類している。

〈音・光・光線〉の三種のヴィジョンが立ちあらわれるとき
移ろう心がそれを自らの内なる顕現としてとらえるなら
そのときヴィジョンを通して人は裸の原初の意識を体験する
そのとき人は曇りのない土台をありありと観る

また、次のように説かれている。

生得の意識が光と統合されるとき
輪廻と涅槃のありとあらゆる身体があらわれる
生得の意識が音と統合されるとき

いっさいの世俗の言葉と仏陀の言葉が立ち起こる
生得の意識が光線と統合されるとき
いっさいのサムサーラとニルヴァーナの意識があらわれる

自分という現象を含むいっさいの現象が、スペースと光の空なるあらわれであると認識しているなら、その人はもはや解脱している。そうなれば、立ちあらわれるすべては清らかなありようの飾りにすぎない。自分をも含む現象が縁起に依らず、それぞれに独立したものであるかのようにとらえてしまえば、悟りはいまだ遠く、人は迷いのなかに陥ることになる。

音が意識に立ちのぼるとき、その音は本質的に純粋なものである。音が耳に入るその瞬間においては、音はまだ主体から分離されておらず、客体化されてはいない。主体の外側にある対象として音を聞くとき、私たちは音が縁起に依らず生じた独立したものだという誤った認識を持ってしまう。そうすると、そこに意味が投影される。たとえば、私たちがまだ本当に小さい頃は、話し声を聞いても自分と分離したものとして体験しているわけではない。のちに言葉を学んで音に意味を投影するようになるが、意味は私たちの外側にあるものと思い込んでいる。外国語を学ぶときもそうだ。単語の意味がわかるようになるまでは、言葉が意味を伴ったものとして聞こえてくるわけではない。これはどんな音についてもいえる。最初は音としてだけ認識している。それから次第に音に意味を投影するようになる。音を聞くことでそれが単語として認識されたり、「草むらのなかに猫がいる」「遠くを車が走っている」などの文章として認識するようになる。何かしら未知の音を耳にすると、何の音だろうと考える。何の音であったかがわかると、次にその音を耳にしたときは、音を純粋に音として聞くのではなく、音についての想念が先に立つ。

私たちは頭に浮上するどのような概念をも言葉にすることができる。ここから、サムサーラの、またニルヴァーナの言葉が表出する。サムサーラの言葉とは不純な言葉のことだ。人を傷つけるような怒りを伴った言葉や虚言のように人を惑わせる言葉だけではなく、二元論的な見解をよしとするありきたりの言葉も不純な言葉とされている。ニルヴァーナの言葉とは、覚者や諸仏の言葉のことだ。仏陀の言葉は清らかなうえ、この世を超えた力が宿るので異なる言語圏の人々にも理解できるといわれている。

不二の意識のなかに居て、音の純粋な土台と強いつながりを保っていれば、言葉は音として理解することができる。たとえば、誰かが「もう二度とおまえには会いたくない」と言ったとする。普通ならこうした類の言葉は怒りや痛みの感情を呼び起こすところだが、こんな言葉であってもその本質は純粋な音なのだ。狭い自我にとらわれてしまうと、そこに意味を投影し、拒絶されたように感じて、苦しむことになるのだ。リクパのなかに居れば、自我にとらわれることもなく、それゆえ、苦しみもない。言葉の意味は確かに伝わるのだが、空の意識のなかへと消えていく。言葉が消えていく過程で、怒りや悲しみを残すこともない。言葉自体の基盤となっている性質は、純粋なものであり、このおおもとの純粋さのなかへ再び溶け込んでいくだけなのだ。先の例でも述べたが、リクパのなかに居る状態では人と話ができないということではまったくない。リクパのなかに居れば、もはやカルマの習慣に押し流されることなく、相手の言葉に適切に、しかも十全に対応することができるのだ。

光は、今まで述べてきた通り元素のエネルギーそのものだ。光を意識と統合すると、形となってあらわれる。音を言葉として理解するのと同じことが形を認識する際にも起きている。つまり、私たちは視覚体験に意味を投影しているのだ。私たちは、仏陀の姿を見ることもできれば、恐ろしいほどの嫌悪感や、狂おしいほどの憧れを覚える姿かたちというものを見ることもできる。しかし、原理的には視覚がとらえる形というものは光の体験といえる。

上述の詩句のなかで、光線とは生きものや物体を指している。空の広がり全体を満たす光と太陽の光線とでは、同じ光でありながらちがった性質の光に見える。これと同じように生きものの意識は純粋な原初の意識でありながら、個々に異なった存在として顕現しているかのように見えるのだ。

もし私たちが自己の本性を曇りのある目で見誤ってしまうなら、すべてのあらわれに惑わされることになる。カルマの性質に引きずられて、サムサーラの苦しみのなかを迷いつづけることになる。私たちが体験する事柄は心の投影にすぎないにもかかわらず、それ自体によって生起する独立したもののように思い込んでいる。この二元論的なものの見方が愛着や嫌悪感を生み、その結果、個人レベルでの五大元素に不調和が生じてしまうのだ。

問題とともに生きるということ

サムサーラのなかでは、誰もが問題を抱えて生きている。それが、サムサーラというものの性質なのだ。サムサーラのなかに居るかぎり、修行によってまったく問題がない状態になれるというわけではない。ところが西洋社会の人々はそうなれると信じているように見受けられる。よくこんな質問を受ける。「心の本性のなかに留まりつづける人でも病気になることがあるのですか?」と。心の本性のなかに留まりつづける人でも——肉体がないなら話は別だが——それなりに長生きすれば病気になることもあるだろう。家賃は払いつづけなければならないし、車のガソリンは必要だし、食料は買わなければならないし、人間関係はいろいろやっかいだし、そうこうしているうちに死はやってくる。

修行が人生のあらゆる苦難を取り除くわけではない。だが、修行をすることで問題へのよりよい対処法が見出せるようになる。この意味は大きい。というのも、修行において重要視されるのは、問題よりもむしろその人の「あり方」なのだ。ほとんどの人は、問題とどのようにつきあえばよいのかを知らず、苦しみにどう向き合えばよいのか、その正しい方法を習得していない。反対に、問題があるからには具体的な原因があり、解決のいとぐちはそこにあるという考えが頭に染みついている。心理療法においては、人生のある時期に何らかの状況によって問題が発生したのだから、問題を取り除くためには、その特定の時期と状況にまで戻って関わっていかなくてはならない、とするのが一般的だ。特殊な問題に関してはそうかもしれないが、しかし、苦しみは子ども時代よりもずっと以前から、誕生よりはるかに前から始まっている。どんなに恵まれた子ども時代を過ごしたとしても、人として生まれた苦しみは同じだ。誰もが一様に問題を抱えつづけて生きていく。

だからといって苦しみに蓋をしろということではむろんない。苦しみに向き合わなければならないのは当然だし、智慧のあるやり方で上手に向き合えば自分自身にも、またまわりの人々にもよい影響がある。また、サムサーラに居るかぎりは、問題に終止符が打たれることはないのだ、ということを認識すれば、苦しみを受け入れることもそれほど難しいことではなくなる。問題を受け入れるとはそのまま問題をしょい込みながらも、心をそこに向けないことだと思ってしまう人がいるかもしれないが、私が言っているのはそういうことではない。どうあがいても問題はつきまとってくる、という現実を受け入れることは、おおらかにこだわりなく生きる道を開く。人生のよい面ばかりでなく、あらゆる面に心を開いていくことを意味する。

ゾクチェンでは、問題を克服しようとしたり、その原因を正そうとすることもなければ、苦しみを変容させたり、放棄したりすることもない。そもそも、ゾクチェンの見解には「問題がある」という見方が存在しない。思考や感情が湧き起こってきたときも、ある感覚に襲われたときも、そのままにしておく。取り合わないことによって、反応が起きる原因をつくらない。それでも、もし、何かしらの反応が起きれば、それ以上関わらないでいる。ゾクチェンの修行者は生起する対象に関係してゆこうという態度をとらない。主体もなければ、対象もないので、関わるという行為もないのだ。

あるがままにまかせれば、やがて、それは消えていく。修行する人の側からの関わりがないので、どのような事柄も問題として浮上する前に空の意識のなかへと消えていく。問題としてあらわれても、すぐさま空性の輝きとして体験され、何の影響をも及ぼさない。反応しなければ、新たなカルマの痕跡は生まれない。

ゾクチェンにおいては、修行者は悩みに取り組むことよりもむしろ、心の本性を認識し、そこに留まりつづける修行をする。これこそが、苦しみをもたらす「あらゆる問題」に終止符を打つ、真の解決法だ。ある特定の悩みへの対処法を超えたものだ。ゾクチェンでは、ひとつを知ることはすべてを知ることに通じるという。どのような問題であるにせよ、その本質を深いところで理解すれば、すべての問題の本質が見えてくる。空性の輝き、それがすべての本質なのだ。

さまざまな障害は五大元素の不調和のあらわれだと、シャーマニズムの章で説明した。ゾクチェンにおいてもそれはまったく同じだ。ゾクチェンでは、心の本性に留まりつづけることこそが五大元素のバランスを保つ最良の方法だ。心の本性のなかに居れば、心は澄みわたり、プラナは身体内をスムーズに流れ、身体機能も活性化する。心の本性から離れ、気が散れば、五大元素の乱れも大きくなる。こうしたとき、ひとたび心の本性を体得したことがあるなら、ゾクチェンの修行者でもダイエットや薬、シャーマニズムの儀式やタントラの修行など、何らかの方法を使って元素の乱れを正し、心の本性に戻る助けとすることもある。

ゾクチェンの見解では、ゴール、つまり覚醒はすでに内在している。それ以上何も発展させる必要はなく、発見すればよいだけだ。ゾクチェンの基盤となる修行は、何かをさらに開発することを目的としていない。ポジティブな資質の開発すら意図していない。ゾクチェンの修行とは、心の本性のなかに留まることだけなのだ。その状態のなかに、あらゆる資質は内在しており、それが自動的に生起してくるのだ。技法や副次的な修行すら重要ではない。何かを放棄したり変容させるのが行だと思っているなら、不二の意識に留まろうとしたとき、こうした技法を使うことは障害にすらなりうる。ゾクチェンの場合は、心の本性に入り、そこに揺らがず安住するためにのみ行がある。

私がはじめて西洋で教えを説きはじめたときは、伝統にのっとった方法をとっていた。つまり、経典に即してその教えを説き、私が解説を加える、というやり方だ。それを理解するかどうかは弟子次第ということになる。しかし、西洋社会に長く暮らすうちに、「教えとは何か」をまず教える必要があることに気づきはじめた。教えを日常生活のなかに応用し生かすにはどのように修行し、体験を深めてゆけばよいか、そこから説く必要を感じたのだ。私の関心は、教えをどのように人々の役に立つことができるようにするか、という点にある。心の葛藤をやわらげ、苦しみを通して学び、瞑想の障害をなくし、そして、心の本性に留まる安定した状態を不動のものとすることにあるのだ。

このことは、ゾクチェンのように、教えの見解が心理的・感情的な領域を超えている場合でも、教えが伝えるその深遠な内容を心理的なレベルにまであてはめてみるということになるだろう。ゾクチェンの見解は、不二の見解、最も高い見解なのだが、日常的な状況に対して影響を与えないというわけでは決してない。本物の修行者にとってゾクチェンはあらゆることに作用する。あらゆる関係性と状況に影響を及ぼすのだ。

ゾクチェンの修行で重要なポイントは、問題や悩みを抱えている「私という個」であることをやめることなのだ。そのかわりに、悩みなどあろうはずもなく、その悩みと葛藤する個人もいない場、つまり、心の本性のなかに完全に留まりつづけることである。

サムサーラを溶かしきる

ゾクチェンの教えでは、「ルンドップ」という概念、すなわち「自ずと完成している」あるいは「あるがままの境地」という特性がすべての現象に備わっている、とする考え方がある。幸福感や苦しみも例外ではない。立ちあらわれるすべては、そのままで完全なのだ。**すべての現象は純粋な五大元素の光のあらわれであり、この五つの光からニルヴァーナのいっさいの質がやむことなく発現しているのだ。**ところが、私たちは、誤った二元的ものの見方にとらわれてしまっているばかりに、経験と格闘するというひどい過ちのなかに溺れている。目を醒ますこと。夢から醒めるように。これを終わらせるには、目を醒ますしかない。目が醒めてみれば、今までのことが嘘のように思えるだろう。目覚めないかぎり、苦しみは続く。

私たちが感じ、知覚し知っているつもりになっているこの世界は、長い間の認識作用の結果、出来上がってしまった世界だ。それを実体のあるもの、ますます堅固なもの、あれとこれに区別できるもの、「我と他者」という二元的世界に構築してしまったのは私たちなのだ。移ろう心の内なる曇りが外なる現象にネガティブな陰りを生み、こうした外なる現象への心のリアクションがさらに内なる曇りを強めてしまうという繰り返しだった、と知るべきだ。心の本性のなかに留まり、感受し経験するすべてを清らかな輝きのなかへと溶かし込んでいくことを繰り返しているうちに、感受する世界は固定した形ではなく光の流れとして、美しい言葉も好ましからざる言葉も、また耳ざわりな音も純粋な音として、固有の存在や実体は純粋で清らかな存在として受けとめることができるようになる。明るく澄みわたった心の本性の状態がそのまま、外なる現象となるのだ。そして、この純粋な光の体験が、心の本性のなかに留まる体験をいっそう安定したものへと導いてくれる。これこそが、五大元素を調和させる最も理想的な方法である。

ロポン・テンジン・ナムダク・リンポチェによる解説訳書"Heart Drops of Dharmakaya"(Ithaca, NY : Snow Lion Publications, 2002　邦訳『智慧のエッセンス』春秋社）では、ゾクチェンの基本といえる重要な修行法、ルシェンが取り上げられている。ルシェンとは、分ける、あるいは区別する、という意味だ。ルシェンの修行では、純粋な経験と不純な経験をはっきりと区別することを目指している。これを通して、修行者は、心の本性のなかに立ちあらわれるかのように見える現象にいつまでも惑わされている状態から脱し、心の本性そのものを認識できるようになるのだ。ルシェンには、外なる、内なる、秘密なるルシェンという三つのレベルがある。

外なる修行は身体に関わるものだ。一例をあげれば、ヴァジュラ（金剛）のポーズという難しい姿勢で立つヨーガの修行があるが、これによって、体内のエネルギーの動きを喚起し、その結果次の三通りの効果を得ることができる。ひとつは、体内に発生した熱が身体に影響を及ぼすカルマを焼き尽くし、それによって、病気にかかりにくくなる。二つ目はエネルギーの昂まりがエネルギーレベルに悪影響を及ぼすカルマを燃やしてしまう。三つ目は、この姿勢を保ったままリクパのなかに留まっていれば、心に迷いを引き起こし見解に揺らぎをもたらすカルマを焼き尽くすことになる。

この姿勢を保ちつづける限界まできて、ついに姿勢を崩す瞬間がやってくる。この疲労困ぱいの状態のなかでも、不純な経験と、純粋な経験に気づくチャンスが再び訪れる。もし、ホッとした気持ちに押し流されれば、それは不純な経験だ。極度に疲労した末、注意力を保っていられないことは日常よくあることだが、それと同じような自覚のない状態といえる。もし、完全な自覚のなかに留まっていれば、それは純粋な経験だ。

内なるルシェンの修行は、エネルギーレベルに働きかける。ཧཱུྃ（フーム）という音節文字を観想し、呼吸に合わせて吸い込む。穏やかな呼吸と激しい呼吸を使い分けてみる。穏やかな呼吸をする寂静の修行法ではすべてのあらわれを光とともに穏やかな作法で統合する。逆に激しい呼吸を使う忿怒の修行法ではすべてのあらわれを激しく破壊し、スペースのなかに溶かし込む。これを何回も繰り返す。ブロック、障害、自分の枠をひとつひとつイメージとしてあらわし破壊するたびに、そうしたものを自分のなかに取り込んでいた癖が弱められていく。これは、理屈抜きのプロセスだ。あらわれたイメージを、光に統合するか、抹消してしまうかスペースに溶かし込むかするだけでよい。もはや何ひとつ執着すべきものがなくなったとき、あなたは本来備わっている覚醒の意識、リクパを多少なりとも体験するはずだ。

　秘密のルシェンは心に直接働きかける。思考はどこからやってくるのか？　どこに留

ルシェンのプラクティスより
ヴァジュラ（金剛）のポーズ

まり、そしてどこに消えていくのか？　という問いを探究する。心というものを探してみれば、心というものなどない、実体がないということがはっきりとわかる。そこにあるのは、空《くう》の澄みわたった明るさだ。あるいは、ただただ明るく澄みわたったスペースだ。それこそが、心の本性なのだ。この本性に気づかないかぎり、移ろう心は探しつづけるだろう。

ルシェンのような修行はゾクチェンの前行といえる。ゾクチェンそのものの修行は、言葉ではいかんとも説明しがたいものだ。「それ」を体験してこそはじめて言葉が指し示していた意味が明らかになるからだ。霊的な修行の大部分は、新しい体験を生み出し、ポジティブな質を開発し、そのことを通して自らの本性に目覚めていく、だんだん近づいていくというやり方だ。

ところが、ゾクチェンの修行の場合は、何かを生み出すこととは無縁だ。知覚・感覚によるどのような経験にも関与しない。そうではなく、あらゆる経験の元となっている土台を悟る、それがゾクチェンだ。外なる五大元素と内なる五大元素によるすべての顕現、いっさいの思念や経験も、この土台へと消えていく。経験と呼べるいっさいの事柄がやんだとき、無意識のなかで起きていること、眠っているという意識、「我」という感覚すらもがやんだとき、そこにあるのは分かちがたく不二なるものとしての空性と輝き——ここに留まっていること。それがゾクチェンの修行だ。

ゾクチェンの修行を簡潔にまとめると次のようにいうことができるだろう。生得の不二の意識を認識し、いっさいの個別性をそこに溶かし込み、気を散らすことなくそこに留まっていること。中心となるこの修行には二つの面がある、と説かれており、またそのように教えられることが多い。それがテクチューとトゥゲルの二つだ。テクチューは「断ち切る」という意味で、心の本性に留まっていることを目的とし、迷いを断ちつづける。一方、トゥゲルは「超える」という意味で、断ち切ることで自ずと生起するヴィジョンを活用する修行だ。しかし、これは本質的には同じ修行の二つの側面だ。つまり、いっさいの現象とそれを体験している自分自身を心の本然の境地へと統合するということに尽きる。これが達成されたとき、五大元素は、ごく自然に理想的なバランスで整う。ゾクチェンの修行者はこの秘密の次元での元素に取り組む。この次元での五大元素は、まさに存在の輝きという光そのものなのだ。

テクチューによって修行者は、空の元素と統合する。ここでは、空の原初の清らかさ（カダ）が強調される。もはや、どのようなことが経験として起きてきても――対象だけではなく、それを経験している自分も含め――それが何であるかと識別して名づけるようなことはしてはならない。そうはせず、空性の心そのものとなって留まっているのだ。すべての現象は、生まれては消えるままにまかせ、執着も拒絶もせず放っておくのだ。このときは、起きていることに反応しようとする「主体」もない状態だ。ただ、清らかな空に留まっている。「空に留まる」とは、生得の不二の覚醒意識のなかに、自己を溶かし込み、生き生きとした覚醒の空そのものとなりきることだ。

トゥゲルでは光の輝きを強調する。これは、光の修行だ。テクチューでは空なる心の本性に留まることに焦点を当てる。これに対し、トゥゲルでは、元素のエネルギーの顕現を心の本性に統合する。ある意味、テクチューが現象に対して関わっていかないとするなら、トゥゲルは統合してしまうという形で生起する現象に関わっていくという見方ができる。不二の覚醒意識のなかに留まっていると——つまりこれがテクチューだが——、空なる現象の連続、とぎれることのない光の流れが感受される。そのただなかで心の本性から一瞬たりとも離れることなく、いっさいが顕現するままにまかせていること。それがトゥゲルの修行だ。

テクチューとトゥゲルは、順を踏んで教えられることが多いが、本来、ひとつのものだ。テクチューが確実に身についていないかぎり、トゥゲルはなく、テクチューが完璧であれば、生起するいっさいはトゥゲルとなる。伝統的には、このような教え方はしないが、ありとあらゆる経験が心の本性の境地へと統合され、気が散って、二元的な境地に舞い戻ることがないなら、このときの経験はトゥゲルのヴィジョンにほかならない。テクチューとトゥゲルを分けて教える理由のひとつは、「暗闇のなかにこもる修行」といったトゥゲルに関連した修行がかなり特殊なものなので、便宜的に独立したものとして教えているためだ。

ひとたび、師によって心の本性に導き入れられたなら、続いて「アティ」の教えに詳細に述べられている修行が始まる。ボン教には、三つの主要なゾクチェンの伝授法があり、アティはそのうちのひとつだ。その修行法とは、留まり、溶かし込み、続ける、というパターンだ。ゾクチェンの修行者のゴールも、その修行のプロセス自体も、常に心の本性に住し留まりつづけるということだ。心の本性と自分とがひとつに統合されているなら、何が生起しようが、それは自ずと空性の光のなかに溶け込み、消えていく。しかしながら、心の本性から離れていれば、主体・客体という二元的世界が立ちあらわれる。そのようなときには、意識的に純粋な境地へと戻らなくてはならない。そして、本性の境地に留まりつづけ、離れたらまた戻り、という具合にこのプロセスを繰り返す。心の本性に留まり、惑いの世界を溶かし込み、さらに続けて心の本性に留まりつづけるのだ。

空の元素を味わう

人は、もっと落ち着きが欲しい、地に足を着けた心持ちでいたい、もっと心を開きたい、受容性を高めたい、もっと自由になりたい、と言う。このためには人生の何かしらをやり直したり、新しい何かをつけ加えたりする必要がある、と考えているようだ。けれど、実はこうした資質は誰にでももともと備わっている。心の本性の空の広がりのなかに見出せる資質なのだ。このことを認識するには、空の元素のエッセンスである、心の本性の空なる輝きに気づき、そのなかに留まる体験が欠かせない。「空」や「空性」について説く教えは数多くあるが、人々はなぜか「空」としてのスペースを好まない。むしろ、スペースに存在する物に興味を示す。

ゾクチェンでは、空の元素は最も重要な要素だ。空には、境目も色も形も輪郭もなく、生まれることも消滅することもない。空は、四つの元素（地・水・火・風）の土台なのだ。自然と文明、環境と生命はこの大いなる源から生じ存続し、ここへ消えていく。「空」とは、大いなる母。

時として、ボン教徒は「空《そら》の崇拝者」と見なされることがあるが、これはまったく当たっていない。真実はこうだ。ボン教では、空の神聖さを理解しているがゆえに、空《そら》をすべての土台である空《くう》の外なる象徴として認識している。過去より存在しつづけてきたもの、いま存在するもの、これから存在するであろうもの、これらすべては、空のなかに生起するが、空は汚されることもなければ影響を受けることもない。空は、これは生じてもよいがあれはだめだ、という判断も区別もしない。また反応もしなければ、条件によって変化することもない。光に満ちて清らかなままだ。

今言ったことは、心の本性にもあてはまる。何もかもがそこから生じるが、何ら影響を受けることはない。何もかもがそこから生まれそこに消えていくが、それ自体は生まれることも消えることもない。外側のスペースは心の本性そのものではないが、このスペースとの統合がなされることによって、本性へのめざめが起きる。

広すぎるスペースにいると落ち着かない、と言う人は多い。家具がないと間が抜けている、と思う。がらんとした部屋なら、家具やついたてを揃え、何としてでも、スペースを区切ったり埋めようとする。不安なのだ。そこで安心させてくれるもの、ベッド、ダイニング・テーブル、カウチ、神棚、そして壁には絵を、棚には本や思い出の品々を、と部屋をいっぱいにする。

私たちの内面でも同じようなことが起きている。もし誰かに「あなたの頭はカラッポだね」と言われれば、修行者でないかぎり、侮辱されたと感じるだろう。何も起こらないカラッポな人生は孤独で淋しい、と感じるだろう。空しいと思う感覚は憂うつな気分を伴う。空しさに襲われれば、映画を見に行ったり本を読んだり、テレビをつけたり電話をかけてみたり、買物に走ったりする。私たちは何もしない空白の状態、沈黙、静けさを望まない。よしんば望んだとしても、しばらくすればそこから脱したいと思う。当初は「ただぼーっとして何もしないでいたい」と考え休暇に出かけた場合でさえ、瞬く間に、本を手に取り、泳ぎ、ゲームに興じ、ご馳走を食べ、ワインを飲み、何もしない時間を捨て去る。本当は、何もしたくない、というわけではないのだ。そして、もし何もしないでじっとスペースを見つめている人がいれば、「こいつは悩みを抱えているにちがいない」と勝手に思う。

空性の瞑想は仏教で最も重要な瞑想のひとつなのだが、「空性」という言葉はあまり好まれないようだ。「無量」（量りしれないほど満ちている）あるいは「真如」というほうが響きがいいようだ。ところがこれは、空性と同じことをいっているのだ。では、仏教でいうところの「空性」の真の意味は何だろうか？　それは、智慧だ。空性を悟ることが智慧であり、智慧とはシュニヤータ（空性）の悟りを指す。智慧とは空の本質を知ることであって、空の本質に生起する質を知ることではないのだ。質を悟ることは、方便に当たる。方便と智慧は裏表の関係にある。慈悲や寛容といった質を高め、悟ることは方便であり、こうした質が生起する空なるスペースを悟ることが智慧と呼ばれるものだ。

長い間、仏法を学んできた人なら、空性について耳にタコができるほど聞かされたにちがいない。おそらく、今まであなたが学んできた師の誰もが、また手にした本どれもが、空性について語っていたことだろう。それによって、あなたは変わっただろうか？　あらゆる現象は相互に依存して生じるという縁起の法則、つまり自性を欠いているということについて説明できるようにはなったかもしれない。が、もしそれが理論上だけの理解ならば、あなたの人生にたいした影響を及ぼさなかったといえるだろう。仏法や仏教哲学の研究があなたの人生の重要な課題だとしても、もし、空の本質が自分とはかけ離れたもので、ましてや悟るなど不可能なことだ、と思い込んでいるとしたなら、直接的な体験はありえないだろう。そうであるなら、不運だと言わざるをえない。なぜなら、空性の輝きは、あなた自身の本性だからだ。どこか遠くにあるものではない。あまりにも真近すぎて、すぐそこにあるそれに気がつかないことが問題なのだ。

心の本性に目覚めると、覚醒意識と空性が不分離の境地、それが「自分」だということに気づく。まさにそのとき、空の本質が明らかになるのだ。もしあなたが、心の本性に留まったまま、空から生起する事柄にとらわれず、空そのものに溶け込んでいれば、生き方に確実な変化が生じる。もはや、抵抗すべき対象は何もなく、守るべき「我」もない。なぜなら、私たちの本性は無限の空であり、何もかもを受け入れることができるからだ。空性に防御は必要ないのだ。空は、ダメージを受けることがない。誰も空に対して危害を加えたり影響を及ぼすことはできない。考えやイメージは攻撃され傷つけられることがあっても、考えやイメージが浮かんでいる空としてのスペースは、破壊されることはない。朽ちることもなければ、増えることも減ることもなく、生じることも、滅することもない。空を悟ることで、確信に満ちた心、何ものをも恐れない心が生まれる。感覚や経験の絶え間ない変化があったとしても、私たちはそれが立ちあらわれているその不変の空としっかりと結ばれている。空を所有しようと努力する必要はどこにもない。それはすでにここにあるのだ。手に入れたいという願望や失うことへの恐怖とは無縁のものとして。心の本性に目覚めたとき、いっさいの現象は自ずと完全であるということが明らかとなり、原初の清らかさそのものであるということにも目覚めるのだ。

ゾクチェンの修行者は、心の本性のこの空をまず理解するよう努める。それから、師の導き入れと瞑想を通して「これだ」と認識し、さらに空との結びつきを深めてゆかなくてはならない。最終的に、空とひとつになる。それが、「心の本性に留まる」ということの意味だ。修行者が、自分を離れて別のものになる、ということではない。修行の道や目的について説明しようとすれば、「発展・進歩」「到達」という意味あいの言葉を使わざるをえないが、実のところ、到達すべきところなどなく、発展させるものなどないのだ。目覚めることがすべてだ。もとよりすでにあるものに、気づけばよいだけなのだ。

心の本性の空を悟ったとしても、生起しつづける一連の流れはやむことがない。これが、輝きだ。動き、感覚の揺れ、生命の活力が、輝きとなっている。人生はより豊かなものとなることはあっても、寒々しいものとなることはまずない。人間であるゆえの質は、やむことなく湧き起こってくる。それは、慈悲の気持ちや悲しさ、怒りや愛情かもしれない。しかし、どんなときでも、修行者はさまざまな顕現があらわれる空とつながりを失うことはない。

スペース（空）はすべての土台であり、根源のリアリティだ。いや、土台の安定感を象徴するのは大地だ、と思う人たちも多くいるだろう。他のいっさいから分離しているひとつとして自分をとらえているかぎりは、その通りだ。二元的世界においては、大地が土台であり、地上がスペースだと思っている。しかし、ゾクチェンでは、スペースが土台だ。スペースとひとつに溶け合っている修行者は大地よりも安定している。なぜなら、もはやその人は大地の存在を許容しているスペースとなっているからだ。その人は水よりも自由で、風よりも自在。なぜなら、水の流れは障《さまた》げられることはあっても、スペースには障げるものは存在しないから。風はスペースの広がりのないところには届かないから。そして、火よりも創造的。スペースがなければ火は燃え上がることもできないから。スペース（空）こそは、私たちの真の姿なのだ。

空と四大元素の光との統合

もし、空そのものとの深い結合がなければ、純粋な光を体験することはおよそ不可能だ。このことについてチベットの伝統では、「心の本性を悟り、そこに留まりつづけなければ、心の本性のエネルギーを感知し、そのエネルギーと取り組むことはできない」と説く。

光の体験によって、空の体験は深まる。また逆に空の体験は、澄みわたった清らかな光の体験をもたらす。今ここで、すべてのものが光から成り立っている、と感じてみよう。形にとらわれず、眼で見るという視覚の限界を超え、感覚器官と感受する対象という二元性を超えてみよう。あふれる光と意識の体験がやってくる。それだけであり、そのなかにすべてがあるのだ。これは、いつでもどんなときにでもできるプラクティスだ。何ひとつ変わったわけではない。けれどすべてが今までと違っている。形をではなく、光として見る。言葉を聞くときには、その光を見る。ご馳走を味わうときには、その光を見る。すべては光であり、五感すべてでそれは「見る」ことができるのだ。体験をそれぞれの感覚器で受けとめることを超え、内的・外的体験として区別することを超え、私の体験、他者の体験として分けることを超えるのだ。こうして、体験は統合される。

感覚と取り組むことは、感情や心の動きといったことに取り組むのと同じように大切だし、役に立つ。何かしらの感情が湧き起こってきたとしよう。打ちのめされるくらい強力な感情であったとしても、それは光であるにすぎない。憎しみも嫉妬もよろこびも、すべて光だ。空のなかに留まり、光を感じなさい。光となって留まり、空を感じなさい。

光と空に結びついているのは、胸の中心だということを覚えておくとよい。そこは、真の師が住する場、帰依の場なのだ。サマンタバドラとタピリツァがおられる場だ。真の師とは胸のなかのその光であり、不二の意識、リクパなのだ。心を胸に向け、そのまま覚醒を保ち、感覚を開きリラックスしなさい。空のなかの光の躍動を感じなさい。開いたままで居るように。ゾクチェンとは、開かれて在ることなのだ。物事を堅固なものとして、実体化すればするほど、空と光を感受することは難しくなる。

覚醒を保つことができないほど気が散っている場合は、祈りなさい。内なる光とつながるように祈りなさい。祈りは、想像以上に強力なものだ。祈りはばらばらの想いをひとつにし、方向性を与えてくれる。感情の波から私たちを引き上げてくれ、安らぎをもたらし、進むべき道を指し示してくれる。いつも何かをせずにはいられないのが人間というものだが、過去や未来の想いにふけって時間を浪費するよりも、祈りの時間を持つほうがよほど有益だ。

光と結ばれた状態で居るのがよいように、スペースと結ばれた状態で留まることもよい。スペースのなかの物に注意を払うのではなく、物が存在しているスペース、想いが浮かぶスペース、家具が置かれているスペース、青空が広がっているそのスペースに意識を向けて、丸一日を過ごすようにしてみるとよい。私たちは一日中、スペースのなかで生活し、スペースのなかで眠り、夢を見るのもまたスペースのなかの出来事だ。スペースに対しての自覚的な関係を保っていなければ、私たちは己を見失ってしまう。スペースと自覚的につながっているなら、私たちは決して己を見失うことなく、覚醒を保つことができるのだ。

テクチュー（切断のプラクティス）では、空《そら》を見つめることが重要になってくる。坐って空《そら》を見つめるとき、――雲や鳥に焦点を合わせるのではなく――実体あるものを見ているのではない。スペースを見ているのだ。スペースは、言わず語らず成さずだが、はかり知れない影響をもたらす。この修行が安定したものとなってくれば、外なるスペースとの結びつきがそのまま、内なるスペースへの結びつきとなる。

修行では内なるスペースから始めて、外なるスペースへとつながっていくこともできる。または、外なるスペースとつながっている感覚を、内なるスペースとのつながりにあてはめてみることもできる。これはどちらでもかまわない。重要なのは、外なるスペースも内なるスペースも心のスペースも、どれも同じ空なる光のスペースだと認識することだ。心の本性のスペースに留まっていれば、私たちは自由そのものなのだ。もっと言うなら、自由が私たちなのだ。

暗闇のなかにこもる修行〈五大元素のヴィジョン〉

ゾクチェンの修行者が師の導き入れによって心の本性の境地を知ったのちには、暗闇のなかにこもる（ダーク・リトリート）、空を見る、太陽を見るなどのトゥゲルの教えが授けられる。トゥゲルは、五大元素に深く関わっている。

暗闇の修行では、修行者はわずかな光すらも入らない真っ暗な部屋や洞窟で何か月かを過ごす。外からの光がないと、人はうつや密室恐怖症に陥りやすいというのは事実だ。これに対して光にさらすという療法もある。しかし、暗闇の修行中、純粋な光の覚醒のなかに留まっていれば、完全な闇におおわれた小部屋にどんなに長い間こもっていても、うつや密室恐怖症になることはない（ボン教の伝統では暗闇の修行は、四十九日間だが、それより長い間こもることがよくある）。

実際は、うつとは逆の問題が生じることがある。あまりにも多くのことが起きてくるので、興奮状態となり、荒々しい想いにかられ、コントロールするのが困難となる場合だ。テクチューは、スペースのなかでの安定を意味する。密室恐怖症などを決して招くことのない境地だ。一方のトゥゲルは光の顕現だ。物理的には狭い暗闇のなかであっても、広大なスペースとあふれるばかりの光がある。つまり、それは、存在の土台となっているスペース（空）であり、本来備わっている原初の意識の光だ。外の光が私たちを元気にしてくれるのとまったく同じように、内側の光は私たちを守ってくれる。リクパの生気、その心の活力は、外から得る元気以上に内からの身体の活力を生む。

修行者であるかないかに関わりなく、誰でも真っ暗ななかにしばらく居てから光を見れば、幻覚を見るだろう。これはトゥゲルではない。もし、正しい導き入れを受けておらず、心の本性に留まることができていなければ、そこにあらわれるヴィジョンはカルマの痕跡によって生じた心の投影にしかすぎない。テクチューなくしてトゥゲルはなく、本来の境地に留まることを体得していなければ、テクチューの成就を見たとはいえない。

夢と眠りのヨーガでも同じことがいえる。世俗的な夢とは、カルマの痕跡と、カルマのプラナが、心との相互作用によって表出した物語、つまり、ごく普通に見る夢だ。しかし、本来の境地に留まっている状態で見る夢は、表層の個人的カルマより深いところから立ちのぼる光明の夢となる。そして、こうした夢はしばしば個を超えた智慧を含んでいる。眠りにおいても、同じことがいえる。普通、人は眠りのなかで無意識の状態となるが、心の本性に安住している修行者の眠りは違っている。身体と表層の概念的な心は眠ってしまうが、本人は光明と完全に一体化したままの状態に留まり、不二の覚醒の意識そのものとなっているのだ。

暗闇の修行では、この境地に留まっていれば、五大元素はバランスよく調整される。暗闇の修行のやり方のひとつに、五大元素のそれぞれに対応した姿勢・坐法を示したものがあるが、これは特定の脈管を開き、プラナの流れをよくするためだ。リクパに留まりつつおこなうこの姿勢は、これに対応する元素エネルギーを喚起し、また、姿勢に対応した五種類の凝視の仕方は、五大元素のそれぞれのエネルギーが外にあらわれる門となると考える。つまり、五大元素のエネルギーが喚起される内的なプロセスは、外側の闇に投影され、修行者はそれをヴィジョンとして視覚的に体験することになるのだ。

『シャンシュン・ニェンギュ』には、トゥゲルの五段階のヴィジョンについての解説がある。この五段階は、地・水・火・風から空まで、それぞれの元素に対応している。五大元素との一体感が深まれば、それぞれの段階で修行が深まっているサインがあらわれる。

霊性の修行が進めば、内的な変化が起こる。今までになかったような日常生活でのポジティブな体験が増えていく。人間関係が楽になり、ネガティブな感情が弱まるなど、さまざまなよい結果が生み出される。トゥゲルの修行では、ポジティブな内的変化が生じると同時に、外的変化はヴィジョンとなってあらわれる。ダーク・リトリートや太陽の凝視、空間の凝視といったトゥゲルの修行においては、修行者は五大元素の純粋な本質、五つの純粋な光とつながりあうよう努めるのだが、このときあらわれるヴィジョンはこのプロセスが順調にいっているサインである。内的変化こそが重要で、ヴィジョンは修行の要ではないが、修行が進んでいるかどうかをチェックする方法として有効なものだ。

一般的に、ヴィジョンには光と光の模様が最初にあらわれる。光には、色がある場合もあれば——主に強く出るのは一色か二色のことが多いが——まったく色がない場合もある。**ひとつ**

の元素の純度が高まるに従い、その元素の特性をあらわす色と模様が浮かびあがる。地の元素なら形は四角で色は黄色、水なら青い円形、火なら赤い三角形、風なら緑の長方形、空は白の半円形、という具合にだ。最終的にいくつものイメージの断片があらわれるが、不鮮明でたちまち消えてしまう場合が多い。何度か繰り返すうちに、イメージは安定した完全なものとなる。イメージの進化はまぐれでデタラメなもの、偶発的なものではない。修行が深まるにつれ、主要な脈管とチャクラが開き、カルマによる滞りや性癖は、心の本性のなかへと溶け込んでしまう。本来は清らかなはずの五大元素を覆っていた曇りは、取り払われ、ヴィジョンもこれに応じていよいよ清らかなものとなっていく。より鮮明に完全な形をとり、色にも調和が生まれる。そこには、本尊、女神、マンダラ、聖なる文字やシンボルが立ちあらわれるのだ。

日常生活でも、ダーク・リトリートのときと同じように、感覚のフィールドに起こっている事柄にどう反応するかによって、迷いのなかに留まったままになるか、真理の覚醒に向かうか道が別れる。もし表層にある移ろう心の二元論的な見方にとらわれてしまえば、五大元素のエネルギーは実体を伴ったものとして体験されるだろう。心の本性のなかに揺らぐことなく留まっていれば、実体があるかのごとくあらわれる諸現象も純粋な光のなかへと溶け入っていく。一方はカルマによる性癖に縛られる道であり、もう一方は何ものにも左右されない自由への道だ。二元論のなかに留まれば、五大元素の光は五つのネガティブな感情となり、本来の境地に留まれば、五つの光は五智となる。ダーク・リトリートでは、今自分が修行のどの地点にいるかがわかる。なぜなら、修行のレベルはどのようなヴィジョンがあらわれるか、またそれに対してどのように関わるかにも投影されるからだ。

トゥゲルの最も高いレベルでは、五大元素は完全な調和のなかにある。いっさいの体験は本来の自然な境地に統合される。この身体を、私たちは堅固な物質として認識しているが、実のところ、身体も五大元素の光のあらわれなのだ。スペース（空）に完全に溶け込んでしまえば、身体を個別的なものとして感じる感覚というものはなくなる。これは、身体が消えてなくなってしまったということではなく、光の身体として体験されるのだ。究極的には、虹の身体はこうして成就される。

本書のはじめに述べたように、虹の身体は、ゾクチェンにおける覚醒の特別なしるし、死に際して身体の五大元素がそのもともとの純粋な性質に、色の光となって溶け出すしるしだ。

通常、「私は何者であるか」という認識は、身体、人間関係、周囲の状況、想念や記憶といった環境に依存したものといえる。心の本性のなかに留まっていれば、イメージや想いに象徴される「私というアイデンティティ」は、空の本質のなかへと溶け込んでいく。この空から顕現するものにどのように関係するかが、幻惑の罠に捕われたままになるか、智慧の輝きのなかに自らを解放するかの分岐点となるのだ。心の本性のなかに留まっていないなら、どのような体験が起きたとしても、たとえそれが仏陀や浄土のヴィジョンであっても、自他を分別する邪見に根ざした二元的なヴィジョンにしかすぎない。心の本性に留まっている人にとっては、あらわれはことごとく、トゥゲルのヴィジョンにほかならない。

結び

私たちは、この貴重な人間としての身体を授かって生まれてきたことの意味を、よくよく考えてみなければならない。私たちは、仏法が伝えられている場所に、また師に出会うことができる時代に生まれ、伝授を受けることもできる。霊性の道に従って生きる自由も、自由諸国では認められている。よい環境にも恵まれ、修行をする自由な時間もある。

私たちは自分に与えられている宝ものについて、十分に認識していない。たまたま非運に見舞われるようなことがあると、恵まれた人生のありがたみを感じるのだが、それもつかの間、再び今まで通りの生活に追われ、ありがたさを忘れてしまう。満たされない気持ちと絶え間ない刺激の繰り返し、暗く否定的な感情と無知に押し流されて、感謝の気持ちからはほど遠い日常を送っている。世界には貧しい人々があふれているというのに、富む者を見てうらやむことはあっても、自分たちがどれほど恵まれているかに気づかないことが多いのだ。

教えで重要視されるのは、まず見解、そして瞑想、行為の三点だ。これは、どういうことかといえば、見解、つまりものの見方によって感じ方や考え方が左右されるということだ。そして、どう感じ考えるかによって、行動は決まってくる。二元論の視点から見れば、世界は不完全なものと映る。そして、私たちはこの不完全な世界に悩み多き不完全な人間として生きているように見える。しかし、世界はあるがままですでに完全なのだ、と見れば、私たちは仏陀であり、ここは浄土であり、私たちはほかの多くの仏陀たちに取り囲まれて生きているのだ。

私たちに清らかなヴィジョンが訪れ、世界とそこに住む生きものたちがそのままで完全であることをいつの日にか悟るまで、世界の不完全さもまた人生のごく自然なあり方として、何かしらの働きかけができる材料として受け入れることができるなら、それは有益なことだ。しかし、現実世界のあり方に背を向けてしまうなら、自分自身にも背を向けていることになる。世界に心を開き、あるがままを受け入れれば、自らのなかに内在するより深い次元にまで心を開くことになる。完全な受容は、希望と恐れに終止符を打つことであり、過去と未来に対するファンタジーとの決別だ。それは、「今」を完全に生ききることである。そして、あるがままを生きることなのだ。

私は、学識も豊かで高い悟りを得た師たちに囲まれながら、僧院で教育を受けたおかげで、仏法を学び、修行する道を歩むようになった。また、十五年前(一九八七年)より教えを授けるようになった。シャーマニズム(原因の乗)、スートラ、タントラ、そしてゾクチェンを学び修行するうちに、学問上の違いはあっても、小乗・大乗をはじめとするそれぞれの教えと修行が、どれほど深く結びついているかということに気づくようになった。こうした関連性を知ることは、目の前が明るく開けるようなよろこびに満ちた体験だ。そして、このことを完全に理解し、体得するなら、それによって修行はいっそう強力なものとなり、同時に順応性に富んだものとなる。時と場に応じて、いつ、何を修行すればよいかがわかるようになる。五大元素の弱い面を克服し、全体を強めていくために行法を使いこなすことができるようになるのだ。

五大元素についての理解があれば、この関連性を実践に役立てることができるだろう。私たちの身体は五大元素の戯れとして存在する。身体内の五大元素のエネルギーと力によって私たちは動いている。心の動きは微細な五大元素によるものだ。いっさいの時空は、五大元素の戯れだ。元素がどんなに微細であろうが粗大であろうが、その本質は五大元素の純粋な光であり、この光は存在するものすべてに宿る根源の聖なるエネルギーなのだ。

内容やレベルにかかわらず、私にとって修行とは、五大元素の純粋な光と自分との統合を深めていくことだ、と認識している。粗大なレベルでのバランスをとる必要があると思えるときもあれば、エネルギーレベルでの、あるいはもっと微細な心のレベルでのバランスをとる必要があるときもやってくる。本尊や空行母（カンドゥ、またはダキニ）の瞑想においても、呼吸や身体的動きの修行においても、常に、霊性の旅の最終目標である根源的な統合に向かっていることに変わりはない。

五大元素に関する本書が、多くの人々に身心と霊性のヒーリングをもたらすことを願ってやまない。私はさらに研究を続け、修行を重ね、人々と共同して仕事をしていくつもりだ。弟子たちとともに、五大元素の修行ができる場を設ける予定がある。それぞれの元素に見合った建物を、それぞれにふさわしい材料、色、形で建てる計画だ。内部にはそれぞれの元素の本尊によって加持された、聖なるマンダラを設置する。皆さんが、自由にここに来て、自分自身の内なる五大元素のエネルギーと関係を結び、そしてそれをますます深め統合していくことができれば、と願っている。

この古代の教えをさらに多くの人が学び、人生に役立てて欲しいと願う。教えをいつどのように応用すればよいかを知ることは、必ず役に立つと信じている。病や障害を乗り越えることができ、健康は増進され、活力が生まれ、福を招き、寿命が延び、生活の質が向上し、そして精神生活も充実したものとなるだろう。

どのような世界に生きていようとも、五大元素について知っていれば、この世界と相互に関係していく道が開けるのだ。五大元素を知るということは、根源を知るということであり、これを通してすべてを見通すことができるということだ。五大元素とどう関わっていけばよいかを知ることは、光と言わず影と言わず、人生のあらゆる面とどう取り組んでいけばよいか、その鍵を手に入れたのも同然だ。

読者のひとりひとりが、自らの本性をすみやかに悟られることを切望する。悟りに至るまで、一切衆生のために愛と慈悲を育むことができますように。原初の元素の無量無辺のエネルギーと智慧に、触れ親しむことができますように。その大いなる美しさを湛えた戯れ、この世界そのものと、人生そのものに、心を開いていることができますように。

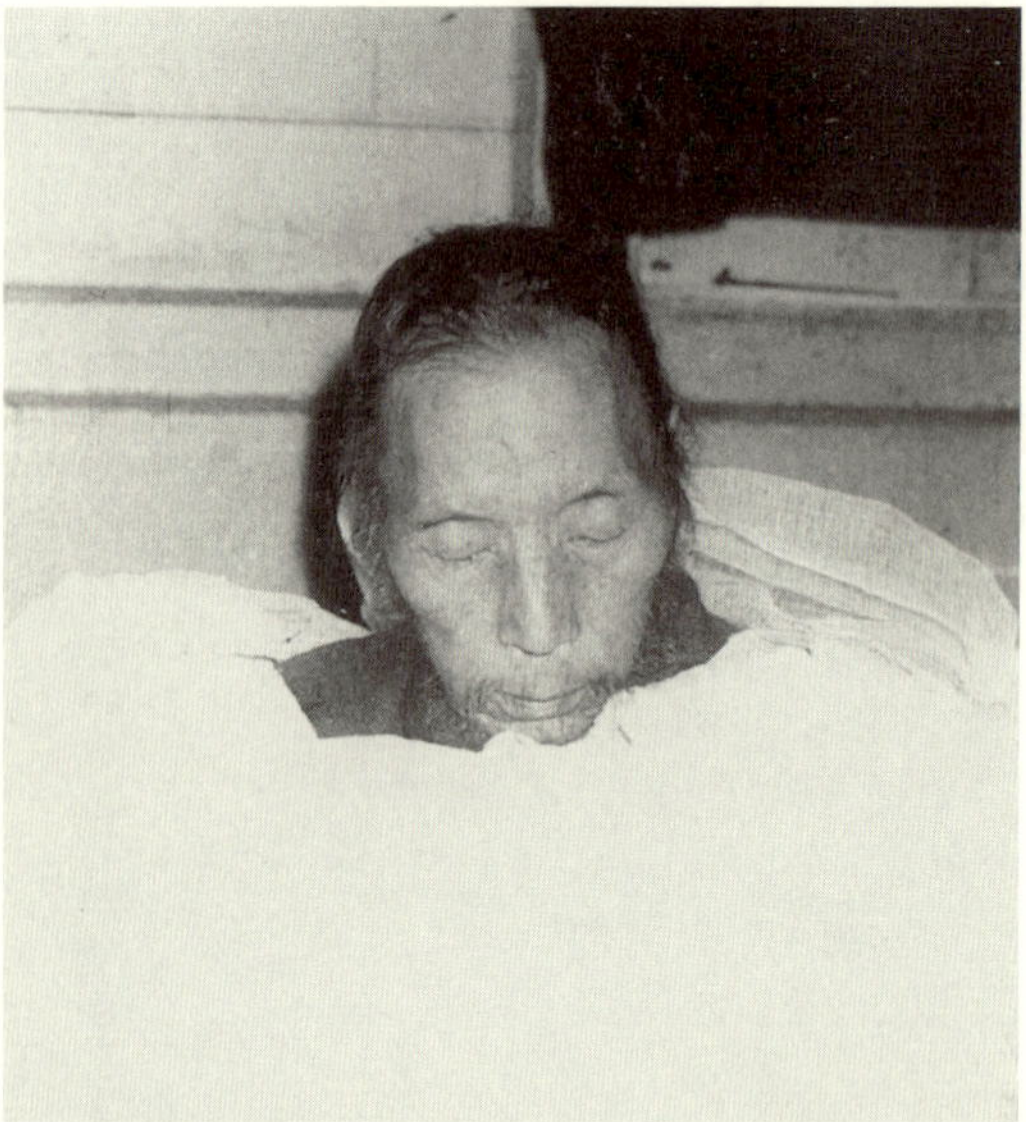

ボン教の偉大なラマ、ユンドゥン・テンジン師は、死の直前シッキムのS・T・N・M・ホスピタルで瞑想の坐法をとったまま、まわりの人々に「3日間は私に触らないように」と言われた。ややあって、外なる死（心臓と呼吸の停止）が訪れたが、ラマはその後も33時間にわたって瞑想の姿勢を保っておられた。多くのチベットの巡礼者が遠方の各地から集まってきた。死後、約束の3日が経過したのち、チベットの白いスカーフ（カタ）が捧げられた。

用語集

イー Tib：*yid*；Skt：*manas* 心の本性と対極にある思念する心。チベットではさまざまな心のあり方をあらわす用語があるが、そのひとつ。

イゲ Tib：*yi ge* 表意文字、言葉、音節文字。
（訳注――本書では、鎧兜の役割を果たしネガティブなパワーから守る象徴としての文字。）

イダム Tib：*yi dam*；Skt：*[ishta] -devata* 本尊。瞑想中に観想する悟りを体現した尊格。静寂、忿怒《ふんぬ》、増益、息災の四種の本尊の姿がある。否定的な作用を消滅させるために、それぞれの特定の働きに応じて、この四種のうちのいずれかの姿であらわれる。

カーヤ Tib：*sku* カーヤにはさまざまな意味があるが、本書では「身」もしくは「経験の次元」という意味で使っている。

カルマ Tib：*las*；Skt：*karma* カルマはもともと「行為」を意味するが、広義には因果の法則をいう。身体的行為も言葉も想念も、種《たね》としての役割を果たし、将来において条件が整ったときに結果として実を結ぶこととなる。肯定的な行為は幸せをもたらすといった肯定的な結果を生み、否定的な行為は、不幸をもたらすといった否定的な結果を生む。カルマとは、運命が定められているということではなく、現在の状況はどのような場合でも過去の行為から生じるものだ、という意味である。

カルマの痕跡　Tib : *bag chags* ; Skt : *vasana*　身口意《しんくい》による行為（身体でなす行為、言葉、心で想ったこと）は、意図的になされた場合、それがどんなにささやかな欲や嫌悪感によるものであっても、それをおこなった個人の意識の流れのなかに痕跡を残す。こうしたカルマの痕跡の積み重ねは、その個人の人生の一瞬一瞬によきにつけ悪しきにつけ、作用を及ぼす。

カンドゥ　Tib : *mkha' 'gro ma* ; Skt : *dakini*　サンスクリット語ではダキニ。ダキニの同意語はチベット語では「カンドゥマ」という。その意味は空行《くうぎょう》母《ぼ》（空を自由自在に駆け、旅する女性）。空《そら》とは「空《くう》」のことである。ダキニはその「空」のなかを駆ける。つまり、絶対的真理を悟った完全な覚醒のなかにあって行動するということ。ダキニは自らの心の本性を悟った女性（人間）の場合もあれば、女性性を有する人間ではない生きもの、あるいは女神の場合もある。また、覚醒した意識の直接的な顕現である場合もある。

空行《くうぎょう》母《ぼ》→カンドゥ

空性《くうしょう》　Tib : *stong pa nyid* ; Skt : *shunyata*　いっさいの現象の絶対的性質。

クンシ　Tib：*kun gzhi*；Skt：*alaya*　ボン教では、クンシは存在するものすべての土台である。ひとりひとりの土台でもある。唯識《ゆいしき》でいうところの阿羅耶識《あらやしき》とは同義ではない。阿羅耶識にはクンシ・ナムシェ（次項参照）が近い。クンシは空性《くうしょう》と澄みわたった輝きが一体となった土台、すなわち、あらゆる可能性を内包して開いている本源のリアリティと、やむことのない現象の戯れと、覚醒意識が一体となっている「場」である。クンシとは、存在の基盤となっているものなのだ。

クンシ・ナムシェ　Tib：*kun gzhi rnam shes*；Skt：*alaya vijnana*　クンシ・ナムシェは個人の基盤となる意識。ここはカルマの痕跡が貯蔵された「蔵《くら》」、「貯蔵庫」であり、将来に何を経験するかは、ここから生じる作用による。

グンドゥ　前行　Tib：*sngron 'gro*；Skt：*purvagama*　教えのレベルによって、さまざまな前行のやり方がある。

護法尊　Tib：*srung ma/chos skyong*；Skt：*dharmapala*　護法尊とは仏法（教え）とその修行者たちを守る誓いを立てた存在で、女性、男性のいずれかの姿をとる。また、悟りを開いた生きものが忿怒《ふんぬ》尊としての姿をとる場合と、俗世の守護神である場合がある。タントラの修行者は教えの法脈と関係する護法尊を崇め信仰するのが一般的である。

サマディ　三昧《さんまい》　Tib：*ting nge 'dzin*；Skt：*samadhi*　瞑想の段階に応じて得る覚醒意識、または超越意識の状態。

サマヤ　Tib：*dam tshig*；Skt：*samaya*　誓約または戒。一般的に、タントラ修行に入る際、修行者が修行上のきまり、行為や生活態度を守る誓いを立てる。一般的な戒と特定のタントラ修行に関する戒がある。

サムサーラ　Tib：*'khor ba*；Skt：*samsara*　曇りのある分別の意識より立ちのぼる苦しみの世界。その世界ではあらゆるものは無常で、自性を欠き、いっさいの生きものは苦しみのなかにある。サムサーラは六道《りくどう》輪廻の界すべてを含むが、一般的には、無明《むみょう》から生じる煩悩と二元論にとらわれて苦しむ生きものたちの状態を指す。サムサーラに終止符が打たれるのは、無明からの完全な解放を得たときである。

三毒　Tib：*rtsa ba'i nyon mongs gsum*；Skt：*mulaklesha*　無明、憎しみ、欲望。苦しみの種であるこの三毒を宿しているかぎり、輪廻から抜け出すことはない。

サンボガカーヤ　Tib：*longs sku*；Skt：*sambhogakaya*　報身。仏の楽体。報身は完全な光の身体。主に、タントラとスートラの修行で観想する。ゾクチェンではダルマカーヤ（法身）のイメージを観想することが多い。

三昧《さんまい》→サマディ

シェンラ・ウーカル　Tib：*gShen lha 'Od dkar*　ボン教の創始者シェンラプ・ミウォチェの報身。

シェンラプ・ミウォチェ　Tib：*gShen rab Mi bo che*　ボン教の源である仏陀の化身の名。トンパ・シェンラプとも呼ばれる。一万七千年前に存在したと信じられている。ボン教史のなかに十五巻に及ぶ伝記が存在する。

シネ　Tib：*zhi gnas*；Skt：*shamatha*　寂静のなかにあること。平静さ。シネの修行では、一般的に自分の内側または外側の対象に意識を集中することによって集中力と心の安定を養う。シネはほかのさらに高度な修行を進めるための土台となる基本的な修行で、夢ヨーガにおいても眠りのヨーガにおいても、シネに熟達していることが必要となる。

シャンシュン・ニエンギュ　Tib：*Zhang zhung snyan rgyud*　ボン教においてゾクチェンの教えのなかで最も重要な経典のひとつ。ウパデシャに属する教え。

スートラ　Tib：*mdo*；Skt：*sutra*　顕教。スートラの経典は歴史上の仏陀が説いた教えを編纂したもので、放棄の道が基盤となっており、世俗を捨てる僧としての生活の基本となるものである。

セム　Tib：*sems*；Skt：*citta*　チベット語では「心」に該当する言葉は数多く存在するが、セムもそのひとつ。セムは、「概念的な心」という心のひとつの側面をいう。心の本性とは別の、動きのある心、移ろう心のこと。

前行→グンドゥ

ソク Tib：*srog* 生命力、存続力。生得の覚醒意識「リクパ」と密接な関係がある。

ゾクチェン Tib：*rdzogs chen* 大いなる完成。チベット仏教のニンマ派においてもボン教においても、ゾクチェンは最高の教え、修行の究極とされている。ゾクチェンの基本となる教えは、自分自身を含めたリアリティはもともと完全なものであり、何ひとつ変容させたり（タントラの教えでは変容を説く）、放棄したり（スートラの教えでは放棄を説く）する必要がなく、真の状態を悟ればよいと説く。ゾクチェンの修行の本質は自己解放である。これは、現象として立ちあらわれるすべてを概念で彩ったり、執着したり嫌悪することなく、あるがままに経験するということである。

タピリツァ Tib：*Ta pi hri tsa* 歴史上の人物とされているが、仏陀の法身をあらわすイメージでもある。裸身で飾りを付けず、絶対的真理を体現した姿である。シャンシュン・ニェンギュのゾクチェンの系譜における二人の主要な師のうちの一人である。

ダルマ 仏法・法 Tib：*bon, chos*；Skt：*dharma* ダルマには多くの意味があり、その使われ方の幅は広い。本書では、ダルマは複数の仏陀を源とする霊性の教えであり、またその道である。ダルマは「存在」を意味することもあり、複数の場合は、「現象」を意味する。

ダルマカーヤ Tib：*bon sku, chos sku*；Skt：*dharmakaya* 法身。仏陀は三身（三つのカーヤ）を

有するといわれる。法身、報身（サンボガカーヤ）、応身（ニルマナカーヤ、変化身《へんげ》ともいう）がそれである。ダルマカーヤは、しばしば「真理の身体」とも呼ばれる。法身の意味は、仏陀の絶対的性質をいうものである。これはすべての仏陀が等しく有するものであり、存在するものすべての絶対的性質、すなわち空性《くうしょう》である。ダルマカーヤは一元的であり、概念を超えており、どのような特性からも自由である。（サンボガカーヤ、ニルマナカーヤの項も参照のこと）

タントラ　Tib : *rgyud* : Skt : *tantra*　密教。タントラはスートラ（顕教）と同様に仏陀たちの教えを編纂したもの。タントラ経典の多くは埋蔵経典（テルマ）発掘の系譜に連なるヨーギたち（テルトン）によって発見された。テルマ（埋蔵経）の項参照。タントラは変容の道を基盤とし、身体エネルギーの活用、意識の転移、夢と眠りのヨーガなどを含む。段階を踏まず瞬時におこなう変容（究竟次第《きゅうきょうしだい》）を説くレベルのタントラのなかには、ゾクチェンについての教えを含むものもあるといわれる。

チャクラ　Tib : *'khor lo* : Skt : *chakra*　もともとの意味は「輪」あるいは「円」。チャクラはサンスクリット語で、身体のエネルギーセンターをあらわす。体内を巡るいくつもの脈管（ツァ）が交差するポイント。それぞれのチャクラに対応した瞑想法がある。

チュー　Tib : *gcod*　もともとの意味は、「断ち切る」。チューは自らの身体と「我」への執着を断つことを目的とし、これらを他の生きものにすべて捧げるという修行法で、「恐怖心を方便として利用する修行法」や「寛容さを養う修行法」として知られる。さまざまな階層の生きものたちを招来する念入りな段階を踏んで、次に修行者自らの身体を観想によって切り裂き供物に変えるという内容。流れるような節まわしの歌とともに、ドラム、鈴、角笛などを使っておこなう。人里離れた山奥、墓地や土葬の里など恐怖心を引き起こす場所でおこなわれるのが一般的。

ツァ　脈管　Tib : *rtsa* ; Skt : *nadi*　生体エネルギー循環システムを司る身体の脈。生命を維持し活気づける微細なエネルギーの流れが巡っている。脈管そのものもエネルギー系であるため、目に見えるものではないが、本来備わっている鋭敏な感覚や修行を通して、体験的に感じとることができるようになる。

ツァ・ルン　Tib : *rtsa rlung*　広義には、ツァ（脈管）とルン（生命エネルギーの風）に働きかけるヨーガ行。チベット密教の伝統のなかにはさまざまなツァ・ルンの行法がある。

ツェ　Tib : *tshe*　寿命。潜在的ないのちの活力が保持される時間の長さ。

ティクレ　Tib : *thig le* ; Skt : *bindu*　ティクレには複数の意味があり、文脈によってその意味は異なる。「滴」「精髄の集中点」と訳される場合が多いが、夢ヨーガ、眠りのヨーガでティクレという場合は、意識の特質をあらわす光輝く球体を意味し、この球体に心を集中させる瞑想法もある。

ティクレ・ニャクチック　Tib : *thig le nyag cig*　存在のシンボルをあらわす輪郭や境界のない単一

の球体。いっさいのリアリティの一元的性質。

テクチュー　Tib：*khregs chod [trekchöd]*　トゥゲルとともにゾクチェンの主要な二つの修行法のひとつ。すべての迷いと無明《むみょう》を断ち切り、本然の境地に居つづけることを主眼とする。

テルマ　埋蔵経　Tib：*dgongs gter*　心の宝。チベットの文化にはテルマの伝統がある。テルマとは、将来見つけられ役に立つことを見越して師たちによって隠された聖像や経典、教えなどをいう。テルマを発見することとなるタントラの師たちは、テルトン（埋蔵経発掘者）という。テルマは、洞窟や墓といった場所で発見されることもあれば、水や木や土や空といった元素のなかから発見されることもある。あるいは、夢やヴィジョンを通して授けられることも、意識の深いレベルで直覚されることもある。後者の場合、これは心の宝（*gong-ter*）として知られている。

トゥゲル　Tib：*thod rgal [tögal]*　ゾクチェンの主要な二つの修行法のひとつ。すべての立ちあらわれる現象を統合することに主眼を置く。暗闇の修行、太陽と青空を見る修行など視覚を通しての行を活用する。

トゥムモ　Tib：*gtum mo*：Skt：*candali*　内なる火のヨーガ。特定の坐法、呼吸法、観想法によって臍のチャクラにある火のプラナを活性化し、中央脈管を通して頭頂のチャクラへと上昇させる。この修行はボン教およびチベット仏教の派を問わず広くおこなわれている。「ナロパの六法」の中心となる行であり、ほかの行体系にも見られる。ボン教では、トゥルコルと併せておこなうことが多い。

トゥルコル Tib : *'khrul 'khor* ; Skt : *yantra* 「不思議な輪」と呼ばれる特殊なヨーガ修行。中央脈管にプラナを導き入れるための、呼吸、動き、坐法を伴った瞑想法。このヨーガ修行は身体・エネルギー・心の障害を取り除き、健康を増進させる。究極の目的は、身体と身体エネルギーを活用することによって、リクパの不二の意識を揺るがぬものとすることにある。

土台→クンシ

ナーガ Tib : *klu* ; Skt : *naga* 蛇の霊、水と関係する。

虹の身体 Tib : *'ja'lus* ゾクチェンの伝統では、完全な悟りのしるしとして虹の身体を成就する。ゾクチェンの悟りを得た修行者は、存在するかのごとく目に映る実体や、心と事象といった二元的世界にもはや惑わされることがないゆえ、死に際して肉体を構成している元素のエネルギーを解放する。肉体そのものが溶け、髪の毛と爪だけを残し、鮮明な意識のまま死を迎える。

ニルヴァーナ Tib : *mya ngan las 'das pa* ; Skt : *nirvana* 涅槃《ねはん》。いっさいの苦しみを超越した状態。ボン教、仏教各派によって説明の仕方は異なるが、通常、苦しみと悲惨さに縛られたサムサーラ（輪廻）の対立概念として使われる。

ニルマナカーヤ　Tib：*sprul sku*；Skt：*nirmanakaya*　応身、変化身《へんげ》ともいう。ダルマカーヤ（法身）が化身として変化したレベル。通常、仏陀が目に見えるお姿で顕現することを指す。人々の願いに応じて物質的次元に顕現するという意味もある。

バルド　中有《ちゅうう》　Tib：*bar do*；Skt：*antarabhava*　中間の状態を指す。生、瞑想、夢、死という存在のありようが次の状態へと移行する途上の状態をいう。一般的には、死から再生までの間の状態である中有を指す。

（訳注――バルドについては著者の両著作（338頁参照）に詳しい。生も死も、およそプロセスとしてあらわれるものはすべてバルドである。吐く息、吸う息のこのひと呼吸もバルドという。）

プラナ→ルン

菩提心　Tib：*byang chub sems*（*byang sems* と省略して呼ばれることもある）　覚醒した意識。通常は、他の生きものを救うため、という動機から悟りを得ようとする慈悲の心を指す。ゾクチェンでは、生得の不二の意識と同義である。

ポワ　Tib：*'pho ba*　意識の転移。死に際して意識を身体より抜き、転移させる修行法。

（訳注――ポワの概略については『虹の階梯』（ラマ・ケツン・サンポ・中沢新一共著、平河出版）、『宗教を語るⅡ』（すずき出版）のアヤン・トゥルク・リンポチェの章が参考になる。）

ボン教　Tib : *bon*　チベット土着のボン教の起源はインドの仏教より古い。ボン教の起源についてては学者たちの意見は分かれるが、一万七千年前より途絶えることなく受け継がれてきたとされる。チベット仏教各派のなかでもニンマ派（古派）に近い。ボン教は独特の聖画像やシャーマニズムの豊かな水脈を受け継いでいるという特徴がある。またほかの仏教の法脈と異なり、その起源は釈尊より以前の、シェンラプ・ミウォチェ仏に求められる。

本尊→イダム

マリクパ　Tib : *ma rig pa* ; Skt : *avidya*　無明《むみょう》。存在の土台であるクンシが認識できないこと。クンシこそが真理であるという智慧がないこと。先天性・後天性の性質の異なる無明がある、と説明されることがしばしばある。

脈管→ツァ

明知《みょうち》→リクパ

ヨーギ　Tib : *rnal 'byor pa* ; Skt : *yogin*　夢ヨーガなどの瞑想修行をする男性の修行者。

ヨーギニー　Tib : *rnal 'byor ma* ; Skt : *yogini*　女性の修行者。

ラ　Tib : *bla*　魂。人を人たらしめている根本の善。人として徳を積むことができる根源的な潜在力。

ラマ　Tib : *bla ma* ; Skt : *guru*　サンスクリット語のグルの文字通りの意味は「重い」。覚醒した質を積んで重いのだ。ラマは「これ以上優るものはない」という意味。精神的な師であるラマは、弟子にとってかけがえのないものだ。チベットの伝統では、ラマは仏陀よりも重要だと考えられている。なぜなら、今生で教えを直接受けることができるのはラマあってこそだからだ。絶対的見地からいえば、自らの内にある仏性こそがラマなのだ。相対的な見方をすれば、その人にとっての師がラマということになる。一般的には、精神的指導者や僧への尊称として使われていることが多い。

六道輪廻《りくどう》　Tib : *rigs drug*　六つの界。天界の神から、阿修羅、人間、畜生、餓鬼、地獄界の生きものまでの六つの様態であらわされる。六界の生きものたちは苦しみのなかにいる。六界は生きものが生まれ落ちる実際の世界であると同時に潜在的傾向に突き動かされて執着してしまう経験の様相でもあり、それがこの人生の可能性を狭め限定してしまう鎖ともなる。

リクパ　Tib : *rig pa* ; Skt : *vidya*　覚醒、また明知《みようち》の意味。ゾクチェンの教えではリクパは生得の、原初より清らかにして純粋な不二の覚醒。これは、いのちの本来の性質である。

リンポチェ　Tib : *rin po che*　「貴重な宝」を意味する。転生ラマを指す尊称として広く使われている。

ルシェン　Tib : *ru shan*　区別または分離。本書では、ゾクチェンの前行において通常の分別の心と本然の心を分けて体験する修行を指す。

ルン　Tib：*rlung*；Skt：*vayu, prana*　ルンは生命エネルギーの風。西洋ではサンスクリット語の「プラナ」という呼び方が一般的だ。ルンの意味は多岐にわたるが、本書では、身体と意識の存続力を支えている活性エネルギーを指す。

ルンドップ　Tib：*lhun grub*　自ずと完成している、あるがままで覚醒している境地。ゾクチェンでは、現象がやむことなく自ずと発現することをいう。

ロカ　Tib：*'jig rten*；Skt：*loka*　文字通りの意味は「界」、または「世界の成り立ちのシステム」。訳語には「六道輪廻」が当てられることが多いが、ロカという言葉には、個が六道輪廻に支配されてしまう仕組み、という六界の成り立ちの原理までを含んだ深い意味がある。（六道輪廻の項参照）

〈訳者による補足〉

回向《えこう》　よきおこないをして積んだよき質を他のすべての生きものにもまわし、皆等しく苦しみが取り除かれ悟りを得ることができるよう願うこと。このような喩えを聞く。ひと滴の水は太陽にさらされれば、すぐさま蒸発してしまうが、大海に注げば干上がることがない。このように自分が積んだよき質を善のエネルギーの大海に注ぎ、人類共有の善として増やしていくこと。

オラクル　神託官。チベット社会では、聖・俗両面で重要な存在。ご託宣によって、決定づけられることがままある。チベットの全体像を描いたノンフィクション『雪の国からの亡命』（ジョン・F・アベドン著、地湧社）に詳しい。

供養　諸師・諸尊には礼を尽くし、自然界には感謝し、下位の生きものたちには慰めと満足を施すという心をあらわす方法。供養の対象によろこんでもらう目的とともに、タントラでは捧げることによって、我執を断つことになる。常日頃からの心の持ち方として、大切なもの、美しいもの、好ましいと思うものを瞬時に観想で捧げるようにし、道を歩む全生活を供養とすることもできる。マンダラ供養は全宇宙を捧げる象徴的な作法で前行として必ずおこなう。ゾクチェンでは、究極的に本性がすでにマンダラであり、捧げる対象も行為もない世界に入っている。

ゲシェ　チベット仏教学を多様な側面から十年近く、またはそれ以上にわたって師から学び、研鑽を積み、難関といわれる試験を突破してはじめて与えられる仏教哲学博士の称号。また、その者の尊称。ボン教にもゲシェの制度がある。

五蘊《ごうん》　蘊とは集まりを意味する。人間を含めて、あらゆる存在を五つの集まりとしてとらえた言い方。五つとは、色・受・想・行・識蘊。色は肉体（物質）、受は感受作用、想は表象作用、行は意志作用、識は認識作用を指す。

心の本性　チベットでは心をあらわす言葉は多数ある。本書では、「心の本性」と「移ろう（動きのある）心」の二つの言い方が使われている。概念に縛られてあれやこれやと考え想うのが移ろう心、つまり迷いの心であり、通常体験している心である。この心とともに居るかぎり、真の安らぎはない。便宜的にこれを表層の心だとすると、その底には心の本質、心そのものの純粋性が横たわっている。心の目が曇っているので、それが見えないのだ。この本性を発見すれば、すべてを発見する。ゾクチェンでは、弟子がこれを直接体験するのにふさわしい機会を師が見抜き、水晶を使ったり、特別な声を出したり、弟子に最もふさわしい方法で心の本性に導き入れる。ひき合わせる、というほうが適切だ。心の本性が認識できれば、そこに留まりつづけるための修行が始まる。

五大元素　物質・非物質を構成する五つの要素。その五つは地・水・火・風・空。身体も、宇宙も、自然界も、そこに生きる可視・不可視の生きものも、何ひとつとして五大元素で構成されていないものはない。日本仏教でも「元素」として定着しているので本書でも元素と訳した。

本書には、五大元素とその光、現象があらわれる生成作用、心の本性、ティクレとの関連が、詳細に述べられている。

五智　仏の有する五つの智慧。五大元素と対応して説明される。その五つとは、

〈平等性智《びょうどうしょうち》〉すべてが等しく同じであることを知る智慧。主体・客体、サムサーラ・ニルヴァーナという二分化はここにはない。地の元素の完成。

〈大円鏡智《だいえんきょうち》〉鏡のように現象すべてをあるがままに映す智慧。たとえば「これは花である」とか、「美しい、汚い」とか「好きだ、嫌いだ」という概念のない世界。水の元素の完成。

〈妙観察智《みょうかんさつち》〉すべての現象を自在に観察し、それぞれの特性を見分けて正しく識別する智慧。火の元素の完成。

〈成所作智《じょうしょさち》〉すべての生きものを救うために、何をなすべきかを知り、すばやく実践・成就する智慧。風の元素の完成。

〈法界体性智《ほっかいたいしょうち》〉究極的な真理、つまり空性《くうしょう》そのものを体現する智慧。空の元素の完成。

この五つはひとつひとつ区別されるものではなく、覚醒の智慧の側面を五つに分け象徴的にあらわしたものといえる。

五毒　否定的作用をもたらすという意味で、一般的に毒という言葉が当てられる。いわゆる煩悩の

こと。この五つとは、無明《むみょう》（絶対的真理を知らない愚かさ）、慢心、貪欲（執着）、嫉妬、怒りだとされる。五毒のなかで根本の毒は、無明である。無明であるがゆえに、物質としての肉体を持って人間として生まれたのだという。そして、さまざまな煩悩に苦しむ。五毒があるかぎり、サムサーラを巡る生を繰り返す。この苦しみを癒す薬が教えである。無明であるとはいえ、人間として生まれるのは非常に稀有なことで、ありがたいことだ、と説く。自分がいかに愚かであるかに気づく能力が人には備わっているからだ。師と出会い、教えに触れることもできるからだ。そこから道が始まる。スートラは放棄の道、タントラは変容の道、ゾクチェンは解放の道。タントラでは五毒に対する薬として浄化の瞑想法がある。これは前行のなかに含まれている行法だ。最終的に五毒は五智（前項参照）に変容する。ゾクチェンでは「心の本性を知り、そこに留まりつづける以上の浄化法はない」と教えられることがある。そこには、癒すべき五毒もなければ、癒すという概念もないのだ。

五仏　五智を象徴するそれぞれの仏。

四無量心　慈悲喜捨。すべての生きものが苦を離れ幸せを得るように願う広大無辺な心のあり方の四つの側面。「慈」は幸せを与える、「悲」は苦しみを取り除く、「喜」はともに喜び嫉まない、「捨」は区別することなくすべてを平等に利する、それら四つが無限であること。仏の四徳と呼ばれる。

シャーマニズム　本書で語られている通り、チベットにはシャーマニズムという呼び方はない。西洋人がボン教をシャーマニズムと呼んだことから多くの誤解が生まれた。

種字《しゅじ》　五大元素や女神など神聖なあらわれの特性や働き、その本質を音とともに一文字で象徴するもの。それぞれに固有の種字がある。本書では、聖なる女性性のすべての始まりは「マ」という種字より生じるとされている。

デクチェ・ドルマ　『母タントラ』に関連する六大ダキニのうち、元素のダキニ。色は緑。地（黄）、水（青）、火（赤）、風（緑）、空（白）のそれぞれの元素のダキニを統合した存在。六大ダキニの他の五つはポワ、バルド、チュー、夢、眠りのダキニとして知られる。

不二　分けることのできないひとつ。非二元性。

夢ヨーガ　眠りに入る際も、眠っている間も覚醒を保ちながらおこなう。初歩的な段階としては、夢を見つつもこれは夢であると自覚することがまず必要。カルマによる通常の夢と清らかな夢を区別して知ることも必要。清らかな夢としては、シンボルや言葉を通して教えを授けられることがよくある。著者による“The Tibetan Yogas of Dream and Sleep”に詳しい。

四大宗派　チベット仏教の四大宗派はゲールク、サキャ、カギュ、ニンマの四派を指す。

〈附録〉十二支から見た供養の方位

本文で説明したように、家の外に供物を捧げる場合、方位は干支によって決める。以下にその関係を表にまとめた。十二支は、月暦によって割り出したものだ。それぞれの干支が方位を示している。チベットでは、東西南北をさらに「北寄り」と「南寄り」に分け、全部で十二の方位を示す。たとえば、寅を例にとれば、「東」の方位だが正確には「東北東」となり、また卯では、「東南東」となる。

悪霊やネガティブな力は、誕生干支の方位とは逆の方向から忍び寄ると考えられている。そのため、供物は下の表の方位とは正反対の逆の方向に置く。あなたの干支を一として、そこから数えて七番目の干支の方位が、それに当たる。たとえば、辰年生まれの人なら、供物を置く方位は、辰の正反対に当たる戌年の「北西」となる。

ボン教でいう「ガルーダ」は中国の暦では酉、「象」は丑に当たる。

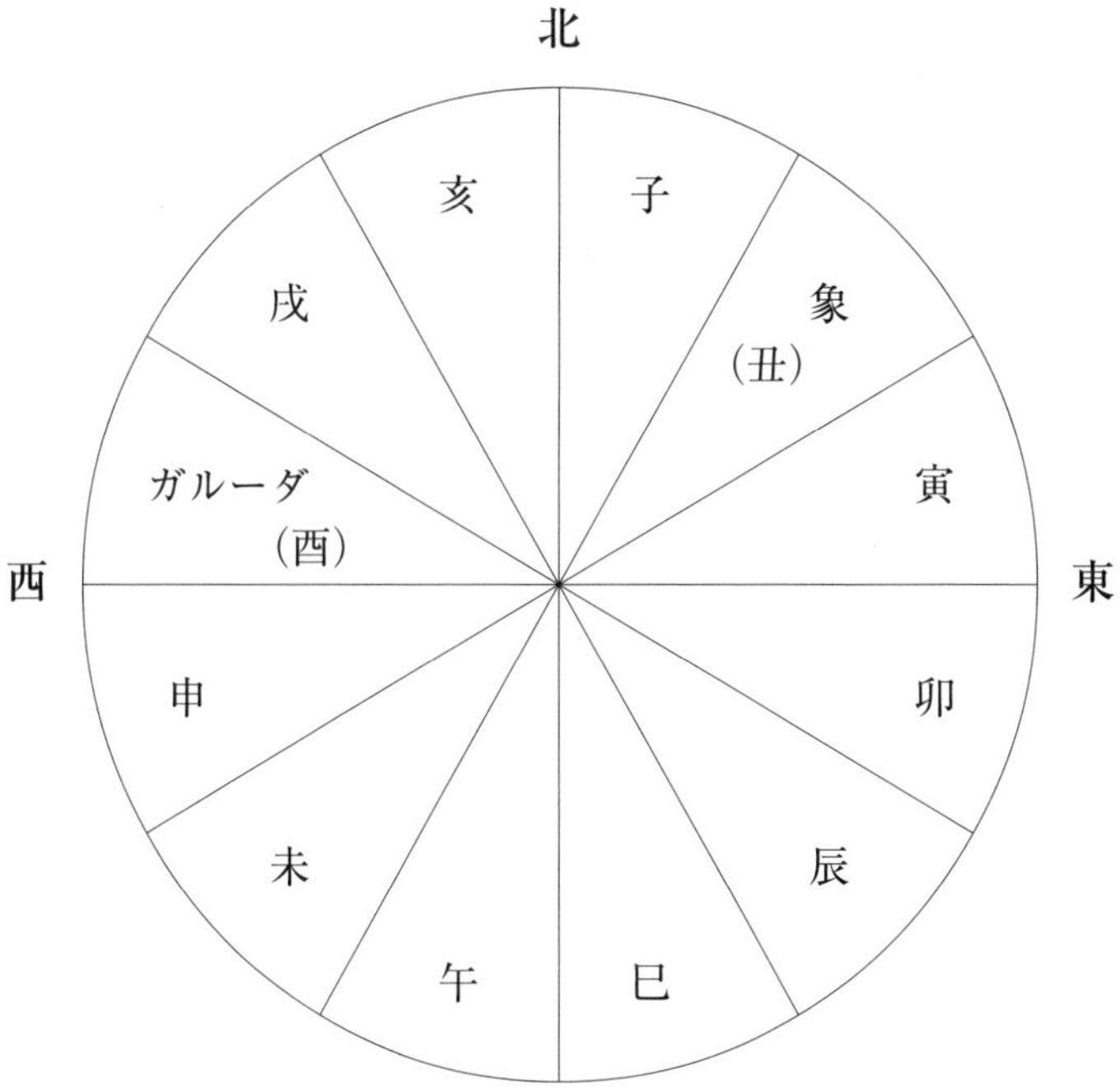

北
亥
子
戌
象
(丑)
ガルーダ
(酉)
寅
西
東
申
卯
未
辰
午
巳
南

参考文献

元素に関する文献は数多くあるが、以下のものを参照した。

Drung-mu gcod-chen, by Tsultrim Tashi and the Tibetan Bonpo Monastic Centre, New Thobgyal, H.P. India, 1973.

八世紀のボン教の師 Stong-rgyung mthu-chen によって体系づけられた教え。十三世紀に Gsen-gsas lhas-rje 師によって広められた。この体系のなかで諸元素を扱っているのは、'Byung-ba'i bcud-len という経典である。

Sgron-ma drug（六つの灯明）と、*'Od-gsal sems-kyi me-long*（光明の心の鏡）は、どちらもボン教のゾクチェンの系譜であるシャンシュン・ニェンギュのなかに見出される。この二つの経典は、

History and Doctrine of Bon-Po Nispanna-Yoga, by Prof. Dr. Lokesh Chandra, Lopon Tenzin Namdak Rinpoche, the International Academy of Indian Culture, New Delhi, 1968.

のなかに収められている。

Gshen-rtsis las nag-rtsis skor (*Elemental Astrology*), by Gsen mkhas-grub tshul-khrims-rgyal-mtshan, Nag-rtsis of Khyung-sprul 'jigs-med-nam-mkha'i-rdo-rje. Tibetan Bonpo Monastic Centre, New Thobgyal, H.P., 1973.

Brda' sprod kun gyi snying po srid pa' i sgron me bzhugs, by Lama Khyung Trul Jigme Namkhai Dorje, Tibetan Bönpo Foundation, 1966.
これはボン教の語法についての著作。このなかで文字・音と諸元素との関連が記されている。

The Three Basic Mother Tantras with Commentaries (*Ma-gyud*), by Rgyal-gshen mi-lus bsam-legs, the Bonpo Monastic Centre, Dolanji, H.P., 1971.

英語による文献については次のものを推薦したい。

Drung, Deu and Bön: Narrations, Symbolic Languages and the Bön Tradition in Ancient Tibet by Namkhai Norbu Rinpoche, Library of Tibetan Works and Archives, Dharamsala, India'1995.

〈著者によるその他の出版物〉

The Tibetan Yogas of Dream and Sleep. Ithaca, NY: Snow Lion Publications, 1998.

Wonders of the Natural Mind. Ithaca, NY: Snow Lion Publications, 2000.

バルドの祈り——尊き宝の輪

五大元素を妙薬とする法（*'Byung-ba'i bcud-len'*）

419

420

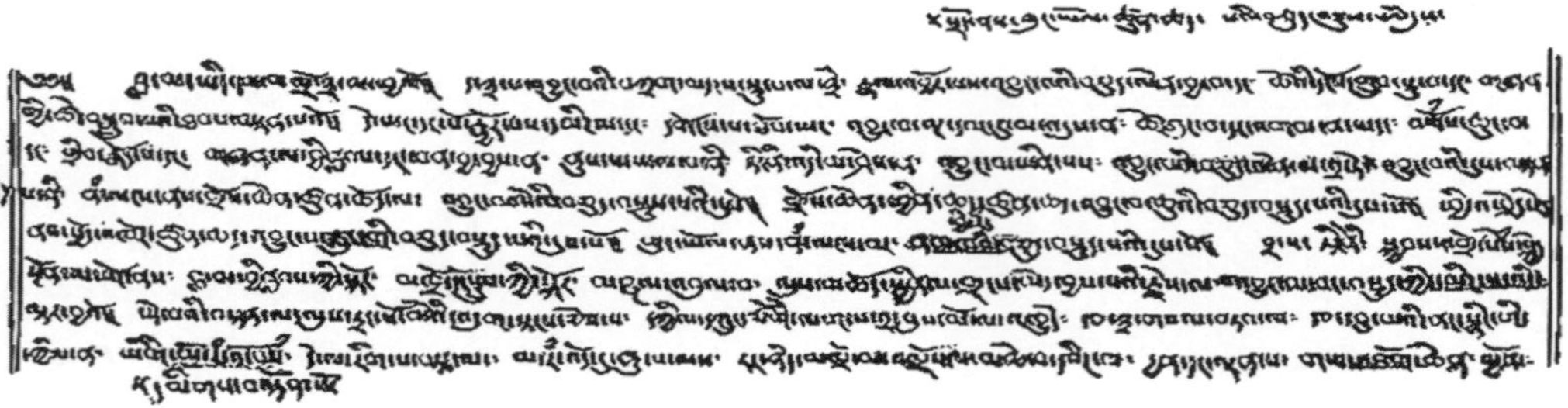

421

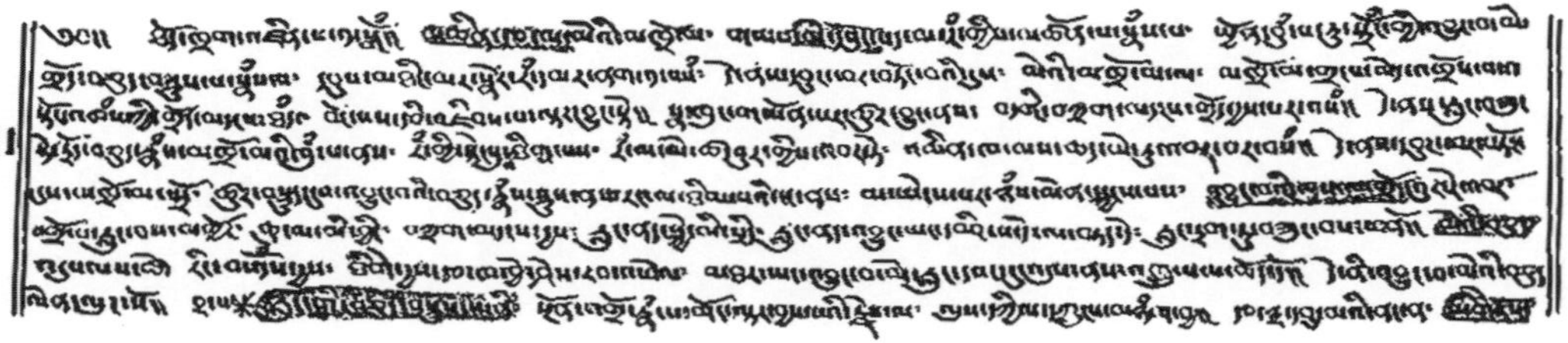

422

423

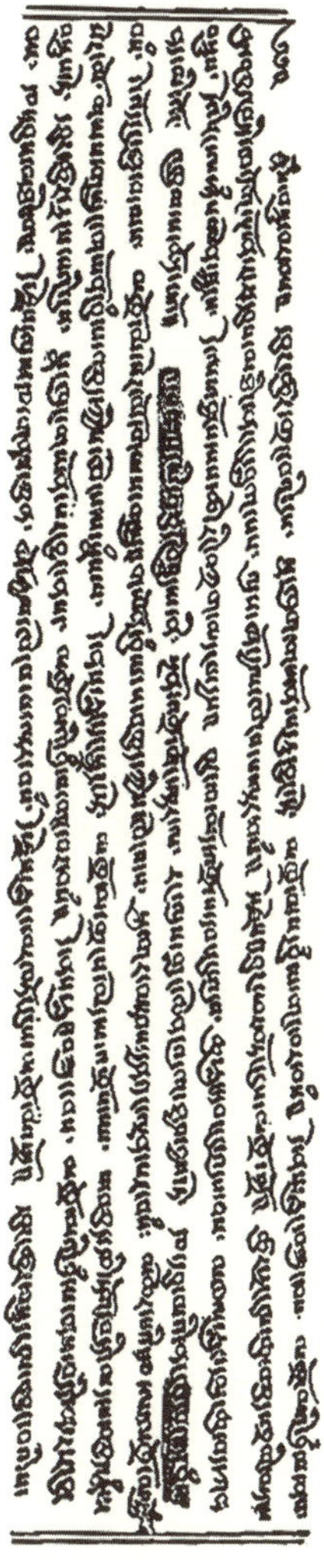

424

425

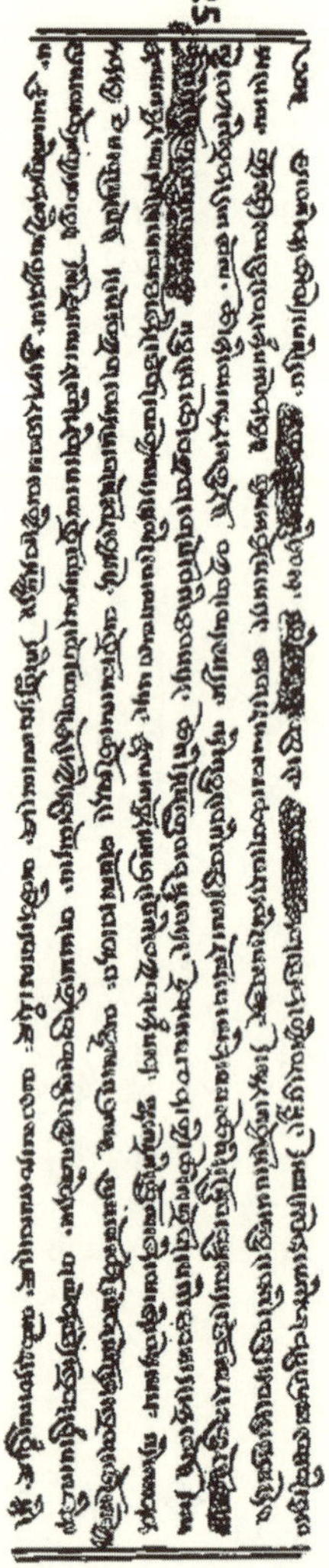

426

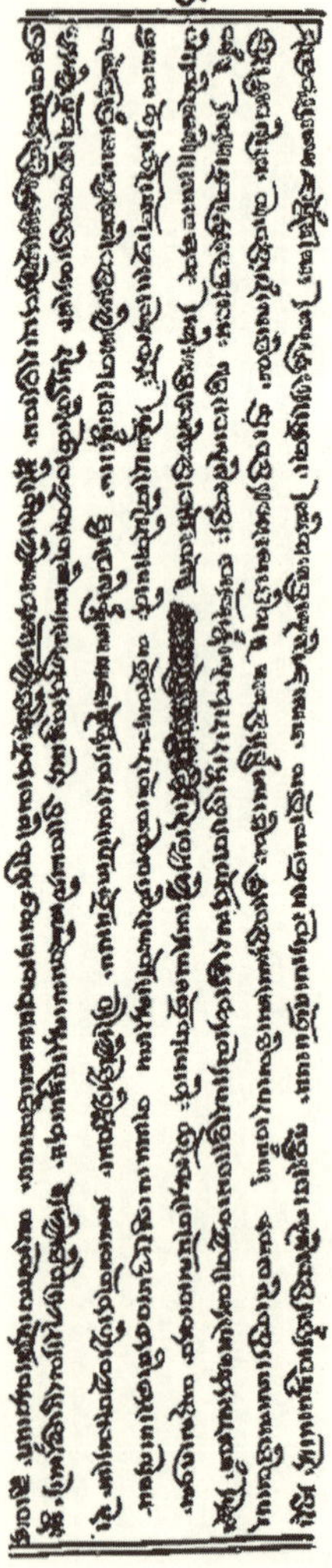

427

主要問い合わせ先

[リグミンチャ研究所／アメリカ]
Ligmincha Institute（本部）
P.O. Box 1892 Charlottesville, VA 22903, USA
Telephone : 434–977–6161 fax : 434–977–7020
E-mail : Ligmincha@aol.com http://www.ligmincha.org
（五大元素のプラクティスに関する資料などは上記サイトより取り寄せることができる）

Ligmincha of Texas
4219 Richmond, Suite 216
P.O. Box 541479 Houston, TX 77254, USA
Telephone : 713–621–7430
E-mail : info@LigminchaTexas.org
http://zentekconsulting.com/sangha

[メンリ僧院（ルントク・テンパイ・リンポチェ猊下）／インド]
Menri Monastery
P.O. Kotla Panjola Via. Oachghat-Solan
H.P. 173223, India
E-mail : menri@nde.vsnl.net.in http://www.tibetanbon.com

[ティテン・ノルブッツェ僧院（ロポン・テンジン・ナムダク・リンポチェ）／ネパール]
Triten Norbutse Monastery
Ichangu, Teen Ghare, Ward #6, G.P.O. Box 4640
Kathmandhu, Nepal
E-mail : triten@wlink.com.np

以上のほか、アメリカ（バークレイ、ロサンゼルス）、メキシコ、イタリア、ポーランド、ドイツ、オランダ、フランス、イギリス、ロシアにボン教のセンターがある。個々についての問い合わせはリグミンチャ研究所へ。

訳者あとがき――自然と精神の深い結合

チベット文化の水脈から汲み上げた光のエキス

チベットはヒーリングの天才です。

チベット医学は、いまや世界中から注目され、西洋医学に限界を感じる人々がチベット人医師のもとを訪れる時代になりました。

そして、チベット仏教。多くのラマたちは、現代人の心を癒す妙薬を一人ひとりにふさわしい処方で惜しげなく与えています。

さらに、もうひとつ、あまり知られていないことですが、チベットには太古の自然性が息づいているボン教があります。古代より伝わるボン教は、宗教という枠をはるかに超えた多層的な体系で、チベット医学から、暦学、占星術、生と死の探求、霊性の道までを含み、チベット文化の基層を成すものです。

外の世界の眼にはほとんど触れられることなく受け継がれてきたボン教が、シャーマニズム、タントラ、最高の教えであるゾクチェン（大いなる完成）の三つの流れで一挙に紹介されるのは、画期的なことです。本書『チベッタン・ヒーリング――古代ボン教・五大元素の教え』において、著者テンジン・ワンギェル・リンポチェは、その水脈の源からチベット文化の地層全体に深く浸透している地水火風空の五大元素を汲み上げ、私たちの目の前に神聖な光のエキスとして差し出しました。

私たちはこれを飲むことによって心身の調和をはかり元気になるばかりでなく、人としての可能性を最大限に生かす道に目覚めるのです。

「五大元素の光は、存在するものすべてに宿る根源の聖なるエネルギーなのだ」とする教えの観点から、ヒーリングが語られるのはおそらく本書が初めてでしょう。

ボン教とチベット仏教の相関性

本書の核となっている五大元素に話を進めるまえに、ボン教とチベット仏教の関係に触れておきます。

中央アジアからチベットまでの広い範囲で古代史のなかに見え隠れするボン教は、いまはなきシャンシュン王国で栄え、チベットに根付き、インドから仏教がもたらされて国教となる八世紀までは、ヒマラヤの人々の暮らしに深く浸透していた、と考えられています。

ボン教といういのちの息吹に満ちた土壌に移植された仏教は、そこから豊かな養分を吸収し、他には見られない鮮やかな色調で、チベット仏教という大輪の花を咲かせました。幾多の迫害にあいながらも、花の陰のその根もとでボン教もまた、仏教の熟れた果実をあらたな養分としてその土壌をさらに肥やしていったのです。このため、仏教とボン教には共通する部分も多くあります。

もともとチベットは遠い過去より、生とは何か、死とは何か、心とは何か、――そして真の幸福とは何か、を無類の情熱をもって総力を挙げて問いつづけてきた民族です。その成果は、人間を超えた存在や高い悟りに達した成就者たちから弟子たちに口伝によって伝えられ、膨大な経典にまとめられ、さまざまな変遷をたどりながら初期にはボン教、のちにはチベット仏教という壮大な体系に結実していったのです。これらは、そのどちらも人類共有の智慧の宝庫です。この智慧の扉は現代世界にも開かれたものとなり、その普遍的な価値が知られるようになったのです。

なお、ボン教は、ポン教とも表記されることを付記しておきます。

生と死を照らしだす五大元素の光

私が五大元素をリアルなものとして感じたのは、本書でも触れられている意識の転移（ポワ）の教えをチベット仏教高僧から聞いたときでした。

ラマはこう言われました。「人は死に際して、肉が地に、体内の血液などの水分が水に、熱が火に、息が風に、そして意識が空に、と順番にそれぞれの元素に溶けていき、最終的には空に溶けこむ。元素はそれぞれの光の色に対応しており、高い悟りにある修行者は、死に際して虹の身体となることがチベットには数多くある」

これは、冒頭にある「バルドの祈り」にも記されているように、死という現象を如実に伝える内容です。

死に関する教えは、細部こそ違え、チベット仏教にもボン教にも共通するものと言えるでしょう。

チベットの生命観では、誕生とは五大元素の結合であり、死とは五大元素の溶解であると説かれています。このように考えれば、その間の人生も五大元素が変化しつづけるあらわれ、として理解しやすくなります。すると、変化を受け入れ、生きることがもっと軽やかなものになるはずです。同時に、死への怖れを抱くことなく、これを霊的成長のチャンスとすることもできるのです。

五代元素というコトバは、日常的に身近なものではありませんが、実はこのように身体も外の環境も、すべて五代元素で構成されているのです。ただ、私たちの目では、それをキャッチすることはできないだけで、最先端の量子力学や脳の研究が、チベット古来の知が伝える現象や心のメカニズムとある一致点を見るということが明らかにされつつあるように、いつの日にか五大元素の神秘は科学的に解き明かされるのかもしれません。

とはいえ、チベットの智慧の、ゾクチェンのようなその最も高いレベルにおいては、概念を超えた言語化できない領域があります。それは、暗喩として伝えられるか、言語を通さず、師の心から弟子の心へと直接注ぎ込まれる性質のものです。五大元素も例外ではなく、暗喩なのです。それは、何か別のもうひとつのものを指し示す象徴ではなく、すべての象徴です。一粒の砂のなかに宇宙全体が飲み込まれたような無尽蔵な光のマンダラといえるでしょう。

原初からのインスピレーション

古代の知は、なぜこれをダイレクトにつかみ取ることができたのか。そこに、私は、自然界から深い洞察を得て、いっきに思考を飛び越えることができた者たちの心のバネ、自然性そのもののまっただなかへと自らを解放し、自然の神聖さとひとつになることができた古代的な力を見ます。

足もとの大地、清冽な雪どけ水、太陽と炎、草原を吹きわたる風、そして頭上に果てしなく広がる空。古代ボン教は、自然界のダイナミズムを象徴する地水火風空の五大元素をあらゆる存在と現象のなかに発見したのです。

むきだしの原初のエネルギーを直接的に感受する古代的な力がなければ、これは到底不可能なことです。古代の人々の心の質とエネルギーが、自然界の質とエネルギーそのままに、どれほどいきいきとしたものであったか、そして、この現象界の根底をなす真のありようをあるがままに見る直観力にどんなに優れていたのか、と驚嘆せずにはいられません。

まさに、自然は鏡。存在といのちの秘密、宇宙エネルギーとその法則を映しだし、私たちをインスパイアしつづけています。もっとそれを受けとめたい人たちに本書は大きな力を与えてくれます。

ボン教の自然観は、現象のなかに宿る神聖なエネルギーとの交流を秘めた、それはそれは豊かな世界です。

こうした自然と精神の深い結合が、チベットの精神文化の基盤をなしている、と考えるのは興味深いことです。チベット文化の地層深くに五大元素の考え方は浸透している、という著の確信も古代的な力を受け継ぐボン教・ゾクチェンの師ならではのものでしょう。

いのちを開く技法と五大元素のバランス

「すべては五大元素のあらわれである」とする発見がなければ、現在まで伝えられてきたチベットの壮大な知の体系が成り立たなかったであろう、と考えると、五大元素がどれほど根源的なファクターであったかが理解できます。

これは、それまでの常識をくつがえすこととなった地動説や科学史上のさまざまな発見と同様に、あるいはそれ以上に、すべての人に恩恵をもたらすものです。なぜなら、受け身でこれを享受するのではなく、一人ひとりが積極的に取り組み開発していけることだからです。

宇宙から私たちの細胞ひとつひとつ、さらには微細な心のエネルギーまで、マクロ的なスペースとミクロ的な生成のプロセスを、同時につかみとる凄みのあるこの思想は、知的なゲームではなく、誰もが日常的なレベルで自らの身体感覚を通して実感できるものです。五大元素のバランスと心身の健康がいかに密接な関係にあるかを知り、その方法を実践してゆくことで心は安定し、よろこびで満ち、他者への思いやりが自然に湧き、さらに理解が進めば、ゾクチェンの入り口に立っている自分に気づくのです。

古代の知の結晶を再発見することによって、世界をまったくあたらしい眼で見ることができるのは、スリリングな体験といえるでしょう。ただし、誤った見方や思い込みにとらわれないために、師からの導きは必須条件です。

本書には、自然界の生の力を取り入れるシャーマニックな技法、プラナ・脈管・チャクラに焦点をあてて身体内のエネルギーを活性化・調整するタントリックな技法、そして、スペースと光に象徴される「心の本性」に留まるゾクチェンが紹介されています。技法を実践すれば、次第に五大元素のバランスがとれていき、心の本性に留まるとき、このバランスは完璧となる、とされます。身心の不調も、環境の不調和も、その根本は五大元素のバランスの乱れなのだ、と説明されます。

五大元素とその光がすべての本源と知れば、健康であること、いのちを輝かせて生きるということ、への見方が変わるでしょう。この身体も、自然も、宇宙から一粒の砂に至るまで、五大元素の光の戯れである、と意識のチャンネルを切り替えるだけで、エネルギーのダイナミズムは私たちのなかに流れこみ、いのちを開き、まるごと光とひとつになった、主体もなければ客体もない愛のダンスを生きることになるのです。もとより備わっているいのちの本源を輝かせる可能性は誰もが秘めているのです。

自然と精神の結び目から未来を喚起するために

チベットが文明社会に姿を現したのは一九五九年にダライ・ラマがインド亡命を余儀なくされて後のことですが、多くのラマたちもインド、ネパールをはじめヨーロッパやアメリカに渡りました。

著者のテンジン・ワンギェル・リンポチェは現代にボン教を伝える数少ない師のなかでも亡命後のインドに生まれた若い世代に属し、西洋の学問やネイティブ文化にも関心を寄せ、アメリカをセンター設立の地として選びました。著者の師であるロポン・テンジン・ナムダク・リンポチェはネパールのボン教僧院を拠点に主にヨーロッパで活躍されています。こうして、ボン教は少しずつ世界に知られることとなり、自然への深い敬意と心の探究を極めた高い精神文化が決して別々のものではなく、メビュウスの輪のように結ばれていることを人々は発見したのです。

この二つの結合がどんなに価値のあることかを、私たちは再認識しなければなりません。なぜなら、物質文明がもたらした不幸は、自然と精神の結びつきを感受できない分厚い膜で私たちの身体を被ってしまったことにあるからです。感受力の衰退は、「人生で何が大切か」を見る目を曇らせ、いのちへの共感や生きるよろこびを人間優位の考え方と経済最優先の風潮の陰に押しやり、息苦しいほどの不全感、不健康さを社会全体に蔓延させています。ヒーリングの隆盛もこのことと無縁ではないでしょう。

緊急の課題である地球規模での環境の危機も、人間の精神の危機と、実はつながり合っている。このことを示唆するように、著者は本書を著した目的のひとつを「豊かな自然環境が保たれることに貢献するため。このことは人間の質が堕落することなく十全に保たれるために必要なこと」と記しています

草木にもいのちを見、お盆の風習が各地に残り、この世と地つづきで妖怪たちが跋扈《ばっこ》する日本の風土に、ボン教の自然観は親しみを持って迎え入れられることと思います。そこから一歩進んで、五大元素の光の思想が、本来の自然性、「心の本性」の目覚めのなかに、私たちを解放してくれますように。

五大元素の現代的意義と教えの本質を開いて見せてくれたリンポチェに感謝します。

*

本書出版に熱意を示していただいた地湧社の増田正雄社長、遅れがちな翻訳を忍耐強く見守っていただいた増田圭一郎さん、心のこもった本に仕上げていただいた編集の植松明子さんに、この場を借りてお礼申し上げます。翻訳作業を支えてくれた多くの友人、ＦＪＭＡＳＫのメンバーたち、ありがとう。翻訳のために長期逗留することとなった三保の松原の海と、信州の山々は五大元素の息吹で心身を満たしてくれました。最後に、本書の完成を待ち望んでいてくれた多くの読者の皆さんに感謝します。

梅野　泉

二〇〇七年七月

〈著者紹介〉
テンジン・ワンギェル・リンポチェ(Tenzin Wangyal Rinpoche)
インド北西部、アムリトサル生まれ。13歳より、ロポン・テンジン・ナムダク・リンポチェほか多くのラマより仏教、ボン教、ゾクチェンの教えを受け、最高の学位であるゲシェとなる。1988年、ナムカイ・ノルブ・リンポチェの招聘によりイタリアで教える。91年にアメリカへ渡り、ライス大学で比較宗教学を研究。ボン教の教育プログラム構想をもとに、92年、ヴァージニア州にリグミンチャ研究所を創設。アメリカ・ヨーロッパ各地で精力的にスートラ、タントラ、ゾクチェンの教えを伝授。西洋文化への理解が深く、現代人のハートをつかむ教え方には定評がある。

〈訳者紹介〉
梅野 泉(うめの いずみ)
兵庫県芦屋市に生まれる。11歳から13歳までエジプト・アレキサンドリアで暮らす。立教大学英米文学科卒業。美術雑誌編集を経て、コピーライターとして勤務。1985年、チベッタン・ラマに出会いフリーとなり、チベット文化圏を旅する。共訳書にジョン・F・アベドン『雪の国からの亡命』(地湧社)、リチャード カールソン他『癒しのメッセージ』(春秋社)、詩画集に『OIL RABBIT』(私家版)。通訳・翻訳、詩人としての活動のほか「ほびっと村」(東京)で「よみびとの会」を主宰。

チベッタン・ヒーリング —— 古代《こだい》ボン教《きょう》・五大元素《ごだいげんそ》の教《おし》え

2007年8月15日　初版発行
2016年9月20日　5刷発行

著　者　テンジン・ワンギェル・リンポチェ
訳　者　梅 野 泉 ©Izumi Umeno 2007

発行者　増 田 圭 一 郎
発行所　株式会社 地《ち》 湧《ゆう》 社
東京都千代田区鍛冶町 2-5-9（〒101-0044）
電話番号 03-3258-1251　郵便振替 00120-5-36341
装　幀　石渡早苗
印　刷　新灯印刷
製　本　小高製本

ISBN978-4-88503-193-9 C0014

心の治癒力
チベット仏教の叡智
トゥルク・トンドゥップ著／永沢哲訳

日常的に感じる身心の苦痛や痛みをどう受け止め、どう手放すか？　さらにその苦しみを糧として自由に生きるには？　チベット仏教をベースとした体と心の癒しを語る懇切丁寧なマニュアル。

四六判上製

ゾクチェンの教え
チベットが伝承した覚醒の道
ナムカイ・ノルブ著／永沢哲訳

チベットに古くから伝わるこの悟りの道は、あるがままで完全な自分の本質を見出すことにつきる。自分自身の心にひたすら迫ってゆく意識の冒険の姿を、チベット人導師が簡潔な口調で伝える。

四六判上製

チベット医学
身体のとらえ方と診断・治療
イェシェー・ドゥンデン著／三浦順子訳

なぜ人は病気になり、どのようにして治るのか？　西洋医学とはまったく異なる身体観を展開するチベット医学の全貌を、ダライ・ラマ法王の元侍医である名医が体系的にわかりやすく紹介する。

四六判上製

ダライ・ラマ 死と向きあう智慧
ダライ・ラマ14世著／ハーディング祥子訳

パンチェン・ラマ一世の13偈（生死の恐怖を克服する勇気を生じるための祈り）について語った講義録。死の恐怖を克服し、さらにそのプロセスを利用して、より高い境地に達するための手引き書。

四六判上製

雪の国からの亡命
チベットとダライ・ラマ 半世紀の証言
ジョン・F・アベドン著／三浦順子ほか訳

大国に翻弄されてなお自由とアイデンティティを求めるチベットの人々の深い精神性と政治的現実。ダライ・ラマ法王をはじめ、四百人以上の人々の生の声と膨大な資料を駆使したドキュメンタリー。

四六判上製